OS DRAGÕES

O diamante no lodo não deixa de ser diamante

OS DRAGÕES

Copyright © 2009 by Wanderley Oliveira
1ª edição | abril 2009 | do 1º ao 17,5º milheiro
2ª edição | dezembro 2022 | do 17,5º ao 18º milheiro

Dados Internacionais de Catalogação Pública

MODESTO CRAVO, MARIA (Espírito)
    Os Dragões - um diamante no lodo não deixa de ser diamante
    pelo espírito Maria Modesto Cravo, psicografado por Wanderley Oliveira
    DUFAUX : Belo Horizonte / MG : 2009

    464p. : 16x23

    ISBN: 978-85-63365-01-9

1. Espiritismo   2. Psicografia   3. Romance Espírita
I. Título   II. OLIVEIRA, Wanderley

CDD 133.9 - CDU 133.9

Impresso no Brasil | Printed in Brazil | Presita en Brazilo

EDITORA DUFAUX
Rua Contria, 759 | Alto Barroca
Belo Horizonte | MG | CEP 30431-028
(31) 3347-1531
comercial@editoradufaux.com.br
www.editoradufaux.com.br

Conforme novo acordo ortográfico da língua portuguesa ratificado em 2008.

Todos os direitos reservados à Editora Dufaux. É proibida a sua reprodução parcial ou total através de qualquer forma, meio ou processo eletrônico, sem prévia e expressa autorização da Editora nos termos da Lei 9 610/98, que regulamenta os direitos de autor e conexos.
Adquira os exemplares originais da Dufaux, preservando assim os direitos autorais.

OS DRAGÕES

O diamante no lodo não deixa de ser diamante

WANDERLEY OLIVEIRA
pelo espírito
MARIA MODESTO CRAVO

Série
Romance Mediúnico

Dufaux
editora

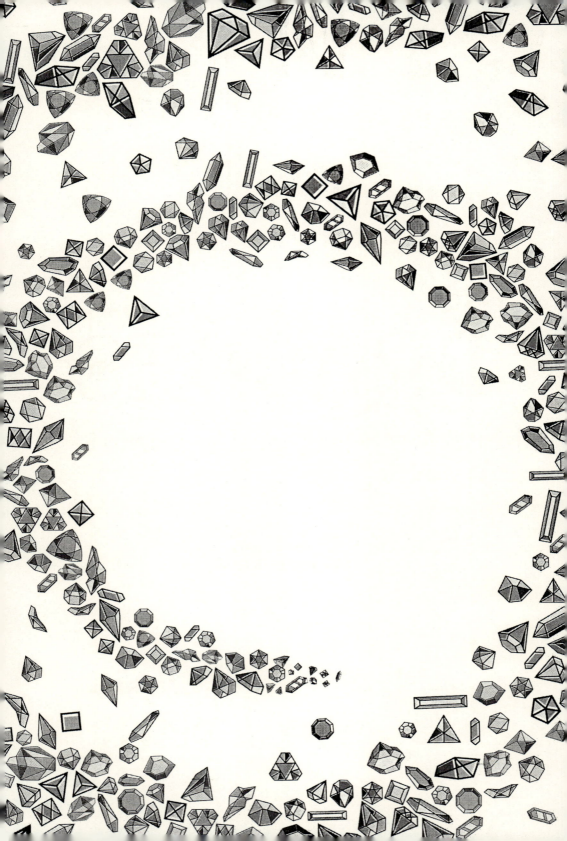

SUMÁRIO

Apresentação à 2ª edição 09

Prefácio – Em favor da paz mundial – Magíster Seraphis-Bey 11

Introdução – Diamantes no submundo astral – Maria Modesto Cravo 17

Testemunho – Meus desafios perante a maioridade do Espiritismo – Wanderley Oliveira 25

Página de Luz – Mensagem psicografada no Sanatório Espírita de Uberaba – Maria Modesto Cravo 31

01. O médium Demétrius e os desafios da convivência nos grupos espíritas 33

02. Ataques espirituais ao Sanatório Espírita de Uberaba em 1936 ....**61**

03. Socorrendo o ex-dragão Matias e dialogando com Eurípedes Barsanulfo **73**

04. Conferência de Isabel de Aragão sobre a maldade organizada **95**

05. Os dragões e suas ligações com a comunidade espírita **115**

06. Aspectos psicológicos e emocionais dos dragões **135**

07. Vampirismo assistido no terreiro de umbanda **169**

08. O transporte da árvore evangélica e o movimento de unificação **191**

09. Organização do clero espírita nas comunidades draconianas **213**

10. O compromisso espiritual de Minas Gerais com o Evangelho **229**

11. Os descuidos do movimento espírita na década de 40 263

12. O exemplo de misericórdia de João Castardelli 293

13. Uma estranha sociedade "espírita" nos abismos ...329

14. O resgate de irmão Ferreira, o cangaceiro do Cristo 369

15. Os laços entre o Templo de Luxor e o Hospital Esperança 383

16. Retornando à história do médium Demétrius e as novas alternativas na medicina energética 399

Apêndice – Entrevista do médium Wanderley Oliveira com a autora espiritual 423

APRESENTAÇÃO À 2ª EDIÇÃO

A primeira edição desse livro, o primeiro da autora espiritual Maria Modesto Cravo, carinhosamente chamada de dona Modesta, foi lançada em 2009. A obra já está em sua 14ª impressão, contando com mais de 18.500 livros impressos até o momento. Essa nova edição foi revisada e readaptada pela equipe Dufaux para uma linguagem ainda mais objetiva.

Os dragões foi a segunda obra que nos trouxe mais detalhes do Hospital Esperança, situado no plano espiritual. A primeira foi *Lírios de esperança* – da autora espiritual Ermance Dufaux – ambas psicografadas pelo médium Wanderley Oliveira.

A obra traz algumas informações sobre as organizações da maldade no submundo astral, fala sobre os planos de domínio dos chamados Dragões, de sua natureza espiritual e mental, e as portas abertas que eles encontram e exploram, nos corações fragilizados por uma fé baseada somente no conhecimento, que não traz transformação íntima. Atuam sobre os cristãos de todas as religiões que acabam por desencarnar em situações dolorosas, sob o peso das ilusões.

Um aspecto muito interessante do livro é que ele nos traz uma explicação detalhada da estrutura física-astral do hospital e conhecimento das dinâmicas de atendimentos. Dona Modesta revela que João Evangelista, o discípulo do amor cristão e Agostinho de Hipona, avalizaram o Hospital Esperança e convocaram Eurípedes Barsanulfo ao trabalho de fundá-lo e conduzi-lo. O hospital tem por missão reconhecer a extensão das necessidades que seus atendidos carregam e fazer todo o bem possível para que eles não se desviem em seus desafios de redenção consciencial. Motivados pela confiança e pelos amigos espirituais, esses cristãos e judeus recomeçam a conquista dos bens eternos, amparados e cultivados pela equipe amorosa dos trabalhadores desse reduto de amparo e amor.

Esta obra nos apresenta os Dragões como diamantes que permanecem temporariamente no lodo das ilusões e, sobretudo, quais são os laços que nos unem a esses corações, mesmo quando somos iluminados pelo conhecimento espiritual.

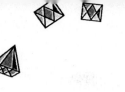

PREFÁCIO

Em Favor da Paz Mundial

Eles são seres humanos e integram a nossa raça. São inteligentes, com larga soma de conhecimento das leis divinas e com rara habilidade de manipular as energias naturais. Conhecem a psicologia da alma, avançaram em tecnologia e são tenazes na busca de seus ideais. Adquiriram o domínio do inconsciente, tornando-se manipuladores dos sentimentos. Foram transmigrados de vários planetas em levas de bilhões de criaturas rebeldes aos sublimes estatutos de Deus, par a recomeçarem a caminhada evolutiva no reerguimento de si próprios perante a consciência.

Chegados à Terra em degredo, formaram castas de rebelião usando as tendências inatas de inconformação com o exílio. Renascidos nos troncos antropológicos mais remotos do que hoje é o continente africano, foram, paulatinamente, resgatando as reminiscências da bagagem intelectiva e social que armazenaram.

Vieram em naves, cuja tecnologia mais avançada da atual ciência supersônica, nem sequer alcança os níveis de engenharia aeroespacial dominada àquele tempo pelos tutores interplanetários que lhes fizeram o transporte galáctico.

Um trabalho de minúcias, planejamento e milênios de execução.

Quatro troncos[1] de transmigrados foram decisivos para a construção da história da Terra nos últimos 15 mil anos. Eles se disseminaram pelos povos da Suméria e Mesopotâmia. Espalharam-se pela Caldeia e depois pelos povos que originaram a família indo-europeia. Deixaram relatos claros de seu poder criador no Egito, na China, na Índia e na velha civilização greco-romana.

Entre os quatro troncos, dois deles, o ariano e o povo da Casa de Israel ou judaico-cristão[2], sempre estiveram presentes nos mais conhecidos episódios da história humana. Ora como egípcios, ora como hebreus. Ora como romanos, ora como palestinos. Ora como nazistas, ora como judeus.

Tais espíritos se revezaram em uma das mais sangrentas e antigas disputas que transcende a chegada de todos eles a esta casa planetária. Os arianos como cultores da raça pura e do progresso pelo domínio, amantes do poder, das castas e os judeu-cristãos como o grupo mais afeiçoado à religião, amantes do Deus único e também os mais pretensiosos proprietários da verdade. Os primeiros, a arrogância nacionalista e os segundos, a arrogância religiosa.

---

1 Consulte o livro *A caminho da luz*, de Emmanuel, pelo médium Francisco Cândido Xavier.

2 Teve como origem o povo hebreu.

Digladiam por milênios afora dando continuidade a uma velha disputa pelo poder. Ambos adoecidos pela vaidade. Os arianos acreditam na força bélica e os judeu-cristãos na força divina. Religião e armas são duas extremidades de um processo antropológico milenar deste planeta. Ódio e amor. Poder e fé. Velhos arquétipos dominantes nas mentes exiladas.

Foi nessa fieira de ódio e incompreensão, há mais de 10 mil anos, que se organizou a primeira força militar da maldade na Terra. Eles se denominaram dragões, a mais antiga casta de poder formalizada no astral inferior de nosso orbe. Descendentes de ambos os troncos de exilados, como facínoras da hipnose coletiva, entrincheiraram-se na revolta e no ódio milenar.

A migração interplanetária é uma ocorrência contínua e natural no universo. Da mesma forma, o ir e vir de comunidades no ambiente terrestre é uma constante. Obedecendo a fatores socioespirituais, diversos grupos reunidos por compromisso e afinidade deslocam-se conforme a extensão de suas necessidades de aprimoramento evolutivo dentro do planeta ou para fora dele, nas esferas mais próximas de suas manifestações vibratórias.

Houve uma grande reação das trevas com as conquistas do século XX, pelo fato de serem avanços realizados pelos aborígines, o povo da Terra. As comunidades sombrias zombam desse fato recordando as contribuições que deram ao velho Egito e às civilizações primitivas. Essa insurreição também se deve ao estratégico renascimento corporal de dragões, cujo objetivo seria destruir a humanidade incendiando a cultura, a política e a economia mundial.

O noticiário comum não pode afirmar, mas inúmeros líderes políticos de facções fundamentalistas desenvolveram uma indústria bélica, socialmente invisível, com o aval de países ricos que não tinham noção dos perigos aos quais expunham o planeta.

As forças sombrias continuam acirradamente o feroz ataque ao bem.

O fundamento basilar dessas turmas consiste em colocar o instinto como núcleo estratégico da derrocada humana. Convencer o homem da Terra de que não vale a pena mudar de reino, subir o degrau do instinto para a razão. O prazer, nessa concepção decadente e astuta, reside em manter-se na retaguarda dos cinco sentidos, buscando as gratificações imediatistas e passageiras. Viver, dentro dessa ótica adoentada, significa gozar os prazeres da matéria, fruir todos os interesses pessoais.

Estamos em um instante delicado. Daí a razão de conclamarmos servidores fiéis em todas as regiões do mundo. Existem embaixadores do Senhor em todos os flancos nos quais haja poder de influência sobre multidões.

Uma retaguarda de almas de coração puro e experimentadas na arte de construir o bem foi acionada em regime de prontidão permanente nesses últimos 30 anos. Entre elas, muitos baluartes respeitados nas searas da religião transferiram suas enormes responsabilidades aos sucessores naturais, para atenderem ao chamado do Celeste Orientador da caminhada planetária junto ao turbilhão de desordem e interesse nos ambientes administrativos das sociedades.

O Templo de Luxor[3] e o Hospital Esperança[4] representam uma vasta equipe de cooperadores nos serviços redentores, nos porões do submundo astral. Os dragões são nossa família pelos elos do coração. Filhos transviados que mendigam amor incondicional.

Essa manifestação de amor deve constituir a orientação essencial a quem almeja somar nas oficinas de abnegação e socorro pela iluminação das sombras abissais.

Quando estendemos a mão a um vizinho, quando desenvolvemos um gesto de solidariedade ou educação, quando tornamo-nos um exemplo de cidadão, enfim, quando exercemos a cidadania cósmica, estamos efetivamente cooperando para um mundo melhor e atendendo ao clamor pela regeneração, que acena um futuro promissor em favor da paz mundial.

Magíster Seraphis Bey

---

[3] No Egito, foi iniciado na época de Amenhotep III e só terminou no período muçulmano. É o único monumento do mundo que contém em si mesmo documentos das épocas faraônica, greco-romana, copta e islâmica, com nichos e frescos coptas e até uma Mesquita (Abu al-Haggag).

[4] Obra de amor erguida por Eurípedes Barsanulfo no mundo espiritual.

INTRODUÇÃO

Diamantes no Submundo Astral

"O diamante no lodo não deixa de ser diamante, sem perder o valor que lhe é próprio, diante da vida."

Chico Xavier. *Vida e sexo*. Capítulo 19.

Conhecer os mecanismos ainda não revelados sobre a ação dos opositores da verdade é, no mínimo, uma obrigação de quem pretende consolidar o bem na Terra.

Jesus, cuja mente se mantinha nas faixas da lucidez constante, foi severamente aferido por 40 dias e 40 noites e pleno deserto. Tal quadro nos remete a repensar os conceitos severos de sintonia e obsessão que, costumeiramente, são enfocados de modo superficial. A mente iluminada não está livre do assédio das sombras. Ao contrário, quanto mais luminosidade expandida, mais confronto e testemunho, aferição e cuidado.

A história narrada nessa obra ocorreu entre os anos de 1936 e 1964[5], coincidindo com o ápice do *transporte da árvore evangélica*, um dos múltiplos movimentos migratórios ocorridos na erraticidade, resultante dos efeitos da renovação acelerada no planeta, a partir dos conflitos e avanços sociais do início do século XX.

Nesse cenário de mudanças extrafísicas, milhões de espíritos amantes do Cristo, integrantes do chamado tronco judaico-cristão, foram libertados de um dos mais horrendos pátios de escravidão na vida espiritual: o Vale do Poder. Os dragões que comandam esse lugar de loucura continuam até hoje juntando pistas e perseguindo os alforriados. Descobriram, logo nos primeiros anos do século XX, que no movimento espírita brasileiro regressaram milhões desses prisioneiros, agora no corpo físico.

Conhecer algumas informações sobre a trajetória desse episódio chamado *transporte da árvore evangélica* significa radiografar a estrutura moral que a maioria esmagadora de nós, os espíritas cristãos, construiu no suceder das reencarnações. Sem nenhuma generalização quanto ao tema, o grupo composto de condutores, médiuns e quaisquer cooperadores que se encontrem atraídos pelas expressões cativantes da Doutrina Espírita, persuadidos pela própria consciência a assumir compromissos com a causa e se tornarem formadores de opinião coletiva, guarda largas possibilidades de possuir laços consistentes com esse histórico movimento migratório.

A determinação do Senhor de tornar o Brasil um país com a missão de receber a *árvore evangélica* não é mera figura lite-

---
5 Esse período se refere somente ao tempo passado da história narrada no livro, sendo que seu epílogo chega até o ano de 2008.

rária. Transplantando da Palestina para o Brasil a responsabilidade de se tornar um celeiro de fé raciocinada e libertadora, Jesus e Seu grupo, em verdade, trabalharam e trabalham para o bem de um extenso conjunto de almas falidas que têm em comum a atração para os ensinos do Evangelho e o ideal libertário do amor a povoar-lhes a inteligência sem que consigam educar seus corações.

Quem espera que o Brasil se torne o celeiro do afeto no mundo, quase sempre nutre expectativas de que somente espíritos de alta estirpe aqui renascerão, com o intuito de arejamento do pensamento e da conduta humana. Ledo engano! Contrariando quaisquer ilusões dessa ordem, essa tarefa também foi confiada a esse grupo em ressarcimento consciencial.

Muitos poderiam indagar, apoiados na lógica, sobre a razão de se transferir tão magna missão a espíritos enfermos e decaídos. Mas é justamente por essa razão que o tronco judaico-cristão se tornou a coluna vertebral dessa missão. O reerguimento de tais corações é a prova mais eloquente do quanto a mensagem do Evangelho é capaz em favor do progresso da humanidade. A vitória desse grupo comprova a eficácia do remédio contido nas sublimes indicativas de Jesus.

A faina educativa na qual se encontra o movimento espírita brasileiro com suas inumeráveis conquistas e descuidos, é o retrato claro de nosso compromisso com essa história, que ultrapassa milênios.

Evidentemente, cuidados elementares foram tomados para que a condição miserável que abrigamos não sepultasse de vez a proposta do cristianismo redivivo contida na luminosidade do pensamento espírita. Ao lado das manifestações de pobreza espiritual, o Mestre enviou homens e mulheres que seriam estacas seguras no desenvolvimento de nossas potencialidades e na segurança do patrimônio cultural do legado kardequiano. E para não ensejar novamente o desvio de Sua mensagem, planejou a reencarnação de um missionário para ser a sentinela do Espiritismo e o exemplo vivo da proposta cristã. Esse missionário foi Chico Xavier.

As gerações se conflitam pelo teor das ideias. Quem renasceu na primeira metade do século XX teve um projeto reencarnatório e um processo educacional, acentuadamente, distinto das aspirações de quantos regressaram ao corpo físico depois de 1950.

A humanidade não mudou tanto seu caráter emocional nos últimos 5 mil anos quanto renovou nos últimos 50. Como esperar que os espíritas renascidos na atualidade tenham uma percepção do Espiritismo com a mesma perspectiva de cem anos atrás?

Neste primeiro século da doutrina no Brasil foi tecida uma história que terá nos próximos 70 anos um novo feixe de interesses e necessidades socioespirituais.

Nesses 150 anos do Espiritismo, a comunidade espírita atingiu conquistas meritórias a poder de conhecimento e trabalho com boa vontade. Imaginemos quanto não faremos com o sentimento efetivamente renovado!

Invistamos nas agremiações amorosas da doutrina para que alcancem o patamar de núcleos educativos que ensinem a arte da vida saudável, na qual o objetivo prioritário seja fazer todo o bem que tenhamos capacidade de realizar por nós, pelo próximo e pela natureza. Esse é o apelo das gerações novas que guardam chances de criar um elo progressista entre o Espiritismo e o futuro.

Uma das mais ricas gemas da literatura mediúnica, *Paulo e Estêvão,* foi o brado sincero e fraterno do mundo espiritual para que o movimento espírita não se edificasse como uma casa sobre a areia.

Entretanto, é lamentável verificar que as bases do Espiritismo, concebido como *O Consolador Prometido e o Cristianismo Restaurado,* estejam servindo de alicerce a teses antifraternas que abrigam concepções periféricas acerca do que representa o serviço redentor, sob os auspícios de Jesus, *guia e modelo da humanidade.*

No seio dessas concepções, os irmãos espíritas, ao invés de chamarem para si o ensejo de trabalho com o "inferno", fazem de tudo para dele se distanciarem, como se nada tivessem a ver com o que lá acontece. Eis um dos desastrosos efeitos de organizarmos a coletividade valendo-se dos regimes falidos e repetidos ao longo da história, nos quais nos encantamos com o licor da vaidade acerca de conquistas que, por ora, ainda não conquistamos. O Espiritismo, em seu conteúdo moral, é uma religião com propostas éticas, entretanto, jamais a sociedade deveria se organizar com modelos religiosos copiados de fórmulas sem êxito.

Reeditemos a singeleza da *Casa do Caminho* dos tempos apostólicos. Simplicidade e fraternidade como roteiros de redenção para nossa convivência com o Cristo. Serviço social que ampare e eduque. Esclarecimento que conforte e liberte.

Fique claro nosso propósito educativo!

Cuidamos para que o texto dessa obra nos remeta às lições do Evangelho e, mesmo anotando algumas revelações, evitamos dar-lhes destaques que poderiam incentivar ainda mais a conduta humana de colecionar certezas sem aplicá-las para o bem comum. Por isso, quando possível, dispensamos aspectos históricos que, na hora certa, serão alvo de futuras pesquisas mais esclarecedoras da parte dos interessados em ambos os planos de vida. A incursão em minúcias históricas, conquanto curiosa, seria fastidiosa, repetitiva. Primamos pelas lições morais que os acontecimentos históricos nos deixaram.

Instigar a discussão sadia, motivar a investigação, ampliar noções sobre nossos compromissos, eis nossos objetivos mais sinceros. Longe de nossas intenções qualquer sentimento que nos aproxime da presunção. Nem mesmo nós, fora da matéria, temos entendimento suficiente para alcançar a extensão dos temas aqui propostos.

Necessário ampliar a compreensão sobre a natureza das tarefas emergentes nas faixas vibratórias mais imediatas à psicosfera terrena, tendo em vista os planos do Cristo para o terceiro milênio. Essa tarefa destina-se, especialmente, aos médiuns e dirigentes no melhor entendimento das lutas de quantos se entregam aos serviços do amor sem condições nas relações intermundos. Formar trincheiras leais no plano físico por meio de núcleos produtivos de serviço cristão, que se tornem exemplos seguros e eficazes na consolidação de valores educativos da moral nas atitudes humanas.

Não haverá regeneração sem que a "lama psíquica" da Terra seja limpa.

Não teremos paz na humanidade enquanto não zelarmos por nossa família espiritual que jaz atolada nos lamaçais do sofrimento indescritível, junto às fileiras do inferno sem limites.

O submundo é o inconsciente da humanidade que brota das profundezas para a remição urgente. Não haverá consciência na humanidade sem cuidados com a ingerência sistemática dos desejos que brotam das profundezas da subcrosta.

Para isso, tomamos os dragões como foco nuclear de nossas anotações. Imperioso refletir sobre a relação entre essa casta de espíritos e a comunidade espírita. Os laços entre essas almas e os amantes do Cristo.

Nas mais conhecidas civilizações da história terrena, tivemos representantes reencarnados dessa falange no intuito de conduzir as massas a destinos escusos em todas as áreas das atividades humanas. Na cultura e na política, na religião e na filosofia, desde as velhas civilizações, passando pelo Império Romano e pelas hierarquias de todos os tempos, eles incendiaram o pensamento humano com a chama do interesse pessoal e desviaram os sentimentos para a sombra da indiferença e da maldade intencional. Patrocinaram, inegavelmente, as maiores atrocidades que se tem notícias na escola da Terra, espalhando sangue e dor, ódio e loucura.

Maria Modesto Cravo

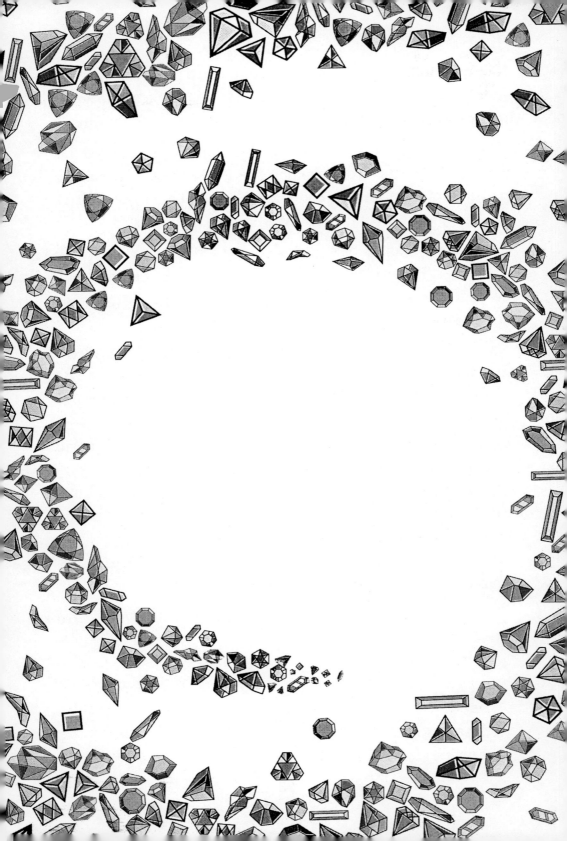

TESTEMUNHO

Meus Desafios perante a Maioridade do Espiritismo

"Tudo tem o seu tempo determinado, e há tempo para todo o propósito debaixo do céu."

Eclesiastes 3:1.

O pedido a mim endereçado por dona Modesta foi para falar algo sobre o que significaram os últimos dez anos da minha vida, desde o surgimento da obra *Seara bendita,* psicografada em 1999 e lançada em 2000.

Depois de 22 anos de comprometimento e muita disciplina no exercício da mediunidade, orientada com base em Jesus, Kardec e Emmanuel, fui chamado para uma vivência na qual jamais havia imaginado estar inserido algum dia. E de um momento para outro, lá estava eu com a responsabilidade desafiante de ser um médium envolto no teste árduo do conhecimento público.

Eu diria que foram os dez anos mais proveitosos de toda a minha trajetória como espírito em aprimoramento. Houve muitas perdas, decepções, abandonos, maledicência e desrespeito, que hoje concebo como afiados instrumentos cirúrgicos rasgando minhas ilusões pessoais.

As ilusões começaram a ruir. Ilusões acerca de minha personalidade e também das pessoas com as quais dividia o campo de trabalho espiritual. Quando essa ilusão se destrói, surge a mágoa adoecendo o coração, para que possamos enxergar a nós mesmos com mais clareza. A mágoa que senti quando percebi que eu e meus companheiros de caminhada não éramos nada daquilo que supúnhamos ser. Talvez a desilusão de uma visão idealizada de vida tenha sido meu maior ganho diante de tantas dores nesses últimos anos.

Hoje, após esses primeiros passos da longa jornada pela maioridade do Espiritismo em mim mesmo, tenho clareza em reconhecer que os maiores obstáculos não estão fora, mas na minha própria intimidade. A esse respeito, recentemente, em uma entrevista com dona Maria Modesto Cravo, ela me disse:

"Muitos idealistas enxergam o maior entrave para a expansão das ideias da humanização nas trevas e nas organizações rígidas do Espiritismo organizado.

De nossa parte, nunca tivemos dúvida de que o remédio amargo da atitude de amor é uma receita apropriada, antes de tudo, para quem nela percebe a eficácia curativa das enfermidades morais.

Para não deixar dúvidas a ninguém, vejam os desafios a serem vencidos mesmo entre os que ergueram o estandarte da maioridade do Espiritismo, desde o lançamento da obra *Seara bendita*.

O remendo de pano novo significa uma roupagem diferente para velhas atitudes. Quem se sensibilizar com a grandeza das ideias humanizadoras necessita prioritariamente avaliar em si mesmo o quanto necessita de tal receituário. Sem esse exame corajoso e despojado, faremos remendos novos em panos rotos. Teremos planos e iniciativas que terão o colorido, mas não o conteúdo do humanismo cristão e legitimamente fraterno.

Jesus encontrou as primeiras manifestações de traição, abandono, ofensa e negação dentro do próprio colégio apostólico. Não foram as organizações sectárias nem os adversários fora do corpo os responsáveis diretos pela tragédia do calvário, mas sim o medo de Pedro, a ilusão de Judas e a mágoa dos discípulos com o povo romano.

Creio que isso basta, ou quer ouvir mais?"

Talvez em poucas linhas eu não consiga retratar as dores e as alegrias que experimentei nesse decênio. Hoje, passados dez anos de lições, eu quero dizer: valeu a pena!

Entre erros e acertos, aqui estou eu, saudável, trabalhando como nunca, dando o meu melhor e certo de que a maior de todas as vitórias foi uma só: estou aprendendo a ouvir minha própria consciência.

Para ouvir minha consciência, tive de deixar de ouvir muitos amigos que não tinham a menor noção do que eu realmente preciso para crescer como espírito eterno.

Para ouvir minha consciência, tive de aprender a valorizar o que vale e o que não vale a pena ser valorizado sobre o que falam a meu respeito, e também acerca do trabalho que realizo em nome de Jesus.

Para ouvir minha consciência, aprendi que a mágoa é muito útil quando sabemos o limite entre os erros dos outros e o quanto nós também contribuímos para seus erros nos ferirem.

Para ouvir minha consciência, tive de entender que confiança irrestrita é uma ilusão e que precisamos aprender a dizer não.

Para ouvir minha consciência, aprendi que jamais vou agradar a todos.

Para ouvir minha consciência, aprendi também que não posso avançar sozinho.

Para ouvir minha consciência, hoje entendo que a vaidade é a mais grave doença dos médiuns, mas que jamais será erradicada sem a coragem de investigá-la de frente.

E, por ouvir minha consciência, estamos lançando o livro *Os Dragões*. Esse livro foi psicografado há cinco anos. Com a compreensão da autora espiritual tivemos esse longo tempo de espera, com o objetivo de melhor examinar diversos assuntos abordados e que escapavam ao meu conhecimento espiritual.

Mas, como diz o Eclesiastes: "Tudo tem o seu tempo determinado, e há tempo para todo o propósito debaixo do céu."

Chegou a hora de plantar mais essa semente generosa do mundo espiritual. Sem dúvida, é preciso coragem para levar avante essa tarefa. Tenho rogado muita força e proteção para que não me falte essa coragem.

Só queria acrescentar algo que vem bem lá do fundo do coração: como me sinto bem depois de tantas e preciosas lições! As cirurgias dolorosas me fizeram muito bem. O melhor de tudo é poder dizer que não me sinto especial por tudo o que passei, mas me sinto gente, me sinto humano. Como agradeço aos céus por terem me ensinado o caminho para livrar-me, pouco a pouco, do peso do perfeccionismo e das máscaras de superioridade.

Sinto-me muito aliviado em perceber que a humanização é uma proposta para dentro. Como é bom não nutrir a desgastante ansiedade de arregimentar estruturas para fora, quando a tarefa, antes de tudo, tem de acontecer no terreno dos próprios sentimentos. Falar de maioridade sem experimentá-la é mais um desvio de rota na nossa caminhada. As tarefas por fora vão surgir na medida em que, genuinamente, me tornar alguém útil pela expansão da proposta das atitudes de amor.

Peço muito aos bons espíritos que não me deixem esquecer essas primeiras lições adquiridas à custa de muito suor e muitas lágrimas, ciente que estou de ter apenas dado um pequeno passo, ante a imensidão do que me espera.

Sou muito grato pelo carinho e estímulo recebido da parte de quantos reconhecem o esforço que tive e tenho de fazer para chegar até aqui. Particularmente à minha família, que, inegavelmente, foi a mais importante cooperadora que tive até este momento.

Aos muitos amigos que me apoiaram e foram compreensivos com minhas lutas, minha mais humilde gratidão.

Para todos aqueles que compreenderam a extensão do que nos aguarda na tarefa abençoada pela maioridade das ideias espíritas, eu desejo muito sucesso, força e luz.

Wanderley Oliveira

PÁGINA DE LUZ

Mensagem Psicografada no Sanatório Espírita de Uberaba

Meus filhos, Jesus conosco.

Nossos laços se intensificam a cada dia. A barreira da morte foi vencida pelo amor que nos une.

O momento glorioso da renovação convida-nos aos amplos voos na direção dos tempos novos.

Rejubilo-me pelo alcance dos nossos esforços, tendo em vista tantos obstáculos a superar.

O céu e a Terra, sem dúvida, cantam hosanas pela bênção de oferecermos ao mundo físico as noções mais justas e fiéis da nossa família em dor nos pátios do submundo.

Glória a Deus nas alturas pelo conclave de almas que buscam sair do conforto para atender às demandas da hora.

Por certo, *Os Dragões*, são páginas de luz que abrirão picadas na longa jornada de descortinar os horizontes ignorados da vida imortal.

Com alegria incontida pelas linhas escritas com alma e carinho, sou pura renúncia e gratidão pelas auspiciosas benesses que essas páginas prometem gerar nos corações abertos ao ideal de servir e aprender sem condições.

Da servidora do Cristo e amante do bem,

Maria Modesto Cravo

1.
O MÉDIUM DEMÉTRIUS E OS DESAFIOS DA CONVIVÊNCIA NOS GRUPOS ESPÍRITAS

> "Mas um samaritano, que ia de viagem, chegou ao pé dele e, vendo-o, moveu-se de íntima compaixão".
>
> *Jesus, Lucas* 10:33.

O Grupo Espírita Fraternidade – GEF – organizou com desvelo o primeiro encontro da fraternidade. O evento tinha por finalidade o congraçamento de corações tocados pelas oportunas propostas contidas nos livros mediúnicos escritos pela amiga e irmã espiritual Clarisse, por intermédio do médium Demétrius, trabalhador operoso da agremiação.

Pessoas de várias localidades distantes, espontaneamente, se reuniriam naquela ocasião, no intuito de traçar projetos de serviço e manifestar seu carinho aos incontestáveis benefícios dos referidos livros, nos quais vasta gama de idealistas comprometidos nutria-se de novas luzes ante as lufadas do dogmatismo literário na seara espírita.

Os conceitos exarados pela amiga espiritual, Clarisse, eram portadores de elevada dose de esperança e conforto. Um repositório de luz evangélica cuja consistência preencheu o coração e fortaleceu os ideais de muitos trabalhadores da causa.

Porém, o clima de festa e a expectativa de reunir valores no serviço do bem não esconderam para os irmãos do GEF a tristeza que carregavam na alma. Nas semanas que antecederam a comemoração, desenrolou-se um clima provocador nas relações. Debaixo de intensas investidas de ferrenhos adversários do bem, nossos irmãos foram colhidos pela decepção e pela mágoa. A pressão movida pelos oponentes foi exaustiva, comprometedora para os relacionamentos. Sabiam os oponentes da causa o valor de tal iniciativa...

Por entre as alegrias da convivência festiva e a amargura das lembranças das semanas que antecederam a confraternização, nossos irmãos eram aferidos na prática em torno dos temas desenvolvidos nos livros psicografados: o amor incondicional de uns para com os outros.

Ainda que sofridos, abraçavam-se. Procuravam melhor sintonia, fazendo da ocasião um momento de trégua e refazimento. Afinal – refletiam –, como receber irmãos de outras regiões trazendo o semblante carregado?

Dois dias antes do encontro fraterno, nosso benfeitor Eurípedes Barsanulfo teve o ensejo, junto a Isabel de Aragão, de levar-lhes a palavra de conforto. O alívio foi notório no GEF. Nada, porém, mudaria a realidade que teriam a enfrentar: seus próprios sentimentos e os efeitos espirituais dos descuidos na atitude. Leis pelas quais todos haveremos de responder em qualquer tempo.

Em nosso plano de ação, as expectativas não eram menores. Caravanas espirituais compostas de mentores e aprendizes vieram acompanhando os irmãos encarnados.

Irmão Ferreira zelava pela segurança de todos, destinando equipes para a defesa dos que viajavam. Professor Cícero[6] cuidava dos contatos e do ambiente. Clarisse assessorava os membros do GEF, procurando tocar-lhes as fibras da sensibilidade. Tarefas minuciosas e cuidados com pormenores eram levados a efeito, visando oferecer aos encarnados um ambiente no qual o Espiritismo pudesse adentrar-lhes pela via da emoção.

Chegou o momento esperado. Os confraternistas chegavam efusivos com a auspiciosa oportunidade. Uma larga soma de diversidade caracterizava as expectativas. Uns queriam conhecer o médium das obras; outros os irmãos do GEF; outros tantos nutriam esperança do contato com Clarisse. Esperanças justas e de motivos diferentes preenchiam os corações.

A aura da afetividade, pouco a pouco, coroava o ambiente, suavizando a amargura arquivada no peito dos componentes do GEF. Ninguém no plano físico percebia-lhes o mal-estar. O mesmo já não ocorria entre nós.

O médium Demétrius chegou ao encontro acompanhado pela família. Uma cena surpreendente saltou aos olhos das caravanas fora do corpo físico.

---

6 Cícero dos Santos Pereira Nasceu em 14 de novembro de 1881, no povoado de Gorutuba, próximo à Diamantina – MG. Foi presidente da União Espírita Mineira (1937 a 1940) e fundador de vários Centros Espíritas em Belo Horizonte e Montes Claros.

Demétrius vinha cercado por seis cangaceiros, que lhe faziam a guarda espiritual. Vários trabalhadores de nosso plano, menos experientes em assuntos da alma, revelaram surpresa com o acontecimento. Ficou evidente a mancha negra na região cardíaca do médium, assinalando os pontos energéticos da mágoa e do rancor que trazia no peito. A despeito de seu clima psíquico, distribuía cordialidade e vigilância no intuito de não ser inconveniente. A opressão emocional aliviava a cada minuto que nosso irmão permanecia no ambiente. A gratidão com a qual era abraçado em razão do sincero reconhecimento de todos por seu esforço, abrandava suas dores íntimas.

Na oração inicial, ouvimos claramente através da força mental de Demétrius, sua rogativa legítima pedindo-nos para auxiliá-lo a não ser o centro das atenções. Suplicava pelo GEF e revitalizava-se na oração honesta e sentida, pois, no fundo, seu desejo não era estar ali naquele estado interior.

Do lado de fora, irmão Ferreira, conhecido como o Cangaceiro do Cristo, enfrentava a adversidade costumeira dos últimos dias. Embora a defesa do ambiente estivesse preservada quanto a conter invasões, nem mesmo os guardiões dispunham de recursos para evitar a sintonia emocional alimentada pela angústia presente naquele grupo espírita. Irradiações doentias, quais bombas lançadas a distância, acertavam em cheio o centro cardíaco e coronário de todos, em razão do estado deprimente em que se encontravam.

Conquanto as intempéries, o evento desenrolou-se cheio de bênçãos auspiciosas.

O médium, portador de um coração puro, quase ingênuo, acreditava e sentia que as coisas chegariam a seus devidos lugares após as vivências ricas de legítimo amor vivido durante a confraternização.

Por outro lado, os demais membros do GEF, de coração tão honesto quanto Demétrius, saíram do encontro ainda mais apreensivos.

Como diz o linguajar popular dos homens: entre os integrantes correu a "boca miúda". Destacavam a vaidade perigosa do médium ao receber as apaixonadas manifestações de glória pelas obras mediúnicas, mesmo quando dirigidas ao GEF.

Entre os caravaneiros de nosso plano que ainda não conheciam o testemunho de nossos amigos no plano físico, ocorreram manifestações de estranheza com os conflitos de convivência no GEF. Afora as almas mais maduras que lhes tutelaram a vinda ao encontro, expressiva parcela de espíritas desencarnados foi colhida por verdadeiro espanto.

Como podia acontecer tal episódio? Logo com o médium dos livros e seu grupo? As perguntas multiplicavam-se até surgir a proposta da permanência mais prolongada na cidade. Acompanhariam o dia a dia de todos no intuito de melhor avaliar a situação.

Conquanto, os combinados para prolongamento do aprendizado, quando encerrado o evento no plano físico, diante da ansiedade e da surpresa, ficamos longas horas em debate acerca das perspectivas do trabalho. Era impossível esquivar-se de responder sobre o que todos presenciaram no evento. Assim expressou um jovem na caravana nordestina:

— Dona Modesta, estou aqui acompanhando Djalma Montenegro de Farias[7], orientador de nossa caravana. Pedi a ele autorização para expor minhas dúvidas com franqueza. Fui colhido por verdadeiro espanto ao presenciar os acontecimentos nesses dois dias de encontro. Para ser mais franco, em determinados momentos, senti uma atitude de hipocrisia nos companheiros do GEF, especialmente em Demétrius. Então pergunto: que vai ser desse grupo? Que vai ser desse médium? Já pensou se nossas caravanas presentes no plano físico vierem a saber de tudo isso?

— Meu jovem, assim como para nosso estimado Djalma e outros tutores de caravana, a luta do GEF não é novidade. Certamente, para poupá-los, na condição de aprendizes, evitaram as más notícias para que também tivessem ensejo de desenvolver um aprendizado pessoal.

A luta de nossos companheiros não difere dos graves compromissos espirituais que nos unem em torno da mensagem do Evangelho. Somos os doentes em busca do Médico Celeste. Só temos uma qualidade: queremos abandonar o mal. Nada mais!

No caso do GEF, a situação agrava-se pela responsabilidade em se fazerem portadores dessa linfa cristalina que brotou pela mediunidade abençoada de Demétrius. São mais cobrados. Deles se espera mais, considerando o repositório de orientações mediúnicas. Há mesmo quem imagina que são exemplos vivos do que se encontra nos livros escritos por Clarisse.

---

7 Nascido a 9 de outubro de 1900, no Recife, teve expressiva atuação no movimento espírita pernambucano.

Nossos irmãos não são hipócritas. Isso não! O quadro é bem outro. São sinceros e autênticos em suas intenções. Porém, não são especiais no terreno da virtude. Apenas se dispõem ao sacrifício de vencer a zona confortável da acomodação.

Encontramos eco entre eles pela mediunidade e aproveitamos o ensejo para mostrar-lhes que a realidade dos espíritas não é bem a que tem sido imaginada. Fizemos um chamado inadiável ante a extensão de seus deslizes nas vidas sucessivas. Semanalmente, em suas tarefas, mostramos-lhes novas revelações ampliando-lhes, sobejamente, a visão do mundo dos espíritos e a trajetória de compromissos por eles mesmos assumidos antes do berço.

Respondendo à sua pergunta, eu diria que existem largas possibilidades de se tornarem públicos os conflitos de nossos irmãos. Aliás, poucas são nossas chances de reverter o quadro em curso.

— Não poderá prejudicar a magnitude da proposta contida na obra mediúnica de irmã Clarisse? – questionou o jovem aprendiz.

— Nesse sentido, felicitamos o GEF, porque ainda que não sejam os campeões do exemplo, ninguém pode subtrair-lhes o mérito da valorosa atitude de experimentar, sair da zona de conforto, sacrificar-se para colocar na prática as mudanças necessárias e urgentes em favor do período de maioridade das ideias espíritas no mundo.

A obra sobreviverá independentemente de nossas mazelas e limitações.

— A senhora tem lhes chamado a atenção e lhes dado orientação sobre a conduta?

— Incansavelmente! Eles, entretanto, necessitam mais de amor e tolerância que de esclarecimento.

— E por que continuam assim?

— Porque são pessoas comuns como nós, que ainda não conseguem, de uma hora para outra, renovar seus sentimentos e educar suas tendências.

— Que contraste, dona Modesta! Um grupo com tanta riqueza e à míngua de alegria e pacificação.

— E não será essa a condição de todos que se agregam em torno da mensagem do Espiritismo?

— Mas com esse tesouro da mediunidade em suas próprias dependências...

— Mediunidade não é virtude, é faculdade, valor mental. Empréstimo concedido. Ferramenta de trabalho e aprimoramento espiritual.

— Eu sei, mas...

— Qualquer "mas" que venhamos a expressar relativamente aos embates aqui vividos, meu irmão querido, não passa de uma atitude descuidada e menos fraterna.

— É que a gente esperava mais!

— Esperamos muito dos outros, quando, na verdade, temos o direito e o dever de aplicar severidade somente a nós mesmos nos assuntos do crescimento e da melhoria moral.

— Esse grupo tem futuro?

— Quem planta há de colher, meu filho. Essa é a Lei. Nossos irmãos têm esse mérito. Semeiam independentemente de condições. Plantam sem medir esforços.

Nossa tarefa é apoiá-los incondicionalmente. Foram essas as ordenações que vieram de Mais Alto. No presente estágio de aprendizado da comunidade espírita, raríssimos são aqueles que se propõem a lançar mão do arado e vencer desafios desse porte. Lamentavelmente, mesmo na comunidade dos adeptos do cristianismo redivivo, sedimentou-se a estagnação e o imobilismo nos conceitos, na conduta e na forma de gerenciar as atividades.

Evidentemente, em qualquer extremo da experiência humana encontra-se o excesso. Na caminhada do progresso, com escassas exceções, fazemos nosso aprendizado mediante os resultados provenientes dos excessos. No caso em questão, nisso reside o ponto de atenção máxima de nossa parte.

Coragem e prudência são duas lições fundamentais na escola das virtudes cristãs. Porém, não adquirimos ainda discernimento bastante que nos permita guardar equilíbrio nos temas da vida moral. O prudente, a pretexto de cuidado, quase sempre entrega-se nos braços da acomodação e da morosidade. O corajoso, empenhado em vencer desafios novos, costumeiramente caminha para a insensatez e tomba na arrogância.

Corajosos como são, nossos amigos do GEF estão a caminho desses extremos. Ora nas relações, ora no exercício da mediunidade.

Nas relações inspiram-se nos ensinos de Clarisse sobre convivência honesta e transparente, todavia, sem perceberem, em muitos lances, adotam uma franqueza mórbida uns com os outros. Dessa forma, atraem campo para o melindre, a discórdia, a maledicência e a mágoa.

Nas atividades mediúnicas aceitaram o convite para as experimentações que vão na contramão das atuais normas de segurança para esse tipo de tarefa, contudo, não conseguem escapar da teia anímica que, paulatinamente, vai sendo tecida. Sob influxo dessa teia vibratória, muitas de nossas mensagens e iniciativas estão sofrendo a interferência da aura coletiva do grupo. Com isso, fazem uma leitura indevida da postura de nosso grupo espiritual, em relação aos objetivos nobres das experiências ora vividas na relação intermundos.

Em ambos os casos existem excessos. E todo excesso acarreta prejuízo e perturbação.

Se vocês, que aqui se encontram fora do corpo, com visão mais ampliada, ao depararem com o que viram nesse encontro, guardam um forte apelo nos sentimentos para cobrar atitudes de nossos irmãos, já imaginaram o quanto eles próprios, entre si, cobram-se diante de tanta luz que lhes tem sido confiada?

— Eu ia mesmo fazer uma pergunta sobre isso dona Modesta - expressou um integrante da caravana conduzida pelo nobre Artur Lins de Vasconcellos[8].

---

8 Nascido a 27 de março de 1891, em Teixeira, Paraíba, teve expressiva atuação no movimento de unificação nacional, especialmente no Paraná.

— Fale seu nome e de onde veio.

— Sou Alberto e milito nas frentes espirituais do estado do Paraná, mais especificamente na cidade de Londrina, onde desencarnei há alguns anos. As minhas orientadoras estão aqui presentes – e apontou para elas são dona Lucila Balalai[9] e Dulce Ângela Caleffi[10], a mãezinha de Cambé.

— Faça sua pergunta, Alberto.

— Afinal de contas! Que aconteceu para que o GEF chegasse a esse ponto? Estamos aqui falando de todos depois do que presenciamos, mas o que ocorreu? A senhora nos pergunta se imaginamos o quanto eles podem se cobrar entre si, e eu queria saber: foi isso que lhes ocasionou o presente estado de discordância? Essa é a origem das mágoas de Demétrius?

— Muito oportuna a sua colocação, Alberto. Só mesmo quem tem acompanhado de perto as contendas tem uma ideia da complexidade das relações humanas e da gravidade do quadro.

— O médium tem razão em suas mágoas? O que o grupo lhe fez ou o que ele fez ao grupo?

— Não existem mágoas sem razão. Mesmo quando os ofensores não são intencionais, como aqui no GEF, a mágoa denota que o ofendido precisa enxergar algo sobre si que tem evitado tomar contato. A ofensa, para quem está se educando

---

9 Dedicou-se a pessoas portadoras de câncer em Londrina, estado do Paraná. Diversas instituições levam seu nome pelos méritos de suas iniciativas.

10 Esposa de Hugo Gonçalves, devotado missionário do bem em Cambé, estado do Paraná.

no Evangelho é um remédio amargo, uma medida drástica para quem tem adiado perceber algo que não quer ver. Sob a ótica evangélica, a mágoa tem a ver com o ofendido, e não com o ofensor.

— Com o que Demétrius está ofendido?

— Demétrius está em um turbilhão emocional. Não tem referências mentais suficientes para avaliar o que acontece com seu mundo íntimo. Está à beira do desespero mental. Suas referências estão ruindo. Encontra-se em franco estado íntimo de abandono e desorientação. A vida está lhe convidando sem piedade a reciclar conceitos, sobretudo, os que têm de si próprio. Passa pela dura experiência das perdas de toda ordem: afetivas, familiares e materiais. Está ofendido com as descobertas que tem feito sobre si mesmo.

— E o grupo?

— O grupo ama.

— Então o que aconteceu para chegar a esse ponto que vimos? Onde é a origem da ofensa?

— Acontece no GEF uma das mais comuns e complexas vivências das relações humanas: o orgulho de supormos ser dotados de habilidades para julgar o que está no coração alheio, especialmente quando temos proximidade com esse alguém. A partir dessa postura de orgulho, a convivência caminha para uma das ações mais frequentes na geração do conflito e da desavença: o desrespeito ao livre-arbítrio do próximo.

Essa é uma conduta típica das pessoas destemidas. Um dos excessos a que me referi agora há pouco.

Dotados de perspicácia e abertos ao novo, eles não percebem, tanto quanto deveriam, que o remédio benéfico dos livros psicografados no próprio grupo é a receita para si mesmos. Temos lhes chamado contínua e insistentemente a atenção para que deixem os tronos da vaidade. Nossos irmãos, porém, não conseguem dimensionar, por agora, como é natural em nós, o quanto isso lhes diz respeito.

— Em nome do amor, vigora o desrespeito! É o amor que damos conta. Como nos é pertinente, é um amor aprisionado às mazelas que ainda carregamos na esteira evolutiva.

— Um amor dominante?!

— Um amor que não deixa de ser maculado pelo nosso personalismo intransigente.

— Que mazelas mais corrompem nosso amor, dona Modesta?

— São muitas. A mais prejudicial, sem dúvida, é a rígida estrutura mental do interesse pessoal. A mais severa consequência desse personalismo condicionado verifica-se na nossa incapacidade de sentir que cada criatura é diferente, e que cada indivíduo é um mundo de percepções particulares, únicas.

— O grupo estará sobrecarregando o médium?

— De nossa parte não vemos assim, mas é assim que se sente Demétrius.

— Ele tem razão de sentir assim?

— Qual sentimento não tem uma razão dentro de nós, Alberto?

— Mas ele tem motivos justos para sentir assim? Motivos dados pelo grupo! Ou será puro melindre dele?

— Demétrius sofre. Sua dor é legítima. Entretanto, tem mais a ver com ele, com suas necessidades profundas, que com os descuidos do GEF. Em verdade, todos estão sendo submetidos a duros testemunhos evangélicos.

— Estaria sendo muito invadido em sua vida, é isso?

— Sem dúvida! O problema, porém, não é esse. Toda criatura que se expõe em qualquer atividade humana estará sempre sujeita a invasão, críticas e exageradas expectativas. A questão é como cada qual reagirá diante de tais condutas.

— Demétrius não tem sabido como se portar?

— Como disse, está desorientado com os julgamentos. Confuso.

— Dona Modesta – insistiu Alberto —, quando a senhora fala em julgamento, fico, até certo ponto, sem entender como isso pode prejudicar relações. Se alguém me julga e eu não concordo, simplesmente continuo a ser quem sou e sigo meu caminho. Demétrius não estaria supervalorizando os acontecimentos?

— Não há como abdicar do processo mental natural de julgar, expedir análise acerca das pessoas com as quais nos relacionamos. A questão capital nesse assunto é o preconceito, ou seja, o apego que temos àquilo que acreditamos ser a verdade. A arrogância entra nesse passo, convertendo as suposições e os conceitos que fazemos uns dos outros em autênticos tribunais de sentenças. E toda sentença determina uma ação. Quando nosso julgamento serve para cogitar sobre a conduta alheia e examinar nossa conduta perante alguém, ele cumpre sua função educativa. Habitualmente não é isso que ocorre. Ao sentenciar, somos tomados pela prepotência de supor que não só sabemos as dificuldades que existem no íntimo dos outros, mas que temos também a solução para elas. É um efeito sutil do orgulho. Raramente escapamos dessa armadilha moral de respeitar os diferentes e suas diferenças e, por isso mesmo, não usamos a ética do respeito que nos permitiria segurança para entrar no mundo íntimo do outro, na condição do samaritano que socorre com compaixão as feridas de outrem.

O que faremos com a confissão alheia? Qual será nossa postura perante a confiança que outrem deposita em nós? Qual de nós saberá conduzir com a necessária sabedoria os votos de intimidade confiados pelo próximo? Não seremos traídos pelos sentimentos secretos de inveja e, mesmo sem intenção, tentaremos diminuir o outro? Usaremos de compaixão e psicologia para destacar os valores ou vamos nos fixar, devido à nossa vaidade, nas derrapadas de quem nos franqueia sua vida íntima? Saberemos calar estando de posse dos tesouros depositados em nossos ouvidos?

Nossos irmãos são sinceros, bem-intencionados, e não sabem como exercer a parte mais valorosa de tudo isso: a fraternidade tecida na bondade, na discrição e na ternura da amizade que eleva, ao invés de rebaixar.

Tornaram-se, ao contrário, exigentes demais uns com os outros, cruéis em relação aos limites que cada criatura traz para superar. Formou-se um clima de intolerância silenciosa e desgastante na casa. Consomem-se nesse ambiente sob as chibatas impiedosas da cobrança velada, pela maledicência envernizada.

Demétrius, na verdade, tem motivo de sobra para se sentir invadido nas condições em que se encontra. Menos pelo que já confidenciou e mais pelos abusos dos quais não tem sabido se defender. Uma situação que já se arrasta demasiadamente, ou como dizem: ele está "cozinhando" as posturas. Em qualquer quadro similar, alguém já teria debandado ou tomado uma iniciativa. Há quem veja virtude em permanecerem juntos nessa condição. De fato, concordamos que assim seria se não custasse tanta dor dispensável a todo o grupo. Conforta-nos saber que a fibra de nossos irmãos haverá de levá-los a incomparáveis lições na escola do amor vivido. Lamentamos, porém, que seja esse o caminho. Poderiam trilhar outras estradas. De nossa parte, mantemos no respeito aos seus desvios. Não é a primeira nem será a última vez que assistiremos a esse episódio no meio espírita e mesmo no GEF.

— Perdoe a insistência de minha parte, dona Modesta, mas é tudo pura vontade de aprender – expressou Alberto com simplicidade.

— Fique à vontade!

— Pelo que deduzo, houve abusos do grupo para com o médium. Foi isso que ocorreu?

— Abusos de todos para com todos, meu filho. A coragem para seguir as lições do Cristo não dispensa a bondade, a meiguice, a gentileza. O GEF percebeu, pelas largas frestas da mediunidade, horizontes desafiantes para todos os que querem cooperar decisivamente na obra cristã. Quais desbravadores destemidos em plena selva de imperfeições humanas, enxergaram panoramas antes não revelados aos mais instruídos espíritas em todos os tempos. Foram, por essa razão, e pelos compromissos assumidos antes de reencarnar, convocados a tarefas árduas e sacrificiais. Candidatam-se a ser pioneiros de um novo tempo na construção da maioridade das ideias espíritas entre os homens.

Diante desse quadro, como não serem testados austeramente em seu orgulho? Para agravar, são alimentados por velho descuido que tomou conta da seara, isto é, alicerçam seus pontos de vista em interpretações mediúnicas que nem sempre retratam com fidelidade o que pensamos aqui na vida espiritual.

Abusos! Mais uma vez lanço a nós mesmos a pergunta: qual de nós está isento deles?

— Luto muito com minha índole, dona Modesta. Sou extremamente curioso. Farei uma última pergunta. Por caridade, se não for para o meu bem e o de todos aqui presentes, não a responda.

— Serei sempre a primeira a evitar tocar em temas que não nos eduque, Alberto.

— Que tipo de abuso o médium sofreu? Seria...

— Sexo?

— É o que eu tinha imaginado. Será que alguém...

— Não, Alberto. Esse não é o tema do GEF. Pelo menos em relação à conduta. O mesmo já não posso dizer em relação aos impulsos que, se não forem vigiados, poderão levar alguns à devassidão. Em síntese, o maior abuso cometido pelo GEF é aquilo que já esclareci: julgaram. E julgaram com larga imprecisão.

— E o médium não soube como lidar com isso! Agora entendi!

— Faltou-lhes aplicar a velha receita do amor uns com os outros. Amor esse que foi claramente definido pelo Espírito Verdade na questão 886, de *O livro dos espíritos*, em três linhas que constituem, a nosso ver, as atitudes pilares para que a convivência atinja o patamar de sadio campo de aprendizado cristão: benevolência, indulgência e perdão.

No GEF, o amor subiu à cabeça. Sob golpes cristalizados da ilusão que se operam nos raciocínios, nossos irmãos pensam que amam em razão das emoções legítimas de lealdade de que são portadores. Querem verdadeiramente bem uns aos outros, e querem o bem do outro. Todavia, enorme abismo separa esse lampejo de amor das atitudes que são capazes de proteger a convivência das adversidades da arrogância humana. Nisso reside o ponto capital dos desafios de nossos parceiros corajosos na semeadura a que foram convocados. São, assim como nós, incipientes na arte de descobrir as expressões imperceptíveis da prepotência em seus sentimentos, e o quanto elas perturbam a convivência. Há pessoas nesse grupo que agem como se fossem deuses, portadores exclusivos de visões que ninguém ainda adquiriu acerca das realidades imortais. Eis o desafio de quem sonda terrenos desconhecidos na vida dos espíritos e se faz depositário de revelações preciosas sobre a imortalidade.

O tempo, porém, os amadurecerá para a tarefa que assumiram. Todos eles, juntos ou separados, têm o Espiritismo na alma. Estão cansados de errar. Apenas não sabem ainda como materializar o bem tanto quanto deveriam.

Devemos aprender a diferenciar os heróis da resistência moral dos campeões da virtude conquistada. Nossos irmãos resistem bravamente. Em suma, estamos em uma caminhada muito semelhante, que pode ser definida assim: antes do Espiritismo corríamos atrás de todas as imperfeições e hoje, apenas mudamos o curso da direção, corremos de todas as imperfeições. Nisso o GEF é de uma lealdade ímpar e consciente.

— Jamais poderia supor que alguém tão comum como Demétrius carregasse tantas lutas a vencer, e pudesse ser instrumento de tantas luzes para o plano físico – falou Arlene, devotada seareira do Rio de Janeiro.

— O sol brilha no pântano, minha filha, essa é a Lei do Criador. Somente nós, tomados pela tirania do orgulho, fazemo-nos prepotentes ante as lutas alheias, expedindo rótulos e condenações, castigos e culpabilidade. Ai de nós, se não passarmos a conjugar o verbo tolerar todos os dias na conduta! Misericórdia e compaixão sempre e sempre! Incondicionalmente!

A Terra é uma prisão com detentos perigosos. Se quisermos correção e crescimento não há outra solução: muita paciência, tolerância ativa e fraternidade legítima sem nada esperar.

— Ouvindo suas explicações, dona Modesta, revivi lembranças de meu grupo espírita na cidade de Campos.

— As experiências do GEF tangenciam as necessidades de expressiva parcela de Centros Espíritas.

— Como é difícil ter uma amizade sincera, meu Deus! Quando na Terra, ocupava-me excessivamente em saber qual era o problema dos outros. E agora, sua fala, dona Modesta, conduziu-me a uma angústia enorme em querer investigar qual a minha parcela de responsabilidade nesse assunto. O que fazemos, dona Modesta, para que seja dessa forma? Deveríamos ser mais unidos, mais amigos e não conseguimos. Meu Deus, que angústia pensar nisso! O que acontece conosco, os espíritas, dona Modesta? Onde vamos parar? Parece que mudamos muito pouco em relação aos velhos católicos que éramos! Vejo mais amizade real entre pessoas não espíritas, que perdem seu tempo com bagatelas do mundo, que entre nós, que fomos iluminados pelos ensinamentos espíritas. Que está faltando, dona Modesta? Responda-me, pelo amor de Deus! – manifestou a companheira com aflição e espontaneidade.

— Sua angústia é muito pertinente, Arlene. Angústia é o chamado da vida interior para novas descobertas sobre si mesmo. Um bom sinal!

Respondendo a sua oportuna colocação, eu diria que tem faltado de tudo um pouco entre nós. Falta amor! Amor suficiente para que os raios da compaixão e do carinho possam varrer as sombras que teimam em enlouquecer as nossas ações e, sobretudo, manter seca a fonte de afeto em nossos corações. Sem afeto, sem emoção, como amar? Uma vida sem emoção é uma rotina que retrata a falta de viço afetivo, brilho nos olhos e secura na palavra.

Um radicalismo sem precedentes tem feito parte da atitude impensada de muitos aprendizes espíritas. Estabelece-se uma notória falta de habilidade para lidar com enfermidades morais de longo curso. Um rigor inconveniente que cria o clima da cobrança, derrapando na invigilante conduta de destacar imperfeições. Daí surge o desrespeito e a invasão. Esse rigor vem dessa exagerada expectativa de uns para com os outros. Nesse contexto de exigências são alimentados os vermes exterminadores dos bons costumes, quais sejam o ciúme e a inveja, cujos focos principais poderão ser percebidos nos seguintes efeitos: desmotivação, rejeição, insegurança, decepção e disputa.

— E como tudo isso começou, dona Modesta?

— Você tocou na alma do tema, Arlene. Tudo isso começou, minha filha, quando se concentrou mais atenção aos defeitos que aos valores na relação de uns com os outros. Basta que paremos um minuto para examinar mentalmente o defeito de alguém e nossos sentimentos se alteram, motivando condutas e decisões, escolhas e palavras. Quando nos sentimos à vontade para julgar, consequentemente, fixamos a mente em algum ponto de vista sobre a conduta de alguém. Não existe julgamento tolerante. Se julgarmos, foi abolida a compaixão. Quando estacionamos o pensamento nesse minutinho de concentração para sentenciar alguém, a nossa língua começa a "coçar". Não resistimos, comumente, ao apelo de destacar as doenças do outro.

Essa é a causa dessa rede vibratória de mágoas e insatisfações no grupo. Como dizem os homens: cutucaram feridas e não sabem como tratá-las.

Nossa equipe espiritual tem lhes estimulado a franqueza, pois ser cuidadoso com o mundo íntimo do semelhante não pode significar omissão. Contudo, nossos irmãos do GEF, e aqui os analiso com muita complacência no coração por todos eles, são muito impacientes, apressados, ansiosos e indisciplinados.

A indulgência é a conduta de amor diante de erros e imperfeições que aferimos no próximo ou em nós mesmos.

— Esperamos demais uns dos outros e não somos severos para conosco?

— No caso do GEF nossos irmãos são bem severos consigo mesmos, mas não sabem como ser benevolentes com o próximo. Ferem a pretexto de ser francos. Ofendem a pretexto de desiludir. São insensatos e não toleram, a pretexto de não perderem a oportunidade de corrigir.

— A senhora, que tem acompanhado tudo isso, dia após dia, como resumiria toda a experiência do GEF?

— Ausência de maturidade do senso moral. A conduta de nossos irmãos em nada difere das lutas mais acirradas para as quais nossa equipe espiritual chamou a atenção da comunidade espírita por meio das inspiradas obras de irmã Clarisse. Sabem muito, viram muito e renovaram escassamente seu modo de sentir e agir.

Em se tratando deste tema, o Evangelho é claro. A incomparável parábola do Bom Samaritano é o retrato de nossa condição espiritual na figura do sacerdote e do levita. Sabem muito e nada fazem para socorrer o homem caído e assaltado.

Após a resposta à Arlene, um senhor septuagenário levantou-se, cruzou as mãos na altura da cintura, e disse de repente com certa ansiedade na fala:

— Continuo achando a senhora e sua equipe muito compreensiva, dona Modesta!

— Posso saber a razão? – perguntei calmamente e já habituada a esses trâmites.

— Para mim, Demétrius e esse GEF são uns falsos e adúlteros da Doutrina Espírita!

— Por qual razão meu irmão diz isso?

— Não é a primeira vez que os acompanho. Já lhes conheço a intenção.

— Qual seu nome, meu irmão, e com qual caravana veio?

— Não vim com nenhuma caravana. Tenho meus próprios pensamentos e faço parte de outra sociedade espírita. Meu nome é Rudá.

Já havia percebido algo diferente na vibração de nosso irmão durante o diálogo edificante. Sua fala causou estranheza e pavor em alguns presentes. Mantive-me serena, pois sua história já era de meu conhecimento na rotina do GEF.

— Pois não, Rudá, seja bem-vindo ao diálogo! Por qual razão se refere dessa forma ao GEF?

— Tenho um filho, seu nome é Roberto, e passa momentos de grande dor no plano físico. Depois de muito esforço, consegui, com a ajuda de bons amigos, levá-lo ao GEF com esperanças de conforto. Qual não foi minha decepção, porque presenciei mais do que devia. Ocupado com a dor de meu ente querido, fui tomado pela desagradável surpresa de cenas de maledicência e ciúme envolvendo meu próprio filho. Intrigado com aquilo, segui meu ímpeto de acompanhar a pessoa em questão até o seu lar, pertencente ao quadro de dirigentes do GEF. No trajeto, ouvi palavras de preferência afetiva, despudor e manifesta prepotência acerca do problema de Roberto. Depois de fazer-lhe o atendimento fraterno, a referida dirigente colocou no "ar", em público, as lutas de meu filho. Ele, por sua vez, nem sequer imagina o que o cerca. Que casa espírita é essa? A intimidade é alvo de fofocas e, no rolar dos meses, chegou a constituir uma disputa afetiva de fãs apaixonadas. Não olharam como deviam para as necessidades profundas de meu filho. Não sabem de seu drama real. Tudo que aqui ouvi é muito presunçoso.

— Por que, Rudá?

— Porque esse grupo é mais prepotente do que foi aqui exposto. Sem perceber, eu que buscava ajuda para um ente amado, passei a ter mais um problema para gerenciar: minha revolta por conhecer o desrespeito na postura do GEF. Eles não só se desrespeitam, dona Modesta, como são invasores do mundo alheio de quem frequenta a casa.

— E como está Roberto?

— Graças à sensibilidade de uma pessoa que pouco frequenta o grupo, ele tem encontrado um campo de pacificação em suas dores. Achou alguém para o distrair no terreno do afeto.

— E o que o senhor esperava?

— Que ele fosse esclarecido.

— Não posso discordar quanto à sua colocação sobre a invigilância da quebra de sigilo em assuntos da alma. Nós mesmos já presenciamos episódios semelhantes por lá. Em nenhum deles, todavia, deixou de haver a diminuição do sofrimento de quem recorreu às tarefas. Há quem cuide disso no GEF, o senhor conhece o professor Cícero?

— Já falei com ele.

— E...

— Ele me disse o mesmo que a senhora.

— Então, o que o senhor pretende com sua colocação?

— Dizer que há muita falsidade nesse grupo.

— E acha que assim nos ajuda?

— Talvez a senhora e sua equipe devam ser mais duros com eles.

— Meu irmão, veja bem, afora seu sincero desejo de ser útil, o que tenho a lhe dizer é que a única postura que não tem cabimento nessa história é a rigidez. Acabamos de deixar isso claro na conversa. O julgamento promove o radicalismo pelo preconceito que alimenta. O núcleo moral desse grupo é a cobrança, um reflexo da arrogância humana. De nossa parte, se houver mais severidade... – e fui interrompida por Rudá.

— Mas a senhora não tem se manifestado no grupo com atitudes rigorosas e exigentes? Aliás, será que se lembra do que me disse um dia desses lá no grupo?

— O que foi que eu disse?

— Aqui só mesmo muita firmeza para dar conta dessa ralé!

— Meu irmão, agora percebo melhor o seu drama. Jamais o tinha visto no GEF em meio às multidões que se valem da tarefa. Para mim, que eu me recorde, encontramo-nos pela primeira vez.

— Então a senhora deve estar com algum problema de memória. Não tem duas ou três semanas esse nosso encontro.

— Acredito muito mais que o senhor esteve com um de meus clones, supondo falar comigo.

— Clones?

— Sim, senhor! Essa tem sido uma experiência comum naquela casa, depois dessa malquerença que se instalou entre os membros. Todos os dias sou substituída por "mentes brilhantes", ou seja, espíritos que dominam a arte de mutação da forma perispiritual. Adoram clonar principalmente a nós que fazemos parte da rotina do GEF. Professor Cícero, Inácio Ferreira, irmão Ferreira e outros tantos são clonados. E causam perturbação e mentira.

— A senhora deve estar brincando!

— Acha mesmo! Então veja isso – não tive alternativa em face do ambiente que se formou.

Ali mesmo, na frente de todos os presentes, exerci a mutação mental de meu rosto para o rosto da dirigente referida pelo senhor Rudá.

Não fosse pelo consistente clima de aprendizado entre todos, não lançaria mão desse recurso didático. Rudá, porém, é o

Tomé das fileiras evangélicas. Precisava da lição para acordar. Na verdade, ele estava sendo vítima do assédio inteligente de diversas entidades que formaram uma sociedade "espírita" para combater o GEF.

Rudá ficou atônito. Era um homem bom, apenas equivocado em suas percepções. Estava sendo usado. Sentiu-se nitidamente mal e assustado diante de minha atitude. Aproveitei para injetar-lhe, durante a transfiguração, uma energia que opera instantaneamente a reprogramação mental da hipnose. Cooperadores atentos de minha equipe se postaram por detrás dele, aplicando passes longitudinais. Ele, claramente, esmaecia. Ficou lívido, a pele se transmutou em amarelo. Amparado pelos enfermeiros, foi transportado até um sofá próximo.

Se o grupo já estava apreensivo em relação às lutas do GEF, as perspectivas ali ampliadas sobre clonagem perispiritual, mistificação e a estranha sociedade "espírita" de que participa Rudá, causaram ainda mais curiosidade em todos. Percebendo a extensão dos anseios nobres de todo o grupo, propus:

— Amigos, como vocês ficarão mais alguns dias para acompanhar a rotina do GEF, gostaria de lhes propor um encontro amanhã, segunda-feira, bem cedo, nas dependências da casa.

— Teremos mais tempo para detalhes amanhã? – perguntou um dos aprendizes.

— Quero lhes propor algumas horas de encontro para narrar uma história. Somente lançando o olhar sobre a trajetória reencarnatória compreenderemos melhor os conflitos desse instante no GEF. Apresentando alguns lances pretéritos, vocês poderão entender sobre a natureza dos testemunhos de todos nós que amamos a Jesus e não conseguimos, ainda, Ser-lhe fiel nas atitudes.

Depois disso, creio que não restarão muitas perguntas ou detalhes, e sim trabalho, muito trabalho a fazer. Quando examinamos aqui alguns retalhos da experiência do GEF, por meio das oportunas questões expostas, de longe arranhamos as raízes dos motivos ocultos e profundos para tantas dores e conflitos. Quem vê Demétrius em seus conflitos de agora, não tem noção das raízes que se alongam em tempos idos. Essa medida será muito instrutiva e educativa para ajuizar por que a compaixão é a única ética capaz de promover a união e a concórdia.

Além do que, essa história poderá nos auxiliar a rever qual a nossa verdadeira condição evolutiva como espíritas. Quem sabe, conhecendo um pouco mais de Demétrius e do GEF, encontremos fortes apelos na intimidade do coração que nos auxiliem a dilacerar as velhas ilusões de grandeza e importância pessoal?!

Vocês concordam com a proposta?

Todos acenaram positivamente, demonstrando ansiedade pela oportunidade.

No dia seguinte, conforme combinado, lá nos encontramos nas dependências do GEF para narrar a história a seguir.

Fizemos uma prece e comecei dizendo:

— Tudo começou em uma manhã de 1936.

2.
ATAQUES ESPIRITUAIS AO SANATÓRIO ESPÍRITA DE UBERABA EM 1936

> "Os laços de família não sofrem destruição alguma com a reencarnação, como o pensam certas pessoas. Ao contrário, tornam-se mais fortalecidos e apertados."
>
> *O Evangelho segundo o Espiritismo*. Capítulo 4, item 18.

— Catarina! Catarina! Acorde sua infame! Seu dia chegou, sua déspota! Seu próprio filho vai extingui-la... Acorde, Catarina! Não é um pesadelo, sua víbora. Sua vida na carne acabou. Você ficará louca e será nossa novamente. Devedora insolvente! Seu reinado acabou e seu trono será nosso...

Corria o ano bom de 1936. O dia amanheceu sombrio para mim, depois de uma noite agitada por sonhos cruéis. Cenas de hostilidade e impiedade tomaram conta de minhas lembranças ao acordar. Uberaba parecia outra cidade naquela manhã.

O pressentimento de que algo desastroso ocorreria dominava meus pensamentos com insistência. Logo pensei nos filhos e na saúde. Durante os sonhos, acusavam-me de assassina e prometiam queimar-me viva. Muitos gritos e lamentos angustiantes ainda estavam na minha memória consciente depois que despertei. Ouvia claramente alguns nomes, como Catarina e Carlos, como se tivessem cometido uma desmedida crueldade.

Naquele dia, cumprimentavam-me na rua a caminho do sanatório. A mente, porém, vagueava, longinquamente, como se buscasse não sei o quê, sem coordenar os raciocínios. Sentia-me em clima de pressão espiritual que não me permitia melhor clareza sobre o acontecimento. Ansiava por chegar logo ao encontro de Inácio no sanatório, com quem sempre dividia as angústias dessa natureza.

Eu estava com 35 anos. Corriam os primeiros anos de existência do Sanatório Espírita de Uberaba, fundado em 31 de dezembro de 1933. A ação dos adversários do bem para nos tirar crédito perante a sociedade era intensificada com base nos preconceitos. Diziam: "É uma louca!"; "Onde já se viu uma mulher dirigindo um hospital?", "Pobre do marido, vai ter de interná-la no próprio hospital!" Meu pai, João Modesto, muito respeitado na cidade, era quem enfrentava o clero, que se interessava mais por seu dinheiro que pelas suas ideias como espírita confesso.

Não via a hora de alcançar o sanatório. O major, como era conhecido meu marido, levara-me até a porta ciente de que eu não me encontrava no meu melhor dia.

Logo na chegada, encontrei quem mais ansiava.

— Inácio, venha à minha sala! – falei com ansiedade.

— Já vi que a senhora não está com o juízo no lugar.

— Nem imagina o quanto!

Inácio Ferreira, a esse tempo, na casa de seus 32 anos, já havia assumido a direção clínica do sanatório. Iniciava suas primeiras atividades profissionais como psiquiatra com total isenção de preconceitos.

— O que a senhora sente? – indagou Inácio.

— Sinto-me queimada. O corpo arde. Vejo fogo, muito fogo. Como se o hospital estivesse em chamas. Sonhei a noite inteira com crueldades. Alguém me chamava pelo nome Catarina.

— Será...

— Sim, é ele novamente. Sinto a presença. Matias está novamente atacando a casa.

— Estava tão sossegado nos últimos meses!

— Certamente preparava alguma para o sanatório.

Mal terminei a frase e chegou um enfermeiro com a notícia:

— Dona Modesta, precisamos da senhora urgente na ala dois. Egídio apronta-se para se suicidar. Chama pela senhora o tempo todo e diz que precisa purificar-lhe das marcas do demônio. Infelizmente, ele burlou a vigilância e pegou um frasco de álcool e fósforo.

A caminho do quarto de Egídio, por meio da vidência no espaço, pude ver no plano invisível que três homens se enroscavam no corpo do paciente como heras no tronco de uma árvore. Vampirizadores que sugeriam a ideia da minha sina como espírita. Quando lá chegamos, entrei no quarto quase totalmente tomada por ideias estranhas à minha condição de espírita. Sem tempo para pensar, manifestei:

— Salve Jesus, Egídio! O senhor é nosso Pastor e nada nos faltará!

— Dona *Mudesta* – respondeu em seu típico palavreado — então a senhora já se converteu? Glória a Deus, aleluia! Sou grato pela graça. Oh Pai! Aleluia! Aleluia!

— Do que trata essa atitude, Egídio?

— Estava pronto para batizar-lhe em Cristo, veja! – e mostrou uma enorme garrafa de combustível e fósforo — Livrá-la dessa peçonha do demônio que a tomou e a todo esse sanatório.

— O senhor iria me queimar para libertar?

— Isso mesmo, dona *Mudesta,* isso mesmo! Não haveria dor nem "ranger de dentes", o "filho das trevas" seria queimado e a senhora liberta. Fico feliz com sua conversão! A qual igreja a senhora vai?

— Primeiro passe-me seus instrumentos de "purificação", e depois falamos.

Uma cena estarrecedora passou a se desenrolar a partir desse momento. Os vampirizadores, percebendo o insucesso de seus propósitos enfermiços, passaram a induzir a mente do obsessor a jogar em si mesmo a substância comburente a título de sacrifício pela "libertação total" do sanatório.

— Não darei, não! Vou fazer o meu holocausto pela suprema libertação deste lugar!

Era o desejo dos agressores desencarnados causarem um escândalo na cidade. "Você vai ao encontro de Deus!" – diziam as "vozes" na mente daquele psicótico e pirômano.

— Vou ao encontro de Deus! – repetia ele com perfeita filtragem.

— Largue esse material, Egídio!

— Jamais! Preciso livrar-me de todo o pecado pelo bem deste lugar, que está tomado pela peçonha do inferno! É o meu testemunho de salvação! Tenho fé que Deus dará resistência e impedirá a queimação. É o que te peço, meu Senhor! – dizia em voz altíssima, com os olhos esbugalhados e os lábios tomados por abundante dose de baba.

— Egídio, devolva-me isso agora – falei com energia e com o pensamento ligado em Eurípedes.

— É com a fé abundante desse teu filho pecador que... – o líquido foi derramado por todo o corpo.

Quando se preparava para acender, percebi, pela vidência, que amigos espirituais atentos encostaram um pequeno aparelho manual em cada um dos três vampirizadores. Eles perderam o sentido. Eram eletrochoques que repercutiram sobre a mente de Egídio que, por sua vez, entrou em convulsão epiléptica. Imediatamente, Inácio, que a tudo acompanhava, chamou os enfermeiros para sedá-lo, após a crise.

— Como está a senhora? – perguntou o enfermeiro, trazendo uma cadeira para acomodar-me.

— O coração quase pulou para fora!

— Esse é um caso de esquizofrenia seguida de delírio místico[11] – diagnosticou Inácio, que se alegrava em mostrar seus conhecimentos de médico recém-formado.

— Assediado pelos discípulos de Matias – acresci.

— A senhora tem mais alguma percepção?

— Escuto tiros e gritos fora do sanatório. Meu Deus!

— O que foi, dona Modesta?

— Vejo Matias.

— Aqui dentro?

— Não. Está estirado na rua e muito machucado. Alguns padioleiros o recolhem.

— São amigos?

— Sim. São amigos de Eurípedes[12].

— Sabe para onde vão levá-lo?

— Ao porão.

— Então já sei a razão.

— A mediúnica de hoje à noite?

— Será uma bênção, dona Modesta, se for esse o objetivo. Vamos aguardar. Ao trabalho! Temos muito que fazer pelos doentes da casa.

---

11 Terminologia do atual Código Internacional de Doenças, portanto, adequada à nomenclatura moderna.

12 Eurípedes Barsanulfo (Sacramento, 1 de maio de 1880 — Sacramento, 1 de novembro de 1918) foi um professor, jornalista e médium espírita brasileiro.

Aquela cena de Matias caído não me saiu da tela mental. Quase não acreditei no que vi. Hematomas e estrias de ferimento com sangramento causado por alguma lâmina fina no corpo de Matias. Jamais imaginei que um dia me depararia com semelhante cena na vida espiritual. Ele foi esfaqueado por seus ascendentes por não ter atingido o objetivo, isto é, provocar um escândalo de graves proporções dentro do sanatório. Além da dor física, uma triste dor moral assediava-me pelos vínculos que guardava com ele. Seu coração tinha ódio e eu sabia por quê.

Durante todo aquele dia fiquei refém de uma indisposição incomum. Dores pelo corpo e humor alterado. Tudo me irritava. Cansava com facilidade. Matias havia sido levado ao porão, local no astral nas dependências do hospital onde eram acolhidas entidades socorridas que se comunicariam em nossa mediúnica realizada dentro do próprio sanatório.

No fim da tarde, antes de me retirar para um banho e refazimento no lar, Inácio me abordou.

— Dona Modesta, a senhora...

— Inácio, posso lhe fazer um pedido?

— Claro!

— Chame-me apenas por Modesta.

— Mas...

— Companheiro, pelas coisas que vi recentemente, creio que temos uma longa caminhada pela frente. Precisaremos de muita intimidade fraterna e transparência em nossos laços, a fim de não sermos mal interpretados.

— Posso saber com mais detalhes o que a senhora viu.

— Lá vem você com a senhora!

— Vou me acostumar... Modesta!

— Ficou bem melhor assim! Interpreto a vinda de Matias como o recomeço de um longo resgate, Inácio. Assim me disse Eurípedes Barsanulfo.

— Resgate?

— Acha mesmo que veio aqui apenas para virar diretor de hospital e fazer carreira?

— Tinha esse sonho.

— Parece que não é o sonho do Cristo para nós.

— Modesta, quem foi esse Matias? Apesar de seus vários ataques a essa casa, percebo que o trata com afeto. É algum conhecido? Você me deu detalhes acerca dessa criatura.

— Matias era um jovem camponês das redondezas de Uberaba. Filho bastardo de um rico fazendeiro que não assumiu a paternidade por motivos óbvios.

— Quem é o pai?

— Leandro Serra?!

Inácio expressou-se surpreso por conhecer o caráter da pessoa em questão.

— Certa feita, o senhor Leandro, tocado pelos ensinos do Espiritismo, procurou-me, já que era amigo de meu pai e sabia da ligação de nossa família com a doutrina. Ele me confessou o segredo com humildade e pediu ajuda. Estava tomado pela culpa, após conhecer os princípios espíritas.

Engravidou a serviçal Conceição em sua fazenda. Para evitar o escândalo, despediu-a sob severas ameaças. Prometeu, no máximo, uma nova colocação em distrito próximo, e assim o fez.

A mãe, após alguns meses de estadia na nova cidade, morreu de desgosto em terrível tragédia. Suicidou-se. O rapaz, a essa época do pedido de Leandro, tinha pouco menos de 20 anos e estava totalmente demente, mal conseguia empunhar uma enxada. Matias era o nome do jovem. Leandro pediu-me uma consulta espiritual. O filho estava em obsessão grave e havia sido preso na pequena delegacia de Araguari[13], diante da algazarra que vinha aprontando sob efeito da loucura. Com alguns acordos, conseguimos trazer Matias para Uberaba.

Os espíritos que o assediavam eram velhos companheiros de uma associação da maldade. Com algumas reuniões, ele estava lúcido e auxiliando nas tarefas rotineiras do "Ponto Bezerra de Menezes"[14]. Tomou-se de amores por mim. Por meio de boatos na infância, veio a saber que seu pai era um homem rico. Como não conheceu a mãe, por motivos que só a reencarnação explica, supunha que eu era a mãe que voltou para amparar-lhe. Ele se adaptou em Uberaba e tinha carinho e respeito pela minha família. Leandro, sem assumir sua paternidade, aproximou-se cautelosamente do jovem, vindo, com o tempo, a se render em amores por ele. Adotou-o e cuidou de seu futuro. Matias não conseguia

---
13 Cidade do triângulo mineiro.

14 O *Ponto Bezerra de Menezes* foi fundado pela família de Maria Modesto Cravo em janeiro de 1919. Três vezes por semana havia uma reunião de desenvolvimento mediúnico e assistência a diversos enfermos.

se esquecer de mim. Vinha até o Ponto participar das atividades assistenciais. Seu intuito era me ver.

Foram anos assim. Até que, em certa ocasião, foi novamente assediado pela falange mordaz. Debaixo de intensa pressão, começou a me acusar dizendo que eu era a mãe dele e não queria assumir por vergonha. Espalhou boatos pela cidade. E do amor saltou para o ódio. Tinha absoluta certeza de que era meu filho, e cada dia mais intensificava tal crença.

Minha família passou por alguns inconvenientes com o assunto. Já não éramos bem-vistos na cidade por sermos espíritas, depois então... Pedi ajuda a Eurípedes, e ele me recomendou oração. Contou que Matias havia sido resgatado por sua mediunidade em Sacramento pelos idos dos anos de 1900. Doutor Bezerra, por sua vez, nas comunicações mediúnicas em nossas sessões, pedia amparo incondicional para o jovem.

Infelizmente, sua perturbação atraiu o pior. Matias foi assassinado em dezembro de 1929. Até hoje não se sabe por quem. Envolveu-se em alguma trama afetiva. Passados três meses de seu desencarne, começou novamente a perseguição.

Após uma reunião na qual minha família tomou decisões cruciais pela construção do Sanatório Espírita de Uberaba, em maio de 1931, quando saíamos, ouvi alguém gritar: "este hospital será para internar minha mãe, que vai enlouquecer!". Era Matias, que havia regressado ao posto que deixara nas hordas da maldade dos dragões, antes de reencarnar. Apresentava-se todo paramentado e prometia vingança por não assumi-lo como filho. Desde então, e agora mais intensamente, vemos que ele tenta cumprir o prometido.

— Meu Deus! – exclamou Inácio.

— Tenho um amor especial por ele, Inácio – e deixei correr um filete de lágrimas. — Farei tudo para ajudá-lo. Sinto que ele cobra algo justo, que o tempo não conseguiu anular na fieira das reencarnações...

— Conte comigo, Modesta! Tratamos os loucos daqui, por que não cuidar dos de lá, não é mesmo?!

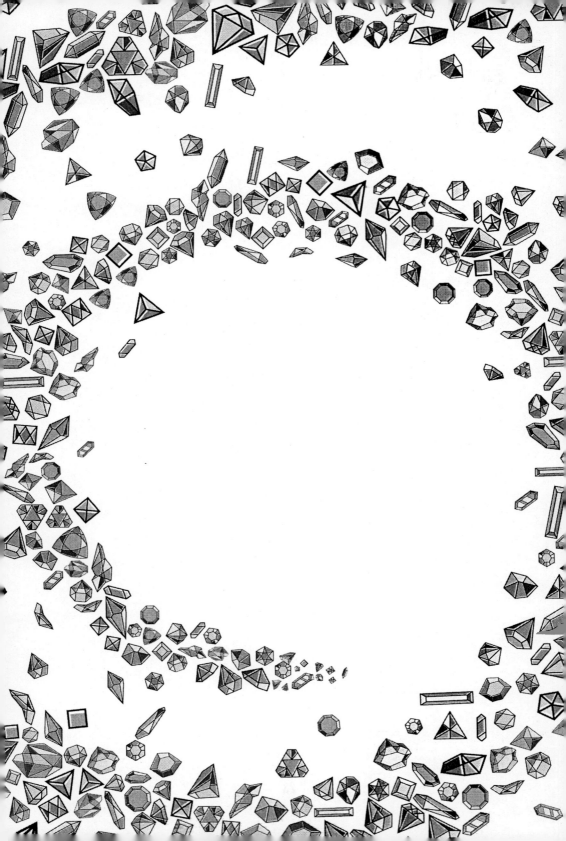

3.
SOCORRENDO O EX-DRAGÃO MATIAS E DIALOGANDO COM EURÍPEDES BARSANULFO

> "E a condenação é esta: Que a luz veio ao mundo, e os homens amaram mais as trevas do que a luz, porque as suas obras eram más."
>
> *João* 3:19.

O dia passou no relógio, mas estacionou em minha mente. A conversa com Inácio trouxe-me sensações estranhas, que acentuavam meu mal-estar. Tivemos muitas outras situações imprevisíveis naquele dia tormentoso. Os ataques espirituais pioraram na véspera da reunião mediúnica, faltando ainda duas horas para seu início. A falange de Matias procurava insistentemente por ele. Sentia-me ligada a lugares de pavor que ignorava sua localização. Durante a tarde, Inácio e eu fizemos preces continuadas por recomendação de Eurípedes Barsanulfo, que me orientou se tratar de um dia muito especial em nosso aprendizado.

Quanto mais se aproximava o instante da mediúnica, mais se intensificavam as reações psíquicas, emocionais e, igualmente, as pressões espirituais.

Após oração e rápida leitura de *O Evangelho segundo o Espiritismo*, iniciamos a tarefa. As luzes permaneciam acesas. Em muito diferiam as características em relação às atuais atividades de intercâmbio espiritual. Somente após o surgimento da magistral obra *Desobsessão*, de André Luiz, na década de 60, muitas mudanças foram inseridas no contexto de tais atividades.

Matias chegou semiconsciente, em uma maca, trazido pela amiga espiritual Clarisse, que, já neste tempo, servia ao bem em comunhão com a equipe de Eurípedes Barsanulfo.

Minha vidência expandiu-se naturalmente e pude perceber seu estado. Estava cianótico. Sensibilizei-me. Sua pele, da altura do tórax até o abdômen era como a pele de um réptil. Gomos diversos de cor verde escuro, muito lisos, duros e com leves saliências. Ele estava apenas com pequeno saiote de tecido elástico.

Nos braços, trazia um brasão de ouro. Esculpido em formas curvas, fechavam com um símbolo contendo o dragão, em pequena rodela com dois machados acima do brasão. No dedo um anel de igual expressão. O conjunto parecia um uniforme da brigada romana das legiões. Ressonava agitado. Chumaços de algodão foram colocados em suas narinas para deter um líquido viscoso que escorria, devido às abusivas técnicas mentais de soltar "fogo pelas ventas".

Trazia uma larga ferida no lado esquerdo da cabeça de aproximadamente dez centímetros, já suturada, resultante das rixas daquele dia em frente ao sanatório. Os olhos, embora fechados, permitiam perceber as órbitas em constantes movimentos involuntários, uma agitação por baixo da pálpebra. Vez por outra, os abria e fechava. Eram completamente cor de sangue com uma íris pequenina.

A modificação perispiritual era de impressionar. Qualquer pessoa menos experiente, ao ver Matias diria que se tratava de uma maquiagem, uma fantasia muito bem feita de um réptil. Os dedos muito alongados eram tomados por volumosos pelos. O mesmo ocorrendo com as pernas. O porte físico lembrava o de um guerreiro romano, alto e com larga caixa torácica. A cabeça raspada tinha duas insígnias na nuca que recordavam símbolos romanos, e a testa sinuosa remetia-nos aos velhos ancestrais símios. Três barbatanas salientes ornavam o alto da cabeça. Em quase nada recordava o menino simples e franzino da roça que havia conhecido alguns anos antes. O rosto nos fazia lembrar Matias, quanto ao mais...

Clarisse cuidava com cuidado da entidade. Seu quadro mental inspirava cuidados. Não poderia recobrar a consciência de súbito. Ele se remexia em espasmos involuntários a ponto de quase cair da maca. Vimos, então, o grupo de enfermeiros acomodar-lhe mais confortavelmente para que ficasse de lado. Foi então que tive a surpresa de ver uma cauda maleável qual fosse de plástico, que saía da altura do cóccix e se apoiava sobre as nádegas. Matias a mexia causando-me uma estranha sensação, que a custo contive. A cauda era uma extensão do *chacra de vácuo* — um pequeno nadi[15] no cóccix que, ao longo da evolução, vem se tornando muito potente e funciona como o chacra mais ligado às energias grosseiras. Uma verdadeira antena

---

15 As nadis são canais energéticos por onde flui a energia do corpo. Esses canais são responsáveis por produzir os centros de força conhecidos por chacras. Se fizermos uma comparação com a visão ocidental, as nadís seriam as veias e as artérias, e os chacras os órgãos ou as glândulas.

emissora e transformadora de forças terrestres. Entretanto, os pés sofreram metamorfose incomparável. De fato, em nada recordavam a anatomia humana. Eram patas com três apêndices, dedos gordos e com unhas afiadas como garras de águia. No geral, o corpo de Matias apresentava uma temperatura elevada, perto de 42°. Pressão sanguínea fora dos padrões humanos, em torno de 18 por 9.

Tubos diversos ligavam seu corpo a aparelhos muito similares aos atuais balões de oxigênio. Eram depósitos de forças vitais. Não fosse isso, o simples fato de identificar pela vidência um dragão em estado de liberdade seríamos automaticamente, vampirizados, com danos à saúde física. Os dragões, conquanto essa anatomia aparentemente imobilizante, são muito ágeis, violentos e muito resistentes à dor, apresentando uma fisiologia perispiritual predatória capaz de consumir energia de qualquer fonte, causando desorganização energética onde estiverem. São de estatura elevada e corpo atlético. Alguns chegam a medir, em estado habitual, até 2,5m.

Seu estado mental transmitia uma incômoda sensação de vazio, de não existir. Como se houvesse um buraco no lugar do coração. O sentimento mais conhecido que tinha como referência era a tristeza, entretanto, havia algo pior ainda. Era algo que imobilizava, estimulava a vontade de deitar eternamente. Os pensamentos, desencontrados e sem nexo, não completavam nenhum raciocínio. Definir esse quadro como loucura seria incompleto. Como fossem abundantes gotas de suor, escorria ao longo da cabeça uma matéria nauseante de cor verde-lodo, derramando-se sobre os lençóis da maca. Era a matéria da loucura sem referências, os fluidos da perturbação e da desarmonia consciencial.

Propositadamente, Clarisse orientou-me a investigar detalhes da situação externa e interna de Matias. Logo a seguir, passei a descrição a Inácio e a outros amigos que conduziam a reunião.

— Modesta, pergunte ao senhor Eurípedes o que podemos fazer – ponderou Inácio.

— Ele me diz que estão preparando Matias para o diálogo. Eu sairei do corpo e você conduz com firmeza. Ajude-me a não permitir a incorporação total, pois ele está muito fraco. Qualquer agitação lhe fará mal.

Fora da matéria, Clarisse, com carinho, aproximou-me do doente, assentei em uma cadeira e encostamos testa a testa.

Ele tomou um choque e começou a recobrar a consciência com percepção do ambiente físico. O contato com meu corpo perispiritual restabelecia algumas de suas funções.

— Quem são vocês? – indagou.

— Somos amigos! – respondeu Inácio.

— Ah, então veja se não é o doutor da loucura! – expressou com dificuldade.

— Sou Inácio Ferreira, do Sanatório Espírita de Uberaba.

— Eu sei quem é você, maldito! Um louco com pose de sadio!

— Não posso contestar, Matias!

— Então sabe com quem está falando?

— Claro que sei.

— Onde está a megera da minha mãe? A tal Modesta, que de modesta só tem o nome! Uma falsa que tem vergonha do próprio filho.

— Você fala por ela.

— É uma mentira!

— Você fala por ela.

— Deve ser um sonho. Que medicação me aplicou, doutor de... Onde está minha mãe? Onde está a Modesta? – falou aos berros. — Acha que também estou louco, não é seu verme? Quero falar com ela agora. Quero dizer-lhe umas verdades. Ai! Que é isso! Que dor é essa na cabeça... – Matias sentiu um mal súbito ao tentar se levantar da maca.

— Matias, você está muito machucado e fraco. Procure fazer o mínimo de esforço. Quem sabe pode conversar comigo?! Temos quase a mesma idade. Fale-me de você. Posso lhe fazer uma pergunta? – Inácio, como de costume, conversava com a entidade como se falasse com um encarnado, modo típico de conduzir suas atividades espirituais.

— Você é doutor e eu o que sou? Um camponês infeliz e agora sem o que fazer. Nem mesmo no inferno me querem por lá. Não consigo mais ser um dragão.

— Por que você nos ataca no sanatório? Foi alguém que mandou? Que lhe fizemos de pior?

— Doutorzinho de nada! Acaso não sabe sobre a Modesta?

— Quem te disse que ela é sua mãe?

— Eu tenho certeza de que é.

— Não é! A história é muito diferente do que você imagina ou contaram. Nós sabemos quem é seu pai e mãe verdadeiros.

— É mesmo, doutorzinho! Será o senhor o meu pai? Será?!

— Está perdendo seu tempo, Matias! Modesta e eu sabemos bem sobre a sua vida. Vida que, diga-se de passagem, foi muito cruel com você, mas ninguém passa por dores sem motivo.

— Eu fui um ingênuo, doutor! Uma criança-ninguém. Abandonado pela vida, pelos pais, pela sorte. Só mesmo o demônio lembrou-se de mim. Deu-me "sossego". Aplacou minha dor.

— Ilusão, Matias! Pura ilusão! Veja seu estado! Animalizou-se.

— Isso o assusta doutor! Acaso acha que seus loucos deste sanatório ao sair do corpo são mais estéticos?

— Você tem razão! Não discuto os meus loucos, mas você.

— Por que se preocupa comigo? Acaso está com culpas, doutor? Será um pai arrependido que largou o filho? É essa sua culpa, seu desertor?

— Engano seu, Matias. Só lhe quero bem pelo ideal que abracei junto ao Espiritismo-cristão.

— Esse ódio que sinto pela minha mãe... Ai, se Deus me ouve tranquiliza meu ser... Eu não quero existir, mate-me, Deus, por favor, ou então me deixe acabar com ela!

Matias silenciou por um minuto. Alterando sua fisionomia e remexendo-se de forma inquieta, continuou sua fala.

— Minha mãe, eu te amo e te odeio a um só tempo! – Matias entrou em uma convulsão profunda e perdeu os sentidos novamente.

— Modesta! – chamou-me Inácio. — Volte à matéria. Está me ouvindo?

— Estou sim, Inácio! – exclamei aos prantos.

— Tenha calma, Modesta, tome o lenço!

Após alguns instantes de refazimento e usando a imposição de mãos sobre a cabeça, conforme orientações recebidas de Eurípedes, eu estava melhor, embora ainda muito emotiva. A comunicação mediúnica breve pareceu-me uma eternidade.

— Que aconteceu durante o transe, Modesta?

— Comecei a entender a razão de Matias pensar que sou sua mãe. Vi cenas de um tempo histórico.

— Podemos saber mais detalhes?

— Creio que não serei eu quem vai esclarecer.

E, alterando a fisionomia e a voz, com naturalidade, passei a entrar em psicofonia com Eurípedes Barsanulfo.

— "Meus filhos paz e esperança na alma!

Na vida nada é improviso. A semeadura obedece à ordem natural. Primeiro o plantio. Depois a colheita. Eis o instante de revelações inadiáveis.

Desde a vinda do Cristo à Terra, o inferno regurgita suas últimas respirações ruidosas. Ainda assim, a faina do mal é patente, grotesca. Mesmo na agonia, não desistem de dominar.

Após a crucificação do Senhor, iniciou-se o aprisionamento da mensagem do Evangelho nas celas do dogmatismo e da formalidade. O pai do mal, representando legiões de influentes da crueldade, decretou o período das trevas no mundo. A Idade Média, nascida com o declínio do Império Romano, inaugurou uma fase de mil anos de escuridão nos roteiros espirituais do planeta. A ordem era não permitir o renascimento na carne.

Processos tecnológicos avançadíssimos e ignorados no mundo físico até hoje foram desenvolvidos no intuito de criar a 'não vida'. Com uma população reencarnada em números perfeitamente controláveis, as legiões da maldade estabeleceram o tempo negro da humanidade.

Controle total no intuito de revidar a vinda de Jesus ao solo terreno. Primeiro algemaram sua mensagem nas masmorras da instituição formalizada e dogmática. Em seguida, fincaram alicerces para o domínio cultural, mental e espiritual.

As algemas da culpa nunca foram tão insufladas. Com esse sentimento construíram o mais amplo cárcere de todos os tempos na psicosfera da velha Europa, mantendo almas escravas na erraticidade e evitando o reencarne. Pátios de dor e loucura avolumaram-se consideravelmente em nosso plano. Dante Alighieri chegou a ponto de mapear o inferno em suas noturnas incursões. Não é sem razão conhecida como o período das trevas essa faixa cronológica da história terrena. Bilhões de almas cativas e sob controle ferrenho das falanges perversas. O pai do mal chegou a decretar sua vitória quando o papado oficializou a inquisição em pleno século XII.

Jesus, entretanto, programava um novo tempo. A Renascença, a Reforma, o Iluminismo, a extinção do teocentrismo foram alguns dos movimentos culturais e políticos que arejaram o ambiente sufocante da Idade Média. Mais tarde, o Espiritismo, a ciência e a renovação da ideia de Deus no mundo viriam detonar a Era Nova, na qual o Cristo, em contraposição aos prognósticos mais sombrios, deixava claro o Seu governo amoroso e sábio.

Os últimos 500 anos do planeta podem ser considerados a fase do escoadouro. Uma dilatada infecção no ecossistema da Terra está sendo drenada para a matéria. O renascimento em massa. Com a chegada da indústria, o homem amplia seu campo de conforto e cuidados. O século XX será o tempo da limpeza, a reencarnação será o antibiótico contra as velhas doenças morais encasteladas nos pátios da maldade.

A culpa assumiu forma física e chamou-se loucura, infelicidade, vazio, obsessão, malformações, tumor, escabiose psíquica, carmas de vários teores.

Fazemos parte deste cenário de lutas e dores. Aguardam-nos momentos decisivos na caminhada espiritual. Preparamo-nos no presente criando o futuro. E esse futuro, para nós, chegou.

Somos um grupo enorme de almas que assumiram graves compromissos com a mensagem cristã. A França do século

XVI foi o palco do primeiro passo em direção ao remorso para milhões de seres.

A chegada de Matias a essa casa é o início de um trabalho que vai durar pelo menos dois séculos de intenso labor pelo bem. O destino deste grupo é resgate e educação, em face das responsabilidades assumidas outrora. O Sanatório Espírita de Uberaba é o embrião de uma quitação da insana *Noite de São Bartolomeu,* em 24 de agosto de 1572, em Paris. Nossa equipe trabalhará pelo erguimento de nossas próprias consciências à luz do Evangelho.

Matias é um espírito retirado dos charcos mais miseráveis do submundo debaixo de um lampejo de arrependimento. Reencarna quase louco na família Valois que foi o eixo sob o qual toda a trama de perversidade tomou conta de Paris naquela noite. Adotou o nome de Carlos.

Os Valois ensandecidos com o poder arquitetaram a referida tragédia religiosa em fins da Idade Média. De lá para cá, o mesmo grupo de vínculos vem tecendo sua fieira espiritual para o recomeço. Pouco a pouco, se reúnem almas que ontem se comprometeram com sádicos planos contra a mensagem do amor.

Esse foi o fim de uma curva de declínio de um grande número de corações pertencentes às tropas dos dragões. Grupo esse que, pelo menos há 1.500 anos, perpetra a maldade nos mais conhecidos episódios de sangue da história, depois da passagem do Mestre de Nazaré.

Assim se encontra quase toda a população do planeta. O século XX será o tempo do escoadouro de dores. Pesa na psicosfera uma nuvem densa por demais para que a chuva da misericórdia celeste alcance os homens tanto quanto necessitam. É necessário extingui-la.

Um massacre de proporções gigantescas avizinha-se nos próximos dez anos[16]. Em 1945 teremos o aceleramento da deportação, inevitavelmente. É necessário explodir essa pesada carapaça vibratória que perturba o ambiente terreno. Um influente líder da raça ariana será responsável por catalisar um dique por onde vai desaguar a mais sórdida onda vibracional da maldade. Lei de destruição. A guerra é a indigestão da humanidade que necessita se livrar do mal-estar pelo vômito da maldade.

Orem com fervor pelo planeta. Nos escombros da destruição, mais uma vez renascerá a fênix da esperança e da bondade. A guerra será uma explosão necessária para fazer ruir todos os "limites mentais" dos continentes, em ambas as esferas da vida.

Vocês assistirão ao eclodir de uma era de alucinação. Depois da senectude do domínio silencioso e sutil, virá o escândalo, a maldade declarada, o vício público. A inversão de valores parecerá uma realidade. Até mesmo os ambientes espíritas sofrerão o contágio do orgulho e da arrogância humana.

Estaremos naqueles acontecimentos previstos pelo Senhor em Mateus, capítulo 24, no sermão profético.

A história espiritual renovou-se depois do Espiritismo. Sob meus ombros assenta-se grave responsabilidade deposi-

---

16 Neste momento da narrativa corre o ano de 1936. Lembramos que a Segunda Guerra teve início no ano de 1939 e seu fim em 1945.

tada pelo Espírito Verdade desde meu desenlace, em 1918: cuidar da limpeza da psicosfera do submundo, concluir o transporte da árvore do Evangelho e erguer o Hospital Esperança. O Senhor concedeu-me para isso 80 anos, para que, depois, conclua o serviço iniciado novamente no corpo ao raiar do novo milênio.

Vamos transferir Matias esta noite para o hospital. Ele sucumbiu ante a fragilidade que decorre do arrependimento. Seus caminhos se entrelaçam com os dele.

A partir de agora, faremos trabalhos noturnos frequentes com os médiuns. Necessário o desprendimento mais consciente no intuito de arquivar os planos de nossa esfera.

Um médium renovará os caminhos da Doutrina Espírita nessa terra abençoada das Minas Gerais. Seus informes já começam a se espalhar. Fiquem atentos!

Sintam-se à vontade para suas considerações."

Nossos diálogos habituais com o benfeitor eram pura espontaneidade e humor. Inácio nunca perdia a ocasião para indagar, e diante da deixa do senhor Eurípedes, externou:

— Há alguma razão para essa fixação de Matias em dona Modesta?

— Doutor Inácio, tudo obedece ao conhecido princípio de que nada ocorre por acaso.

— Na minha concepção, espíritos do porte dos Valois já não estariam nem mesmo no planeta!

— A história dos Valois é um enredo de renovação, conquanto as loucuras ainda praticadas em nome da justiça e da religião.

— Quer dizer que, mesmo fazendo o que fizeram, estavam melhorando?

— Cansavam-se do mal. Ninguém salta da maldade para a benevolência de improviso. Com os graves compromissos assumidos, respondem pela morte de cem mil pessoas, aproximadamente, na desdita de São Bartolomeu. A *Casa de Valois*, com raras exceções, é um retrato da interferência espiritual nos processos reencarnatórios sob controle das falanges organizadas que investem contra o bem.

— O senhor disse que os últimos 500 anos foram uma etapa de remorso no mundo.

— Psiquicamente é esse o estágio do planeta. Culpa, frustração, insatisfação e abandono. São as feridas psicológicas inevitáveis de um orbe cuja função é a de um centro corretivo para espíritos rebeldes, que assim agem por não desejarem reconhecer sua fragilidade e impotência.

— Nesse século, então, reencarnarão somente espíritos em estado de culpa?

— Uma esmagadora maioria estará situada nesse foco mental. Na primeira metade do século, por uma questão de necessidade do planeta, teremos programas coletivos de saneamento psíquico por meio de massacres. Uma delas foi a Primeira Guerra Mundial de 1914. Nos últimos 50 anos deste século, graças a esse saneamento, regressarão as almas em expiações afetivas com um grau acentuado de remorso nas amargas vivências da perturbação mental e da obsessão.

— Teremos espíritas nessa condição?

— Certamente.

Recordemos aqui algo necessário. Inácio, nesse tempo, tinha seus 30 anos aproximadamente. Tinha questões no campo mental que, de longe, se igualam ao doutor Inácio dos dias atuais. Feita a ressalva histórica, certamente ele me repreenderá por tentar biografá-lo. (risos)

— O senhor falou sobre seus compromissos com o Espírito Verdade. O que significa essa expressão *transporte da árvore evangélica*?[17]

— É a mudança de milhões de almas estacionadas no psiquismo do Velho Mundo que são trazidas para reencarnar aqui no Brasil. Todos são comprometidos com o Evangelho e guardam severas lutas conscienciais.

— Para encerrar nossa conversa, queria dizer que algo me preocupa.

— Diga, meu irmão.

— Modesta e eu estávamos na Noite de São Bartolomeu? O sanatório é um resgate?

— Como disse, nada ocorre por acaso. Hora de revelações. Compramos juntos nossos compromissos. Oportunamente trataremos com clareza desse assunto. O sanatório é

---

17 Em 1938, Irmão X, psicografado por Francisco Cândido Xavier, criou a expressão "transporte da árvore evangélica" no livro *Brasil, coração do mundo, pátria do Evangelho*.

uma promissória avalizada pelo amor de muitos espíritos elevados, entre eles Agostinho de Hipona e João Evangelista, os mesmos avalistas do Hospital Esperança. Só o amor legítimo resgata, doutor Inácio!

Outros integrantes do grupo dirigiram pedidos particulares a Eurípedes. Poucos nutriam o espírito de pesquisa, educação, orientação para a vida e propostas de trabalho. O benfeitor não se esquivava de nenhuma solicitação, entretanto, suas respostas repletas de sabedoria solicitavam de nós a parcela de esforço no empenho do bem maior. Ele também sabia ser discreto e educativo.

Para mim, a notícia dos esclarecimentos noturnos pelo desdobramento fora um alívio. Tinha também minha sede de aprender e, na condição de médium inconsciente, nem sempre poderia prevalecer da parceria que ansiava. Dessa data em diante, pelos idos de 1936 até o fim de minha reencarnação, em 8 de agosto de 1964, tive uma natural expansão das faculdades mediúnicas, ante os desafios que aguardavam. Vidência e desdobramento intensificaram-se. Meu vínculo com Matias ficou mais claro. Ainda assim, preferi a reserva, a discrição, aguardaria maior clareza de dados, embora Inácio não me dava folga com sua índole de incansável curiosidade, que nessa época começava a se manifestar nos assuntos espirituais...

O dia repleto de fortes emoções deixou-me exausta. Os benefícios auferidos na reunião não foram suficientes para me desligar do aprendizado especial. Fui deitar-me, mas o pensamento se fixava em Matias. Repreendia-me por gastar tanta energia com isso, sendo que ali mesmo, ao meu lado, estava um filho querido da minha carne. Nessa época, Erasmo contava 11 anos de idade[18].

Pensava nas revelações e cogitava: "Se Matias é quem eu imagino, então eu seria sua mãe?"

A mente dava voltas e, sob a força do cansaço, adormeci e despertei fora do corpo com doutor Bezerra de Menezes ao lado de minha cama.

— Minha filha, Jesus te abençoe!

— Doutor Bezerra! – exclamei como uma criança abandonada.

— Como se sente, filha?

— Estou confusa, insegura. O senhor deve saber o que aconteceu no sanatório.

— Fui informado. São os testemunhos necessários que chegam.

— Darei conta, doutor Bezerra?

— Deus não coloca fardo mais pesado que os ombros possam suportar. Venha! Eurípedes a espera, minha filha.

Fizemos um deslocamento rápido pela volitação e, em segundos, estávamos no Hospital Esperança. Nesse tempo, o hospital ainda era um pequeno casebre com vários corredores que serviam de enfermarias improvisadas. Quando avistamos Eurípedes, fomos em sua direção. Deixando-nos a sós, doutor Bezerra partiu para outros afazeres.

— Dona Modesta, que noite de bênçãos! – externou o amigo querido.

---

18 Erasmo Cravo nasceu em 1925, último filho de Maria Modesto Cravo.

— O senhor deve saber que me encontro atordoada com tudo.

— Reação previsível.

— Matias está aqui?

— Naquela ala – apontou o benfeitor para um saguão reservado.

— Poderei estar com ele?

— Vamos até lá.

Minha primeira surpresa foi ver que o Matias que descrevi pela vidência não era uma pequena parcela do que via agora. Os detalhes que consegui filtrar pela mediunidade, quando no corpo, ampliavam-se na visão real à minha frente. O quadro era bem mais grave e digno de piedade. O odor era insuportável. As feridas espalhavam-se por todo o corpo. A forma vista inicialmente era ainda mais animalizada. Senti-me muito indisposta só de olhar. Uma intensa ânsia de vômito fez com que Eurípedes me afastasse pelo braço até um pequeno sofá.

— Respire fundo, dona Modesta.

— Eu não acredito no que vejo – manifestei tomada por náusea quase incontrolável.

— Os dragões são assustadores. Ninguém pode negar! Todavia, em essência, por dentro dessa forma repulsiva está um coração querido ao nosso. Um familiar pelo qual o tempo não destruiu os laços de afeto. Espíritos como Matias habitam as camadas profundas da psicosfera terrena. Nossa tarefa, dona Modesta, é oferecermo-nos na condição de operários fieis no serviço inadiável de recuperação dos pátios de dor e loucura coletiva. Jesus tem Seu olhar compassivo voltado para essa classe de deserdados do bem.

— Se não consigo sequer olhar para um ser dessa espécie, como poderei ajudar?

— Em verdade, não temos muita escolha, dona Modesta. A vida bate à nossa porta com contas atrasadas. Deus nos confere o básico, o restante vem por acréscimo de Sua bondade e extensa misericórdia. O Hospital Esperança que brota como uma acolhedora casa de amor tem seus alicerces no Sanatório Espírita de Uberaba. Os fios invisíveis dos compromissos espirituais nos unem com o passado de atrocidades da história da Terra, e até mesmo de outros orbes[19].

— Os serviços socorristas aos dragões pela mediunidade continuarão em nossas sessões no sanatório?

— É o que esperamos.

— Temos elos com essa falange?

— Muitos laços, minha irmã! Muitos laços...

— A respeito de sua fala, senhor Eurípedes, posso saber qual a minha relação com a *Noite de São Bartolomeu*?

O benfeitor preparava-se para responder quando foi chamado às pressas. Deslocamo-nos rapidamente até a enfermaria. Matias entrara em convulsão. Expelia sucos gástricos pela boca e, literalmente, evacuava uma massa pelos poros com

---

19 No tempo cronológico do romance, ainda não havia surgido a obra *A caminho da luz,* do autor espiritual Emmanuel, psicografado pelo médium Francisco Cândido Xavier. O assunto, porém, já havia sido explicado pelo benfeitor e não constituía uma novidade na vida extrafísica.

cheiro de enxofre. Pusemos máscaras adequadas e fiquei assistindo ao socorro. Dizia ele, em estado semiconsciente:

— Catarina, sua devassidão vai terminar. Eu sei que está aqui! – sua fala e o nome citado permitiram-me identificar a voz dos sonhos que tive na noite anterior.

— Matias abra os olhos! Abra os olhos! – dizia Eurípedes estalando os dedos sobre as pálpebras do doente.

— Eu estou vendo.

— Vendo o quê, Matias?

— A sanguinária e malvada vai me matar. É veneno que ela me deu...

Após essa frase, ele entrou em uma crise sem precedentes. Sedativos potentes foram aplicados no alto da cabeça e via intravenosa. Depois de alguns minutos ele se acalmou. Enfermeiros prestativos faziam o asseio contínuo. Meu coração partia ao ver tanta dor. Seus pulsos e tornozelos estavam presos por coleiras de couro rígido. As contorções cessaram, e Matias adormeceu extenuado.

— Por quanto tempo ficará assim? – perguntei chocada.

— Algumas horas. Os dragões são portadores de incomparável poder mental. Sedá-los é algo muito complexo. Tivemos de descobrir pontos estratégicos na cabeça para esse fim.

— Senti como se ele dirigisse sua fala a mim.

— Por que, dona Modesta?

— As cenas de um sonho brotaram instantaneamente em minha tela mental. Muito fogo, assassinatos. Via Paris em chamas. Estou dividida entre a curiosidade e a dor.

— Compreendo sua angústia, minha irmã. Creio que o esclarecimento, neste momento, torna-se indispensável. Em uma hora teremos aqui no hospital um singelo curso sobre serviços socorristas para o qual vou conduzir-lhe. Nesse encontro muitos horizontes se ampliarão ante os desafios que nos aguardam.

— Poderei participar mesmo sem conhecimento?

— Conhecimento nesse caso não se torna essencial. Todos os convidados estão na mesma condição. Prevalece o desejo intenso de ser útil e a coragem para vencer as barreiras dos conceitos ortodoxos.

Deixamos Matias entregue aos dedicados auxiliares e nos dirigimos para um pátio no Hospital Esperança, cujo nome, no futuro, seria o *Pavilhão Judas Iscariotes*[20].

---

20 Mais informações vide livro *Lírios de esperança*, capítulo 18. Ermance Dufaux, Editora Dufaux.

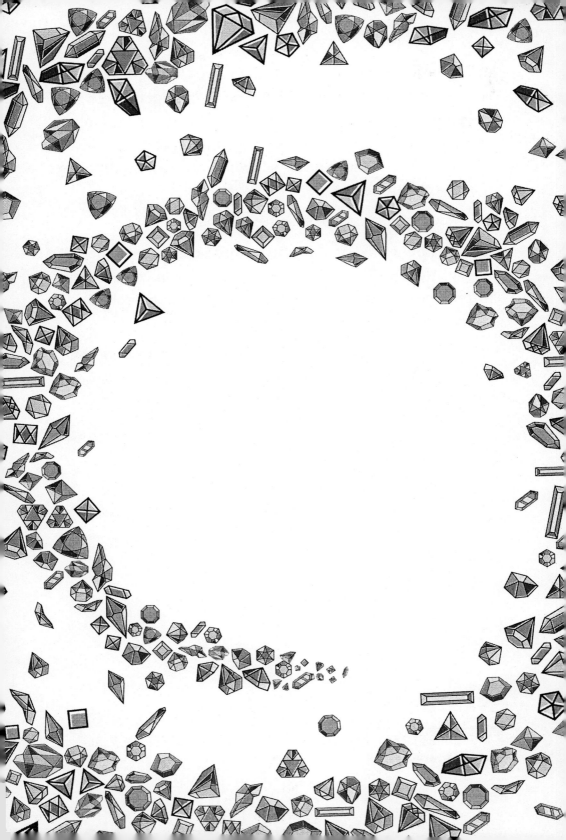

4. CONFERÊNCIA DE ISABEL DE ARAGÃO SOBRE A MALDADE ORGANIZADA

"Por que não ensinaram os Espíritos, em todos os tempos, o que ensinam hoje?"

"Não ensinais às crianças o que ensinais aos adultos e não dais ao recém-nascido um alimento que ele não possa digerir. Cada coisa tem seu tempo. Eles ensinaram muitas coisas que os homens não compreenderam ou adulteraram, mas que podem compreender agora. Com seus ensinos, embora incompletos, prepararam o terreno para receber a semente que vai frutificar.".

O livro dos espíritos. Questão 801.

Eram quase duas horas da madrugada. Fui recebida com cortesia por Clarisse e apresentada a outros convidados.

Fizemos um círculo e nos assentamos para o início da reunião. Ao todo, estavam presentes cerca de cem convidados que militavam nas vivências da mediunidade no corpo físico, na seara espírita. Clarisse fez a abertura com comovente prece. Em seguida, apresentou-se e falou:

— É uma alegria recebê-los para este encontro. Isabel de Aragão, a rainha santa de Portugal, será nossa condutora nessa noite. Ela versará sobre sua experiência com os abismos, prestando-nos informações fundamentais pelo bem das tarefas ora desenvolvidas pelos irmãos na carne. Temos conhecimento da ficha de cada um de vocês que iniciam as atividades no futuro *Pavilhão Judas Iscariotes*, no qual também somos cooperadoras sob a tutela de Bezerra de Menezes. Sem delongas, façamos breve leitura e passemos a palavra para a benfeitora.

Foi lida e comentada brevemente a questão 801, de *O livro dos espíritos* que diz:

"Por que não ensinaram os Espíritos, em todos os tempos, o que ensinam hoje?"

"Não ensinais às crianças o que ensinais aos adultos e não dais ao recém-nascido um alimento que ele não possa digerir. Cada coisa tem seu tempo. Eles ensinaram muitas coisas que os homens não compreenderam ou adulteraram, mas que podem compreender agora. Com seus ensinos, embora incompletos, prepararam o terreno para receber a semente que vai frutificar."

Após a reflexão inicial, Isabel levantou-se serenamente na primeira fileira de cadeiras e assim se pronunciou a instrutora:

— Que Jesus nos guarde na esperança! Meu nome é Isabel de Aragão, trabalhadora desta casa de amor desde seus primórdios. O objetivo que nos reúne é trocar informações sobre uma das mais delicadas ações na erraticidade: o resgate nas furnas do mal organizado. Faremos nosso encontro com bastante informalidade. Adotaremos a ocasião para uma conversa aberta já que todos somos estudantes e candidatos a servir e aprender. Dúvidas serão muito bem-vindas. Gostaria de apresentar Cornelius, que muito tem contribuído nessas oportunidades com seu conhecimento e experiência – e apontou para um homem jovem assentado à sua frente.

A maioria de vocês – e dirigiu-se a todos nós, o grupo dos convidados – está incursa nas vivências com a dor dos desencarnados nas frentes de serviço mediúnico. O êxito de tais tarefas implica noções mais claras acerca das realidades ignoradas pelo homem na matéria sobre a organização social dos abismos. Seus caminhos convergem para ações dessa natureza, tomando por base que foram todos matriculados nos serviços abençoados do *Pavilhão Judas Iscariotes* nessa casa de amor.

Os livros mediúnicos se multiplicam no mundo físico e ampliam a percepção dos homens sobre os princípios universais esquadrinhados pelo Espiritismo. A inestimável contribuição dessa literatura, no entanto, não furtará o servidor espírita de uma interpretação isenta dos apelos à comodidade insuflada pelos interesses pessoais, podendo conduzir a conclusões gravíssimas no futuro.

A tese das interferências trevosas – expressão usada atualmente no plano físico – sobre os esforços dos que foram agraciados com a luz espírita, vem gerando uma cultura perigosa nesta década de 30. Começam a florescer algumas fantasias de perseguição espiritual sob o adubo de inconsistentes concepções distantes da lógica e do bom senso.

Já se confundem doenças morais com experiências psíquicas. Nisso reside a comodidade do homem ao destacar a ação dos espíritos no intuito de isentar-se da responsabilidade que lhe compete na educação de sua vida psíquica e emocional.

Quanto mais força emprestarem às chamadas trevas, mais capacidade de ação encontrará os denominados "oponentes da causa", em razão da postura psicológica dos discípulos encarnados.

De fato, as organizações do mal nunca tiveram tanta "liberdade" como agora. Mal sabem nossos irmãos espíritas que isso ocorre em razão da descrença vigente entre aqueles que lideram semelhantes movimentos. Descrença que patrocina a traição e o revanchismo, o medo disfarçado e a hipocrisia. Faltam, mais que nunca, a unidade e a convicção. Estão frágeis, sabem que perderam o que consideram *a grande guerra*. Tentarão de tudo nesses próximos cem anos no intuito de alcançarem o insano objetivo que os inspirou ao longo de milênios, isto é, dominar a Terra.

As seis próximas décadas até a virada do milênio serão de muita dor e reajuste, devido aos agonizantes ruídos do mal neste planeta. Um terrível movimento de violência assolará o Velho Mundo dentro de alguns anos[21]. Os componentes da maldade organizada se tornarão, nesses próximos 60 anos, os campeões da ação na tentativa de reverter sua real condição de derrotados da convicção. Agem disciplinadamente, embora no desespero silencioso. Sabem, sem admitirem semelhante verdade, que os continentes, mesmo

---
21 Segunda Guerra Mundial.

parecendo um turbilhão de desordem, são gerenciados por Cristo que, pouco a pouco, século a século, avança legitimando a paz e o amor entre as nações.

No que tange ao movimento doutrinário em torno das ideias espíritas, encontramo-nos no alvorecer do segundo período de 70 anos dentro do roteiro que lhe foi planejado pelo Espírito Verdade. Essa etapa será decisiva para instaurar os princípios do Espiritismo com respeitabilidade entre a sociedade. Sua difusão tomará amplitude ainda não existente na humanidade terrestre.

O missionário do livro mediúnico já se apresenta com esperanças gloriosas na cidade de Pedro Leopoldo, em Minas Gerais. Seu nome é Francisco Cândido Xavier, uma alma querida de meu coração. Por suas mãos abençoadas, os alicerces de uma cultura espírita-cristã e humanitária será polo benfazejo das mais ricas lições cristãs, assentadas em exemplos de vida do próprio médium. Os destinos do Espiritismo em terras brasileiras será uma clareira para o recomeço de milhões de almas do tronco espiritual judaico-cristão. A literatura mediúnica será uma linfa cristalina para essas almas sedentas de Verdade que regressam, nesse momento, ao corpo físico, através do movimento denominado *transporte da árvore evangélica*, assunto que, inclusive, será alvo de interesse dos orientadores por intermédio desse nobre missionário da mediunidade.

Que fique clara nossa primeira assertiva nessa noite. Não existe responsabilidade unilateral no processo de influência mental entre os mundos físico e espiritual. Existe interação, compartilhamento de aspirações e desejos.

Não existe domínio sem aceitação, nem pressão sem sintonia. É totalmente injustificável a crença na força do mal sem escolha íntima e posicionamento mental propício, sendo declarada invigilância dos discípulos espíritas o destaque, que começa a assolar a sementeira, com visões pessimistas e chavões que servem de ligação com as forças inferiores.

Muitos estereótipos são criados, tais como: obsessores, inimigos espirituais, adversários da causa, encosto indesejável, opositores desencarnados do sistema, falanges trevosas, forças contrárias, espíritos do mal. Até mesmo nós, aqui na erraticidade, temos nos valido de tais expressões por uma questão de comunicação com vocês no plano físico, embora não traduzam o mesmo sentido que toma conta de quantos regressam do corpo para cá. Os chamados espíritos do mal são familiares queridos cujo tempo interrompeu nossos laços de amor.

Somente com uma visão límpida de quem somos, livres das ilusões, verdadeiramente alicerçaremos condições íntimas no melhor proveito das oportunidades de crescimento na vida corporal ou fora dela. Essa visão, evidentemente, será o resultado da aplicação das diretrizes do Evangelho no reino sagrado do coração. Somente com sentimento educado ampliaremos as chances de realizar o mergulho consciente nas profundezas de nós mesmos. E esse mergulho solicita-nos a coragem de conhecer nossas raízes espirituais, que se acham mais entrelaçadas com os "gênios do mal" do que imaginamos.

Necessário esquadrinhar os matizes da vida no submundo astral, a fim de ficar claro que, consciente ou inconscientemente, por deliberação própria nas raias da maldade declarada ou por escravização, todos nós, de alguma forma, temos elos com as ações da maldade organizada, conquanto isso não signifique impotência para escolher os caminhos na direção do bem e da luz. Os chamados vales da imundície e da maldade são extensões da família terrena, a parcela mais adoecida da humanidade. Em tese, representam o lado mais frágil de todos nós.

Ansiando por tempos novos no orbe, preparemo-nos para o socorro a esses filhos da amargura. A melhora espiritual do planeta depende dessa tarefa ingente. Se o mundo espiritual influencia o mundo físico, de igual forma a sociedade terrena determina efeitos similares na psicosfera da crosta. O homem cativo no corpo de carne não guarda consciência da movimentação ativa da vida invisível que o cerca. Da mesma forma, esmagadora maioria dos desencarnados não é capaz de mensurar o quanto são dirigidos pelas forças provenientes da Terra. Porque existem seres com grande capacidade mental fora da matéria escolhendo o caminho de bilhões de almas foi que Deus permitiu a presença dos médiuns na humanidade, a fim de espelharem com nitidez o dinamismo permanente que orienta o ecossistema universal, em todas as esferas de vida por meio da unidade e do progresso.

O mal é um efeito dessa interação interdimensional. Dimensão física e espiritual em perfeita sinergia. Jamais poderemos cogitar de soluções definitivas para os dramas capitais da sociedade terrena sem a incursão salvadora nas raízes espirituais que alimentam as mais sórdidas ideias e sustentam a malícia nos sentimentos.

Não existirá regeneração sem renovação do submundo astral no qual estão plantadas as raízes da maldade, que alonga seus frutos indigestos como uma hera sobre a face do orbe.

A humanidade é composta de um grupo de almas cuja etapa evolutiva é marcada pela recente desvinculação do mal e da ignorância, nos quais, deliberadamente, muitos ainda permanecem. Com raríssimas exceções, encontramos corações que aprenderam a edificar o bem no limite do que podem. Egressos da brutalidade, apenas começamos a galgar etapas significativas com destino ao esplendor da regeneração. A cultura e o progresso social estabelecem horizontes vitoriosos para a implantação da saúde e do direito, da educação e da tecnologia que destinarão as sociedades a um amanhã mais feliz. Nesse conceito global é imperioso avaliar a posição do espírito-espírita sem a lente da ilusão.

Primitivismo, raciocínio, moralização e espiritualização são as estradas pelas quais peregrinam os habitantes terrenos. Recém-saídos da barbárie, palmilhamos os primeiros passos em direção à civilidade.

Se o planeta há 3.500 anos ainda não conhecia um cânone completo de justiça, como esperar a angelitude em tão curto tempo? Desde a enxertia dos capelinos até o presente são passados aproximadamente 40 mil anos. Os capelinos, para aqueles ainda não afeiçoados ao tema, são os espíritos transportados de outro planeta na condição de degredados, falidos consciencialmente. Embora no atraso moral, vieram cooperar com o progresso da Terra, já que desenvolveram sobejamente a inteligência.

A noção de justiça no orbe, mesmo nos grupos mais educados, ainda se encontra corrompida pelo interesse pessoal. Incluem-se nesses grupos muitos servidores propensos ao bem, ainda escravos dos reflexos perniciosos do egoísmo sutil, por fugas inteligentes na direção de vantagens particulares. A coletividade doutrinária espírita não está fora desse contexto evolutivo. A hierarquia e o dogmatismo são alguns desses monstros mentais elegidos pelo homem em séculos de personalismo. Com a hierarquia busca-se segurança e sensação de vitória. Com o dogmatismo ilude-se a si mesmo acerca daquilo que lhe convém acreditar e fazer a gosto de seus pontos de vista.

Compete-nos edificar uma visão mais profunda sobre a velha questão filosófica: "de onde viemos? Por que renascemos? Para onde vamos?" Somente tomando consciência da nossa origem perceberemos que as trevas ou adversários são expressões de nós mesmos, frutos de nós próprios. Queiramos ou não, viemos desses sítios de dor e buscamos a luz. As forças contrárias que nos perseguem são extensões de nossa família espiritual. E somente quem se escraviza na vertigem de superioridade pode-se imaginar tão distante da condição dessas almas feridas e carentes de amor e orientação.

Não somos atacados pelas trevas, viemos dela. Comungamos com ela.

Sendo assim, justo que sejamos procurados. Bom será mensurar, quanto antes, a abrangência dessa verdade na erradicação das miragens de grandeza. Do contrário, o inferno reclamará nossa permanência em regime de moradia e dor por longo tempo em suas paragens. Eis a razão de ampliarmos a visão sobre o tema "negligência". Para almas comprometidas como os trabalhadores espíritas, quaisquer deslizes tomarão proporções indesejáveis na colheita obrigatória nos recessos da consciência.

Minha mente dava voos inimagináveis. A fala da benfeitora entrava em minha alma como um instrumento cirúrgico doloroso, porém benéfico. Suas palavras pareciam estar gravadas em minha vida profunda como se não fossem novas. Despertava algo que o tempo talvez tivesse apagado, mas agora renascia com pujante vivacidade. Ela continuou:

— Embora a maldade já existisse nas almas transmigradas para o planeta em tempos imemoriais, vamos detectar a presença do mal na Terra como organização social a partir 10 mil anos atrás. Lúcifer, o gênio do mal, um coração extremamente vinculado a Jesus, estabeleceu o litígio inicial representando milhões de almas insatisfeitas com as consequências do exílio em outro orbe. Dominado pela soberba que os expulsou das oportunidades de crescimento em mundos distantes, tomou como bandeira a prepotência de empunhar armas contra o Condutor da Terra, a fim de disputar, em sua arrogância sem limites, por quem ela seria dominada e controlada. Eis o motivo de uma história política, moral e espiritual que se arrasta há milênios.

Tal enredo parece simples, entretanto, por agora, é o que posso lhes dizer na aquisição de noções mais nítidas acerca dos desafios que os esperam nas tarefas junto à carne.

A estratégia para tal insanidade é manter a humanidade na ignorância espiritual. A inteligência ilimitada desse espírito, que carrega experiência ímpar sobre o destino de multidões, traçou um plano perverso de explorar as próprias fraquezas humanas para retê-la na inferioridade. O fundamento basilar desse plano consiste em colocar o instinto como núcleo estratégico do atraso. Convencer o homem da Terra que não vale a pena mudar de reino, subir o degrau do instinto para a razão. O prazer e a vida, nessa concepção decadente e astuta, residem em se manter na retaguarda dos cinco sentidos com total expressão dos interesses pessoais.

Ações marcantes dessa organização da maldade no mundo podem ser verificadas aproximadamente 1.500 anos a.C. por ocasião da implantação da noção da justiça divina no mundo, por meio do primeiro código ético enviado pela mediunidade do Mais Alto para a humanidade – os Dez Mandamentos.

A justiça é a leira fértil para que as sementes viçosas do amor frutifiquem em bênçãos infinitas. A maldade usou toda sua cota de energia para impedir a vinda de Moisés e a difusão dos Dez Mandamentos para os povos. Criaram, nesse tempo, a "Casta dos Justiceiros" dentro de uma concepção cruel de justiça feita com as próprias mãos, conseguindo alterar significativa parcela do bem que a Lei Divina poderia ter fermentado nas sociedades daquele tempo.

O símbolo inspirador dessas falanges, fartas de perversidade, é o dragão, um retrato animalizado da força e do poder que essas criaturas adoecidas trazem no íntimo de si mesmas. A figura lendária do dragão surgiu nas crenças mais primitivas que se tem notícia como uma insígnia de poder. Uma simbologia que lhes traduz o estado interior e seus propósitos. Sentiam-se répteis pela condição do exílio, entretanto, criaram as asas do poder e o fogo da crueldade, expressos na figura do dragão, para manifestarem sua revolta e rebeldia ante a condição em que foram colocados em um planeta prisional. Eram répteis, mas podiam voar. Queriam distinção em relação aos aborígines da Terra, considerados um atraso na evolução por parte deles. Eram fracassados, mas podiam destruir.

A despeito do clima de guerra, a justiça estimula uma relação ética entre os homens que passam a obedecer a leis e a educar seus sentimentos a partir de uma referência social criadora de limites. Era o progresso lento, porém gradativo. Com "o olho por olho, dente por dente" nascia a ética do medo criando regras morais ao instinto de defesa humano.

A Lei do Pai, independentemente da loucura de Seus filhos, cumpre-se sem temor. E os litigantes que eram atraídos para atacar os focos de honestidade e equilíbrio nas ações humanas terminavam sucumbindo, muitos deles, ao desejo da força do bem e renascendo no povo hebreu decantando a velha imagem bíblica do paraíso, uma expressão arquetípica da coletividade exilada de outro mundo.

O paraíso perdido passou de geração a geração. Muitos voltaram a seus mundos de origem, entre eles Capela. Aqueles que permaneceram formaram grupos.

Dentre os espíritos exilados, o povo hebreu é o mais exclusivista e crente. Cultores da raça pura e do monoteísmo. Sempre tentaram não se misturar nas mutações étnicas. Não foi por outra razão que Jesus escolheu a árvore de David para nascer. Foi assim estruturada a linhagem psíquica dos espíritos do Cristo – almas exiladas de seu mundo original, vinculadas ao coração de Jesus, e que formaram o tronco judaico-cristão, com perfil moral de acendrado orgulho centrado na ideia do Deus único.

Os "dragões justiceiros", como se denominam em suas tropas, fundaram, a esse tempo, a primeira das sete cidades da maldade na psicosfera terrena. Chamada de Cidade do Poder está situada no psiquismo do Velho Mundo, nas portas da psicosfera da Palestina, a antessala do Oriente Médio. Atualmente sua extensão territorial atinge todo o planeta. A parcela urbanizada dessa comunidade se encontra na crosta, sendo regida pelas mesmas leis que orientam a vida planetária em vigoroso regime de simbiose; e tem seus vales periféricos a se estender pelas mais abissais regiões da erraticidade, em plena conexão de objetivos e vibrações. O lugar mais conhecido e onde se praticam as mais infelizes formas de maldade chama-se Vale do Poder, um cinturão psíquico que circula a subcrosta da Terra, onde vegeta uma semicivilização que onera a economia vibratória do orbe.

Para mais minúcias sobre esse tema, passarei a palavra a Cornelius.

A rainha santa de Aragão, Isabel, levantou-se por detrás do companheiro e colocou as mãos em seus ombros, esclarecendo:

— Nosso companheiro tem larga vivência no Vale do Poder e nos trará alguns dados importantes.

Com certa dose de inibição, Cornelius iniciou sua explanação:

— Amigos, que fique clara minha condição de espírito em refazimento e recomeço. Não estou aqui para ensinar, pois carrego muitas lutas a vencer e logo estarei na carne para reajuste. Estou no Hospital Esperança graças a Eurípedes Barsanulfo, que me salvou da condição de aprisionado depois de falir como dragão justiceiro. A lei que rege essas paragens é a justiça dos prêmios e da exclusão, roteiros da recompensa ou castigo.

Estabeleceu-se entre nós, os ouvintes, um clima de curiosidade febricitante por ouvir um ex-dragão. Ouvir uma criatura que serviu às tropas do mal, a princípio, não nos deixou confortáveis. Alguns preconceitos assaltaram a todos nós. Como nada podíamos fazer, trocamos olhares de estranheza e passamos a ouvi-lo.

— Fui coroado dragão e servi a essas tropas por muito tempo, em várias passagens entre uma e outra encarnação. Falarei do que sei no intuito de colaborar.

A extensão desse ambiente chamado Cidade do Poder vai desde o solo sangrento da Palestina até os mais recônditos e sombrios vales da África, onde se situa um dos pontos mais antigos de exílio no planeta, o Egito. Após a história da crueldade em torno da mensagem do Cristo, nos últimos dois milênios os países europeus estenderam esse cinturão da maldade, que hoje tem seus apêndices por todo o orbe, conquanto seu ponto nuclear de irradiação continue sendo a massa psíquica sob o solo de Israel espraiando-se por todo o Oriente Médio. O mar Mediterrâneo é o endereço de inúmeras bases dessa arquitetura engenhosa e bem planejada.

Calcula-se, atualmente, na Cidade do Poder a população de 45 a 50 milhões de habitantes. Um percentual de 70% se encontra nos vales da miséria, sem capacidade de autogerência ou a caminho da hipnose total. O estudo dessa triste realidade, fruto da crueldade, nem de longe nos enseja mensurar seus reflexos sobre o psiquismo da Terra ao longo de milênios. Construções sórdidas que imitam as edificações e ideais de genialidade da Cidade do Poder espalham-se por todos os cantos, adquirindo contornos específicos conforme os interesses de cada região.

Foram sendo criados núcleos tão avançados na subcrosta que muitos adeptos dessas organizações preferiam não regressar ao corpo, acomodando-se às vantagens interesseiras desses locais.

Os dragões pensam que a Terra lhes pertence. Infelizmente, é o que eu mesmo pensava até há pouco tempo, quando fazia parte desse grupo de hipnotizados. Uma extrema prepotência estimulada por processos de convivência com esses lugares e por induções infelizes pelas quais também passei. Até universidades foram criadas nessas regiões. Técnicas eficazes de domínio mental são exercidas como forma de reter seus escravos.

Tudo começou, como disse dona Isabel, com Lúcifer e uma multidão de insatisfeitos degredados de outros orbes. Eles contribuíram com o progresso da Terra e se achavam injustiçados com os resultados espirituais de suas atitudes, queriam privilégios.

A Casta dos Justiceiros, pouco a pouco, aperfeiçoou-se e surgiram os "dragões legionários", os "dragões justiceiros" e os "dragões conselheiros", ordem que se mantém até hoje.

Nessa hierarquia, os dragões legionários são os generais. Alguns deles não reencarnam há pelo menos 5 mil anos, cumprindo com os mais altos postos da ordem. Temos os dragões justiceiros ou ministros. E temos os dragões aspirantes, que são os conselheiros.

Cada ministro chefia mil conselheiros ou dragões aspirantes, graduando-se, assim, ao posto de legionário. Existem mil cargos desse nível, totalizando 1 milhão de dragões legionários — governantes da Cidade do Poder.

Chama-se de dragão soberano ou legionário soberano quem chefia esse milhão de dragões. É, por assim dizer, o comandante da Cidade do Poder. Mais conhecido como Lúcifer, um título de reconhecimento e grandeza perante a casta em homenagem ao dragão-mor que deu origem à casta.

São extremamente rígidos nesse processo hierárquico. Se perderem um componente, logo o substituem. E as graduações – raras – ocorrem principalmente em razão das reencarnações em "missões especiais" na Terra ou por traições que redundam em castigos inenarráveis.

Como temos sete cidades principais desse porte, calcula-se um número em torno de 7 milhões de almas nos alicerces da maldade organizada dos dias atuais. São as sete maiores e mais antigas que patrocinam o mal na Terra. Não são as únicas existentes.

Nesse jogo do poder entre as sete facções, Lúcifer, como hábil manipulador, manteve as rédeas dos dragões legionários, que até hoje são seus escudeiros fiéis, ocupando cargos de destaque em cada uma das cidades. Se ocorre vaga no cargo, logo promovem outro, e nunca ultrapassam essa marca. Cada local, conforme sua função, adota terminologias próprias. Por exemplo, na cidade do prazer, os justiceiros são chamados de servos de Baco ou dragões da luxúria.

Pelo menos 300 milhões de mentes estão envolvidas com esses sete sítios da loucura hierarquizada, divididos entre mandantes e comandados, espíritos conscientes e inconscientes de seu processo espiritual. Cada qual conta com uma governadoria, conforme suas características específicas, dentro dos objetivos abomináveis a que atendem[22].

Egito Antigo, Cruzadas, Templários, Inquisição, *Noite de São Bartolomeu,* formam alguns dos reflexos das trevas sob tutela dos dragões abismais, que cada dia mais buscam possuir as rédeas da Terra em suas mãos. Os justiceiros são os mesmos soldados de deus da Idade Média cujo objetivo era defender a mensagem do Cristo.

Todavia, a maldade é frágil e instável. As tropas que ergueram a cidade do mal começaram a digladiar entre si. Podem ser disciplinados, mas não sabem ser éticos. A vinda do Cristo ao mundo foi a segunda grande derrota na con-

---

22 Esse número, segundo dona Modesta, cresceu pelo menos dez vezes até a virada do milênio e continua ascendente.

cepção dos asseclas de Lúcifer. Fragilizados por não conseguirem impedir a vinda de Jesus, criaram cisões e se enfraqueceram.

O próprio Mestre enfrentou Lúcifer no deserto por 40 dias e noites. Essa batalha, de que os homens nem sequer imaginam as nuances, mudou o destino de toda a humanidade[23].

Acordos e iniciativas foram feitos nessa oportunidade para postergar estratégias malignas de tomar posse da mensagem do Cristo. Ainda assim, a política aprisionou a religião pura no catre da ignorância espiritual e substituiu os valores da simplicidade pelo personalismo desenfreado. Surgiu uma igreja que em nada remete à mensagem de amor e libertação trazida por Jesus.

As cisões em tais hostes da maldade renderam mais seis cidades que, de alguma forma, por razões de interesse, mantiveram alguns laços em comum para atingir o objetivo maior de hegemonia do orbe.

Assim, dentro da mesma plataforma de exploração da inferioridade moral dos homens, nos últimos 15 mil anos, surgiu, em sete linhas distintas, o poderio da maldade descentralizada na seguinte ordem cronológica: o poder, cujo núcleo é o apego e a arrogância; o prazer, envolvendo as ilusões da fisiologia carnal; a vaidade, explorando o individualismo; a violência, voltada para vampirizar pela agressividade e pelo ódio; a mentira, insuflando a hipocrisia nas intenções; a descrença, fragilizando a fé nos corações e criando a sensação de abandono e impotência;

---

[23] "E ali esteve no deserto quarenta dias, tentado por Satanás. E vivia entre as feras, e os anjos o serviam." Marcos 1:13.

e a doença, incendiando o corpo de dor. Juntas, formam a causa moral de todos os males do planeta em todos os tempos e latitudes.

Será infrutífero nesse encontro detalhar as formas que a criatividade perversa encontrou para desenvolver recursos para expansão do mal.

Assinalemos, ainda, que essa é a faceta do mal organizado, e não todo o mal existente na psicosfera do planeta. As metamorfoses decorrentes desses sete ramos iniciais da maldade organizada constituem um estudo antropológico, que somente nas esferas mais elevadas do planeta se encontram informações precisas acerca de elos perdidos no tempo. Daí surgiram correntes, vales, associações, regimes e os mais diversos grupos avessos ao bem maior.

Em síntese, a humanidade, após a vinda do Cristo, entrou na idade das trevas. A ausência de Sua luz em nossas atitudes levou o planeta ao declínio, à desídia. Sua mensagem ganhou descrédito sob a lâmina da política interesseira. A politicagem criou o desvio do Evangelho.

Desde o início da Idade Medieval até a Renascença, foram mil anos de escuridão, dor e martírio. A partir dos ares novos trazidos no século XVI, foi que a humanidade retomou seu curso em direção ao seu progresso espiritual. Os últimos 500 anos da história humana foram resultados de importantes intervenções do Mais Alto na preparação dos caminhos para a regeneração.

Enquanto isso, o Brasil, já desde o século XV, era um laboratório invisível de experiências do Cristo com vistas ao futuro. A Tenda do Senhor foi literalmente erguida em solo brasileiro.

Fiquemos com essas observações que julgo serem básicas para nosso debate.

Após apresentar algumas fotos da cidade dos dragões, Cornelius agradeceu nossa paciência em ouvi-lo, pediu nossa atenção e respeito para com seus ex-parceiros e passou a palavra a Clarisse.

Depois de quase uma hora de explanação, já não havia mais quem tivesse um pingo de antipatia por aquele homem, que se expressou com rara humildade e de forma emotiva.

5. OS DRAGÕES E SUAS LIGAÇÕES COM A COMUNIDADE ESPÍRITA

"O que pode um Espírito fazer com um indivíduo, podem-no muitos Espíritos com muitos indivíduos simultaneamente e dar à obsessão caráter epidêmico. Uma nuvem de maus Espíritos invade uma localidade e aí se manifestam de diversas maneiras. Foi uma epidemia desse gênero que se abateu sobre a Judeia ao tempo do Cristo. Ora, o Cristo, pela sua imensa superioridade moral, tinha sobre os demônios ou maus Espíritos tal autoridade, que bastava lhes ordenasse que se retirassem para que eles o fizessem e, para isso, não empregava fórmulas nem gestos ou sinais."

Obras póstumas. Primeira parte Manifestação dos espíritos, item 60.

— Creio que meus irmãos se depararam com muitas novidades – falou Clarisse com naturalidade. — Somos insignificantes aprendizes da realidade universal. Encontramo-nos aqui no intuito de reunir forças, conhecimento e disposição de servir aos projetos novos no cumprimento de determinações do Mais Alto para esse fim de milênio. Sintam-se à vontade para suas questões.

Estávamos todos estarrecidos com o que acabáramos de ouvir e ver. A impressão reinante era de falta de referência sobre o que dizer ou perguntar. Uns olhavam Cornelius com curiosidade, outros olhavam as fotos estampadas. Um mundo novo se abrira aos nossos olhos. Desconhecíamos tais informações na literatura clássica da doutrina, que constituía nosso manancial de orientação. Gabriel Dellane, Leon Denis, Esnesto Bozanno, Alexandre Aksakof, Allan Kardec e Camille Flamarion eram alguns de nossos referenciais nesse tempo. Como ninguém nada perguntou, criei coragem para iniciar o debate. Com as ideias um tanto desconcertadas expus:

— Para quem dirijo as perguntas, Clarisse?

— Para Isabel ou Cornelius. Fique isso a critério de vocês. Importa que externem suas dúvidas. Quanto mais tratarmos dos detalhes, maior chance de regressarem ao corpo com lembranças mais nítidas do nosso conclave.

— Dona Isabel, permita-me um aparte! – externei com respeito.

— Seja bem-vinda, dona Modesta – expressou a interlocutora, como se me conhecesse.

— A senhora me conhece?

— Minha irmã, vastos compromissos espirituais unem os caminhos de todos nós aqui presentes. A obra redentora erguida por sua família em Uberaba é reconhecida em nosso plano como extensão do Hospital Esperança. É natural que somente agora os tutores que a orientam, anseiem por despertá-la para noções mais largas dos desafios que nos aguardam.

A fala de Isabel de Aragão me surpreendeu e também todos os presentes demonstraram curiosidade com a referência ao nosso labor em Uberaba.

— Confesso não ter clareza sobre o que a senhora quer dizer. Realmente, sinto-me nesse encontro como alguém que está prestes a passar por decisivo testemunho. Minha alma está tomada por curiosidade. Eu mesma não sei como o assunto discorrido nessa noite pode me interessar tanto, sendo que em minha memória consciente não tenho registros do tema.

— Dona Modesta e demais irmãos presentes, na verdade nosso encontro é apenas um recobrar de velhas experiências. Todos nesse salão estamos mais comprometidos com a vida no submundo do que podemos supor. O corpo físico abafa a natureza dessa realidade. Ao trazê-los aqui, objetivamos a formação de frentes mais lúcidas de serviço ativo no plano físico. Portanto, permitam suas expressões mais naturais acerca do tema discorrido. Dessa forma estaremos iniciando uma etapa de preparo que perdurará por décadas.

— Dona Isabel, tenho uma pergunta.

Olhamos todos curiosos para um canto da sala, e qual não foi minha surpresa! A pergunta dirigida a Isabel foi formulada por Langerton[24], médium que, futuramente, despontaria em Peirópolis, município de Uberaba nesse tempo, como um excelente receitista. A surpresa de todos devia-se ao fato de,

---

24 Langerton Neves da Cunha nasceu no dia 8 de janeiro de 1929, na cidade de Jubaí, localizada no Triângulo Mineiro, estado de Minas Gerais. Aos sete anos, teve manifestas as faculdades mediúnicas de tal modo que aos oito anos começou os deveres espirituais dentro da Doutrina Espírita.

nessa época, ele ainda se apresentar como uma criança em suas feições, conquanto maduro no modo de pensar.

— Fique à vontade meu irmão!

— Pode nos esclarecer sobre esse segundo período de 70 anos a que se referiu a senhora?

— O Espiritismo, assim como toda realização pelo progresso coletivo na humanidade, foi alvo de um planejamento muito bem estruturado, visando a objetivos nobres. Supor que as ideias espíritas, tão universais quanto são, ficassem circunscritas a uma comunidade seria predestiná-las ao insucesso. Nesse projeto, os Tutores da Vida Maior conceberam três períodos para desenvolvimento, absorção e amadurecimento das verdades espíritas no mundo. A primeira etapa, desde o surgimento das obras kardequianas é o tempo da formação de referências que estabelecerão a identidade filosófica e psicológica da Doutrina Espírita. Na segunda etapa, momento que desponta nessa década de 30, será o tempo da consolidação da doutrina nas fileiras sociais do mundo como um caminho de paz e libertação. Para isso, sua difusão por meio do livro mediúnico será a consagração dos princípios espíritas.

Teremos, ainda, coincidindo com a virada do milênio, o terceiro período de 70 anos, cuja proposta é a maioridade das ideias espíritas. Nesse tempo já estarão reencarnando os espíritas de segunda vez, com um senso moral mais desenvolvido, tornando-se referências morais sólidas no campo da atitude e da ação genuinamente cristã. Serão os arejadores dos princípios espíritas que penetrarão todas as áreas do conhecimento humano, deixando claro que o avanço do materialismo colide com a proposta de melhoria da humanidade, e criarão pontes saudáveis e indispensáveis entre a cultura espírita e a diversidade da cultura do mundo. Em tal tempo ficará claro que o Espiritismo, enquanto um corpo de ideias, não é a religião do futuro, mas o futuro das religiões.

— A senhora pode, então, nos esclarecer o motivo de aqui nos encontrarmos? Até onde tomar conhecimento do que acabamos de ouvir tem algo a ver com esse plano dos espíritos superiores?

— Langerton, irmão querido – disse Isabel com ternura —, o período que atravessamos é de extrema delicadeza. Precisarei contar um pouco de história para clarear esse enfoque.

A história da migração das almas que planejaram o mal na Terra acontece há aproximadamente 40 mil anos. Quatro troncos principais definiram caracteres raciais, quais sejam: os egípcios, os indo-europeus, os hebreus e os indianos.

Para compreender o ponto essencial desse segundo período das ideias espíritas no mundo, temos de recorrer aos caracteres morais do tronco judaico-cristão – a classe mais orgulhosa dentre as quatro ramificações. Extremamente aferrados ao costume de serem os mais preparados para entender a vontade divina. A propósito, eram os únicos monoteístas entre os grupos exilados. Com essa natureza moral acentuadamente rigorista em assuntos da divindade, tornaram-se uma classe exclusivista. A índole rebelde e hermética patrocina até hoje a crença judaica, aguardando um Senhor que os colocará no lugar que julgam merecer diante da humanidade terrena. Renascidos em outros segmentos que aceitam Jesus como Mestre, partiram para o outro extremo da escala do orgulho humano de suporem ser os donos da verdade absoluta.

Por sua vez, a família indo-europeia, era o grupo dos capelinos mais revoltados com o exílio. Odeiam a figura de Jesus. Acusam o Mestre de não lhes cumprir a promessa de amparo em um local de recomeço onde pudessem reinar com seu conhecimento. É a classe que mais domínio mental possui dentre os exilados. Por essa razão, recobraram com mais rapidez e fidelidade os detalhes da migração e como ela aconteceu. Foi desse ramo que surgiram os dragões.

Uma das mais antigas propostas dos dragões, que são egressos principalmente do tronco indo-europeu entre os exilados de Capela, é exatamente a escravidão das almas mais crentes em Jesus, isto é, o tronco judaico-cristão ou a Casa de Israel.

Em conluio com espíritos do tronco egípcio e indiano dos capelinos, patrocinaram desatinos contra os amantes do Cristo. O objetivo é exatamente humilhar os seguidores de Jesus ou todos aqueles que Nele depositam a esperança do Messias Salvador. Iniciativas que fazem parte de um conjunto de técnicas revanchistas à proliferação da mensagem do amor no mundo. Fique claro que, mesmo antes da vinda do Mestre, tais disputas já existiam na erraticidade, alastrando uma história que não começou nesta casa planetária.

Ao longo de todas as épocas, vamos assistir a inúmeros episódios históricos que são repetições desse cenário moral entre grupos de almas rivais nos campos religioso e político. Em todos eles a tônica é a justiça fria e aplicada com rigor.

A escravidão no Egito, narrada pela história, obedeceu a iniciativas desse quilate. No Império Romano as algemas foram novamente colocadas no povo judeu. A Idade Média, foi um longo período de escravidão dessas almas no mundo espiritual no intuito de fazerem uma raça dominada.

A prisão de Lúcifer, como era conhecida, foi resultado de mil anos da história humana em plena idade das trevas.

Os dragões, logo após a queda do Império Romano, fundaram a mais ampla penitenciária de todos os tempos sob a crosta do Velho Mundo chamada Vale do Poder, um local de escravização sem precedentes na história da Terra, uma sombra tenebrosa da Cidade do Poder. Tudo isso como atitude de revanche em razão da detenção de um grupo de legionários soberanos vinculados ao poder romano. Uma classe de luciferianos – como também eram conhecidos os dragões legionários – foi detida pelas forças protetoras do orbe, que impediram os seus planos perversos de domínio da Terra. Isso causou ira aos milhões de seguidores que, receosos de regressar ao corpo, e sob comando da falange draconiana, resolveram digladiar com o Cristo, humilhando seus seguidores e sua mensagem no mundo. Basta lançar um olhar para a Idade Medieval e teremos uma noção do que aconteceu nesse sentido.

No iniciar da Idade Média, cumpriu-se o que está no Apocalipse capítulo 20, versículos 1 a 3, e 7-8 que narra:

"E vi descer do céu um anjo, que tinha a chave do abismo e uma grande cadeia na sua mão. Ele prendeu o dragão, a antiga serpente, que é o diabo e satanás, e amarrou-o por mil anos. E lançou-o no abismo, e ali o encerrou, e pôs selo sobre ele, para que mais não engane as nações, até que os mil anos se acabem. E depois importa que seja solto por um pouco de tempo." (...) "E acabando os mil anos, satanás será solto da sua prisão, e sairá a enganar as nações que estão sobre os quatro cantos da terra (...)"

Foram realmente mil anos de idade de trevas. Pavor e atrocidades. Até que no século XV, graças à nova intervenção de Jesus no roteiro de aperfeiçoamento do planeta, a história humana iniciou um trajeto de glórias sem precedentes. As falanges da dominação, surpreendidas com medidas de renovação cultural, política e religiosa, tiveram uma demanda extraordinariamente absorvente, o que trouxe em consequência um afrouxamento na vigília secular sobre o Vale do Poder. Com o tempo, o "novo império", como era chamado tal região de prisões, em alusão ao Império Romano desfalecido, foi se rompendo e as reencarnações progressivamente sendo viabilizadas. Tudo isso trouxe um inusitado processo ao ecossistema psíquico do mundo entre as duas humanidades, carnal e espiritual.

Como narra o Apocalipse: "E acabando os mil anos, satanás será solto da sua prisão, e sairá a enganar as nações que estão sobre os quatro cantos da terra (...)" A equipe de luciferianos aprisionada foi libertada igualmente. Claro que já não tinham as mesmas possibilidades de poder e respeito. Precisavam acompanhar o que seria o futuro do orbe. Sentir que a promessa se cumpria. Mas, como diz o texto bíblico, isso ocorreria por pouco tempo. Iniciou-se um novo degredo e muitos desses foram os primeiros a ser novamente recambiados a outros orbes.

Como resquício de toda essa história, milhões de almas amantes do Cristo ainda permaneceram nas celas infectas do Vale do Poder no psiquismo do Velho Mundo. Influentes e com grande conhecimento intelectivo acerca da mensagem do Evangelho, estiveram à frente dos movimentos religiosos mais expressivos desse tempo, conquanto saibamos os desatinos por eles cometidos em nome de Jesus. Eram os adeptos preferenciais dos dragões para ser aprisionados. No regime de cativeiro, em razão de suas culpas e deslizes, esses corações eram líderes natos no grupo da casa de Israel. Foram vigiados com segurança máxima.

A libertação dessa massa de interesses em torno da mensagem cristã tornou-se estritamente necessária em face dos novos compromissos do Consolador.

Em todos os tempos da humanidade, os missionários escalados por Cristo sempre contaram com grupos que, de alguma forma, encontravam em suas grandiosas missões a razão de viver, isto é, com suas tarefas eram os pioneiros de novos tempos para quantos ansiavam destinos novos. O Consolador prometido não poderia ser apenas uma pérola cultivada por expoentes do exemplo e da grandeza espiritual. Se o Senhor veio exatamente para os doentes, em tais corações culpados e sedentos do Cristo, a mensagem cristã iluminada pela clareza dos fundamentos espíritas, encontraria ressonância e motivação para novos dias em direção à paz consciencial. Além do mais, espíritos com esse nível de conhecimento não aceitariam uma doutrina que não lhes correspondesse à lógica e à bagagem intelectiva.

O movimento de libertação desses bolsões de almas afeiçoadas ao Evangelho e carentes de redenção consciencial foi denominado como *transporte da árvore evangélica*. Regressam ao seio da comunidade espírita brasileira. O mesmo tronco espiritual. Vários galhos conforme experiências grupais. Folhas diversas devido à natureza individual. Sob a tutela dos missionários do exemplo moral, como Bezerra de Menezes, estão construindo a maior comunidade inspirada nas ideias universalistas do Espiritismo em terras brasileiras. Para doentes graves, o remédio eficaz.

A missão espiritual inicialmente conferida à Palestina foi transferida para o solo virgem do Brasil. Mais uma das medidas tomadas pelo Condutor do planeta. O mensageiro do Cristo, Helil[25], um dos expoentes espirituais das questões sociais da Terra, foi incumbido por Jesus de preparar esse transporte de esperança. No século XV, foram tomadas as primeiras medidas. A descoberta, a organização política, a miscigenação étnica e, posteriormente, no virar do século XIX, as sementes da nova doutrina em terras brasileiras.

Helil é um dos arquitetos de todo o planejamento dessa transmigração de Capela. Foi o espírito que sempre representou Jesus perante o espírito aflito e angustiado dos exilados. Espírito de larga envergadura moral, já reencarnou algumas vezes na Terra. Muito afeiçoado ao povo ariano

---

25 *Brasil, coração do mundo, pátria do Evangelho*, Irmão X, psicografado pelo médium Francisco Cândido Xavier.

desde o exílio. Cada raça teve um representante de larga envergadura espiritual que lhes tutela os caminhos. João Evangelista, o discípulo amado do Cristo, é o guia da Casa de Israel.

As reuniões mediúnicas serviram de plantéis abençoados de socorro a esses corações endurecidos pelo orgulho. Os serviços socorristas que implementamos desde o iniciar desse século com os precursores da doutrina no Brasil são medicações indispensáveis.

Portanto, os últimos 500 anos foram tempos decisivos na história espiritual do planeta, objetivando a inauguração das sendas da regeneração. O poderio dos dragões e o exclusivismo dos espíritos amantes do Cristo pertencentes ao grupo da Casa de Israel estavam com o tempo marcado.

Se a Idade Média constituiu uma infecção generalizada no organismo social, foi no século XV que tivemos o alvorecer da profilaxia para tanta degeneração. Os píncaros da loucura na política francesa na Casa de Valois, mediante a malfadada *Noite de São Bartolomeu,* foi o estopim espiritual de medidas reclamadas pela sociedade no silêncio da amargura e da insatisfação perante a tirania e a maldade calculadas.

Renasceram missionários do progresso em todas as estâncias no intuito de conduzir as aspirações humanas em direção ao ideal da liberdade, fraternidade e igualdade entre povos.

O mesmo grupo, portanto, que desde a Palestina aguardava o Messias em carruagens de fogo, regressa agora mais intensamente comprometido espiritualmente nos ambientes da doutrina, cansados de si mesmos e oprimidos pelos danos às suas próprias consciências.

Os integrantes da Casa de Israel formam a vaidosa aristocracia espiritual, enquanto os arianos manifestam o arrogante orgulho de raça. A altivez de um lado e a violência de outro, nesses dois grupos, respondem pelos mais sanguinários episódios da história humana. Desde Roma até os focos atuais, que logo serão conhecidos na Alemanha, passando pelos desatinos das Cruzadas, ora na política interesseira, ora na religião de fachada, especialmente no ocidente, são todas etnias refratárias em aceitar o amor como caminho de redenção.

Assim que Isabel encerrou sua resposta, Langerton trouxe nova questão.

— E qual nosso papel, volto a perguntar?

— Os dragões querem de volta seus prisioneiros. Uma parcela da saga obsessiva entre a Casa de Israel e os arianos se estende ao seio da comunidade espírita. Um caso complexo de obsessão coletiva.

O surgimento da doutrina na França foi considerado por eles como a cartada final. Como bons estrategistas, concluíram que seria inevitável uma mudança radical. Planejam mandar, nas próximas décadas, legiões de serviçais para o corpo físico e incendiar o mundo com violência e maldade. Como última tentativa de hegemonia, o velho receio do regresso à carne é avaliado por eles como "ato heroico e missionário".

Em relação aos espíritas, arquitetam a exploração de velhas fragilidades armazenadas no psiquismo carregado de culpas e nos costumes morais aferrados ao orgulho.

— Podemos ter conhecimento de como agirão?

— Temos acessado as regiões subcrostais com esse propósito – interferiu Cornelius. — Querem repetir a tática aplicada ao Evangelho nos tempos do Cristo, ou seja, aprisionar a ideia espírita com os cadeados do dogmatismo e da institucionalização. A criação de um elitismo cultural e administrativo. Pretendem explorar a milenar tendência do ramo judaico-cristão de ser os proprietários da verdade. Pelo visto, não anseiam destruir a doutrina, mas menosprezá-la, encarcerá-la nos destrutivos domínios do religiosismo estéril, piegas. Com o dogmatismo, o homem se abstém do raciocínio, e com a institucionalização cria o padrão. Se isso ocorrer, nas próximas décadas teremos um novo Catolicismo dentro da comunidade espírita, regado por ideias reducionistas sobre a proposta universal da doutrina e, o mais grave, com atitudes distantes do amor e da fraternidade.

O estado romano agiu com as artimanhas da política alegando proteção aos princípios do Evangelho sendo que, na verdade, articulou-se a velha tática: "se não podemos com o inimigo, tornemo-nos amigos dele". Sob a insígnia de proteção, fizeram enxertos que extinguiram a sublimidade da proposta evangélica na mensagem do cristianismo primitivo.

Nos dias de hoje, a mesma tática será usada. Proteção aos princípios da doutrina. Um novo nome surgirá: pureza doutrinária. Desta vez o estado romano está desencarnado.

Os verdadeiros inimigos estão aqui, em nosso plano, usando das fragilidades psíquicas dos seguidores do Espiritismo e da mensagem do Cristo. Não podendo exterminar, confundem. Criarão o certo e o errado. O certo seria quem anda em conformidade e o errado quem se atreve a fazer algo diverso. Jogam "cristãos" contra "cristãos". Que tática melhor e mais econômica poderia existir? Os próprios espíritas se agredirão para defender uma linha filosófica de pensamento. Tomarão o texto de Kardec como uma nova bíblia, como se ali a doutrina estivesse pronta e acabada, quando o próprio codificador deixou seus apontamentos como o marco inicial de uma interminável investigação em assuntos da alma.

A base kardequiana com toda sua riqueza e seriedade é apenas uma convocação para a continuidade das pesquisas e das descobertas sobre o universo infinito da imortalidade. Entretanto, o forte dogmatismo incrustado no campo mental vai estabelecer diretrizes de fidelidade aos princípios doutrinários que, de alguma forma, vão recriar a acomodação do imobilismo mental, e serão eleitos "novos sacramentos", ou seja, pontos intocáveis e inquestionáveis no Espiritismo.

— Meu Deus! – exclamei naturalmente. — Não consigo imaginar que o clima de concórdia e trabalho que hoje nos une possa se desviar para essa tragédia moral.

— Dona Modesta – retomou a palavra Isabel de Aragão — não se impressione. Existem possibilidades enormes de isso ocorrer. É mesmo previsível que ocorra, não constituindo um desvio, e sim um obstáculo a mais para o progresso da doutrina. Foram preparados muitos homens para organizar socialmente o Espiritismo no solo brasileiro. As bases de um movimento de unificação são fontes inspiradoras do Mais Alto. Evidentemente, esse ideal ficará prejudicado pelos possíveis excessos na forma de pensar e agir.

Eis a razão de nosso encontro nessa hora. Nesse segundo período do planejamento do Espírito Verdade no qual adentramos, serão pedidas, de todos nós, medidas definitivas em favor de um processo histórico harmonioso, tanto quanto possível, aos destinos traçados pelo Espírito Verdade.

Somos todos atraídos para as ternuras do Evangelho. Mesmo estando na árdua tarefa de correção espiritual ou ainda atolados nos pântanos das falanges perversas, não passamos de almas em busca de redenção consciencial. O amor é o único remédio capaz de nos salvar dessa condição moral.

Somos uma família com laços intensos no tempo. Separar por classes do bem e do mal é mera questão didática e figurativa. Ainda que estejamos dispostos a enfileirar nas trincheiras do bem, temos um passado sombrio e ignorado em nossa intimidade, que apela para as mais profundas e lentas operações de regeneração. A prova disso é que o nosso bem ainda é condicional. Basta que se firam as fibras mentais do interesse pessoal, e logo se revela o velho homem espiritual com suas mágoas, aversões, revolta e ódio. Quantos não são aqueles que começaram o plantio das sementes vigorosas de sua reeducação e, por bagatelas, arrojaram-se, irrefletidamente, na acomodação, na fuga ou mesmo regressaram aos torvelinhos da maldade intencional?

O *transporte da árvore evangélica* será revelado ao movimento sagrado dos homens em torno das ideias espíritas. Possivelmente, extensa maioria irá se deliciar com a notícia, supondo-se campeões de virtudes e missionários investidos de delegações divinas. A ilusão do orgulho poderá incensar vertigens de grandeza espiritual, tão somente em razão do conhecimento e das boas novas que serão reveladas ao mundo pela mediunidade, nesses próximos 70 anos do século XX. Irão sentir-se, de fato, donos da verdade.

— Com tendências tão acentuadas de se apropriar da verdade, como eles se portarão na comunidade espírita? Teremos novos religiosos de fachada? Causa-me estranheza pensar nesse quadro da vida comportamental.

— Não falemos deles, dona Modesta. Falemos de nós, porque também pertencemos a esse gênero de aprendizado. O traço mais marcante da vida mental que assinala nossa caminhada espiritual é o egoísmo. Falar de egoísmo, no entanto, sem permear seus reflexos na atividade de cada dia poderá nos deixar vazios de conceitos claros sobre essa doença da alma.

A arrogância é a manifestação mais evidente do egocentrismo humano. Arrogância à luz dos princípios espirituais pode ser definida como manifestação sombria do ego humano, a parte inferior do egoísmo que, na escala evolutiva, é um legítimo princípio de ascensão que assegura a funcionalidade do instinto de conservação.

O egoísmo é uma semente divina colocada no homem para o bem. *O livro dos espíritos* deixa isso claro na questão 907. O excesso, ou seja, a paixão exclusiva por si mesmo, é a arrogância, uma forma híbrida e adoecida do ego.

Doença milenar, o egoísmo é de difícil diagnóstico, sendo uma de suas propriedades a hipnose que cria para investigá-lo na intimidade de cada um de nós.

As condutas mais prováveis de serem experimentadas nesse vasto espectro da vida moral são o preconceito, a inveja e a vaidade. O preconceito patrocina a intolerância, a ausência de alteridade, a incapacidade de prezar a diversidade humana. A inveja alimenta o sutil espírito de disputa que insufla o desprezo, a intriga e a animosidade. A vaidade, como filha predileta do orgulho, incensa o poder que abre espaços no sentimento humano para as extravagâncias da rigidez e da destruição do afeto por meio da exclusão silenciosa e envernizada. Tais condutas constituem as expressões mais evidentes do sutil sentimento de orgulho que, segundo a análise lúcida de Allan Kardec, em *O livro dos médiuns*, item 228, é a imperfeição que menos confessamos a nós mesmos.

Muitas serão as máscaras socialmente aceitas para fugirmos de olhar com integridade para nossos comportamentos. Somente desenvolvendo uma ampla habilidade de honestidade emocional poderemos superar as motivações que sustentam essa hipnose do egoísmo.

A ausência de uma identidade psicológica sólida e afinada com a parcela divina que existe em cada um de nós responde por uma das mais cristalizadas experiências motivadoras desse egoísmo: a conivência grupal.

Trabalhar por essas falanges tem também outro caráter histórico nesse momento de implantação das Verdades Divinas no orbe. O missionário da mediunidade nas terras mineiras é portador de um direcionamento para a mensagem do Consolador. Seu nome, repito, é Francisco Cândido Xavier, que inicia seus passos nessa década na pequena cidade de Pedro Leopoldo. Ele, mais que um fenômeno mediúnico, é a confirmação da imortalidade para o mundo físico. Tarefa essa que contraria o que os dragões mais querem esconder da humanidade.

Socorrer essas falanges da maldade organizada significa cooperar decisivamente com essa obra grandiosa do Cristo, aliviando as pressões sobre o mandato mediúnico de Chico Xavier, como é conhecido entre os amigos e de todos que se alistarão no desafiante percurso de implantação do bem entre os homens.

Será tão cristalina a realidade que esse missionário vai trazer, que os próprios seguidores do Espiritismo haverão, por longa data, de se debater na descrença pessoal. Ele será um missionário do livro mediúnico e da conduta cristã. Sua obra, no entanto, será alvo de ataques infindáveis e, mesmo aqueles que aderirem ao valoroso caldo cultural de sua literatura mediúnica, o farão mais pela razão que pelo coração, insuflando dogmas, sectarismo e elitismo que refletem as velhas tendências desse grupo que reencarnará sob a diretriz dos roteiros espíritas.

A hora avançava pela madrugada quando Clarisse solicitou que fosse feita uma última pergunta. Chegava o instante de regressar ao corpo. Um dos integrantes do grupo manifestou.

— Assim como houve um exílio em outro planeta, aqui também haverá deportação? – perguntou um dirigente no grupo.

— Possivelmente! – respondeu Isabel com lamento.

— Quem vai ser deportado da Terra? Nós, espíritas, podemos estar incluídos nesse grupo?

— Meu irmão, permita-me reformular a questão com expressões mais cristãs – respondeu Isabel com afeto. — Façamos uma reflexão por outro prisma, ou seja, quais são os critérios para se continuar na Terra.

Somente as almas decididas a explorar seus potenciais divinos latentes encontrarão condições mentais possíveis à continuidade nos destinos superiores do planeta Terra rumo à regeneração. Semelhante conquista só será atingida com a seguinte receita moral: relação harmoniosa com a consciência, equilíbrio nos interesses pessoais, caridade nas relações e disposição de servir. Superar ilusões, ser solidário, conviver fraternalmente e desenvolver atitudes de amor, respectivamente.

O mecanismo evolutivo do estágio terreno foi pautado até agora pelo foco na terapia da dor. O maior obstáculo espiritual, o egoísmo, somente é tratado com medicações dolorosas. Toda história de ódio e perversidade iniciou-se com a perda de algum interesse pessoal. São as perdas necessárias que operam na alma a remição consciencial. Entretanto, quase sempre a nossa reação diante do testemunho da insatisfação foi de agressividade e revolta.

Chega o instante de um percurso diverso pelas sendas do trabalho e do aprendizado efetivo nos roteiros do sentimento educado. Somente abandonando as expressões mínimas do mal em nós mesmos nos candidatamos a permanecer no planeta.

6.
ASPECTOS PSICOLÓGICOS E EMOCIONAIS DOS DRAGÕES

"O arrependimento, conquanto seja o primeiro passo para a regeneração, não basta por si só; são precisas a expiação e a reparação. Arrependimento, expiação e reparação constituem, portanto, as três condições necessárias para apagar os traços de uma falta e suas consequências."

O céu e o inferno. Capítulo 7, artigo 16º.

O que mais necessitam os espíritos arrependidos é de amparo e força para caminharem.

Características psicológicas do grupo judaico-cristão: propriedade da verdade; pretensão de poder em suas mais variadas expressões; larga soma de culpa.

Características psicológicas do grupo do transporte: apego a conceitos; falta de crítica; supervalorização da verdade pessoal; subserviência; muita culpa e medo; a compulsiva necessidade de reconhecimento pessoal.

Atitudes comuns no movimento: compulsão para o alívio das dores humanas diante das manifestações de culpa.

Grande distância existe entre fazer o bem e amar. Apenas começamos os primeiros exercícios de benevolência desinteressada e, em inúmeras ocasiões, sentimo-nos como os heróis na arte de amar. Tal sensação é explicável em função de encontrarmo-nos a tanto tempo distantes do bem a tal ponto que, agora, ao experimentá-lo, despertam forças quase incontroláveis de bem-estar íntimo. Inebriados com a caridade e honestamente dispostos a deixar o mal, somos ainda assaltados pelo orgulho que espolia nosso bem-estar e entrega-nos nos braços sórdidos da vaidade e do personalismo.

Na escola abençoada da Terra, na qual somos alunos em serviço inadiável de reparação, qualquer rigidez na conduta que expresse certeza nos pontos de vista ou repreensão ao pensamento alheio acerca da Verdade, não passa de declarada obsessão de nosso orgulho. Nem Cristo respondeu o que é a Verdade quando interrogado por Pilatos.

As atividades daquela noite abençoada encerraram-se. Antes de regressar ao corpo, roguei ao senhor Eurípedes dispensasse carinho e atenção ao caso de Matias, dispondo-me, igualmente, para quaisquer contribuições que pudessem auxiliá-lo na recuperação.

Despertei na matéria com a mente repleta de recordações e sentimentos. Matias não saía de minha tela mental. Uma saudade inexplicável corroía meu coração. Vezes sem conta, naquele dia, brotavam imagens mentais da França. Outras cenas assustadoras de regiões espirituais estampavam em minha retina psíquica como se fossem lembranças de locais conhecidos.

Ao retomar minhas atividades diárias no sanatório, logo cedo fui interrogada por Inácio, que sempre se mostrava curioso pelas questões da alma.

— Alguma novidade durante a noite, Modesta?

— Lembro-me de Eurípedes, doutor Bezerra e Isabel de Aragão em um amplo salão que reuniu vários trabalhadores espíritas.

— Isabel de Aragão?

— Foi uma rainha portuguesa no século XIII. Devota dos pobres. Chegou a ser canonizada. Conhecida como a Rainha Santa de Portugal.

— E qual foi o objetivo do encontro?

— Chamar a nossa atenção para o momento em que vivemos relativamente aos destinos do Espiritismo no Brasil e nos convocar a serviços socorristas em favor do submundo astral.

Após fazer uma súmula do conclave, expressei o que sentia.

— Tenho comigo que teremos um longo desafio pela frente. Será preciso muita discrição e, nesse sentido, gostaria que fizéssemos um acordo, Inácio.

— Quanto vai me custar? – debochou com sua típica índole, enfiando a mão no bolso.

— Vai custar muita cautela e reserva. Uma relação honesta e transparente entre nós pelo bem da causa. Como não temos ainda muitos companheiros dispostos e comprometidos, haveremos de manter cuidados para que a superficialidade de alguns e o desejo de domínio de outros não destruam nossas chances de trabalhar pelo Cristo.

— Seja mais clara, Modesta!

— Temos aqui no sanatório uma obra que resultou do amor sincero e da liberdade. Nada fizemos para destaque pessoal. Amamos os doentes e não nos sentimos especiais pelo que fazemos. O futuro, porém, nos trará testes no intuito de ruir esses pilares morais. Pelo que depreendi dessa noite de vivência fora do corpo, nossa comunidade espírita corre sérios riscos de perder a simplicidade do trabalho e da fraternidade e se embrenhar por velhas condutas religiosistas. Teremos um Espiritismo do Cristo, livre, inovador e voltado para a consciência. E teremos um Espiritismo dos homens, cativo de mordomias e focado na formalidade elitista.

— Ficaremos com o primeiro.

— Sem dúvida. Esse é o nosso desafio: respeitar a todos e continuar nosso caminho particular. Surgirão normas e rigidez, manteremos o livre pensar e o livre agir.

— Modesta, haverá o risco de um novo Catolicismo no seio do Espiritismo? Um estado político-religioso?

— Não sei se chegará a tanto, mas é possível. Nosso acordo é não seguir a direção das massas. Temos um compromisso particular com Jesus. Pelas explicações obtidas, a comunidade espírita está recebendo um grupo de almas com severos compromissos morais com o personalismo, extremamente envolvidas com a história religiosa do cristianismo e do judaísmo.

— Já não me dava bem com os padres de fora da doutrina e eis que agora eles virão para dentro do Centro Espírita em novos corpos. Era o que faltava!

— Como disse Isabel, é um transporte de esperança, e nisso firmaremos nossa visão.

— E como está Matias?

— Desacordado e com fortes contrações e dores.

— Teremos novas notícias?

— Creio que nosso caminho está entrelaçado com o dele, como disse Eurípedes ontem à noite, por intermédio da fala mediúnica. Lembra?

— Sim, eu me lembro.

— Creio mesmo que os dragões serão nossos novos educadores. Mesmo não conseguindo precisar com detalhes, as informações agora obtidas me fazem senti-los como filhos que ficaram no tempo. Sinto laços pelo coração com esses seres.

— Filhos que, certamente, serão cobradores implacáveis em razão da opção que fizemos pelo bem.

— Mantemos o acordo? – e estendi a mão a Inácio.

— Enquanto durarmos na carne, e além se nos permitir o Senhor – respondeu Inácio, sem titubear.

Assim que terminei o diálogo, dirigi-me à minha sala para providências rotineiras. Fechei a porta e, quando me assentei, a porta foi aberta por uma mulher mulata, forte, com um vestido de chita surrado de cor vermelha e lenço branco na cabeça.

— Pois não, o que a senhora deseja? – perguntei supondo que fosse uma interna novata no sanatório.

— Venha! – falou estendendo o braço e me chamando para segui-la.

Instintivamente levantei, como se estivesse em transe hipnótico e sem nada questionar. Ela deslizava no ar a alguns centímetros do chão, dirigindo-se para a porta de entrada do sanatório. Tive de segui-la com rapidez. Ao chegar ao saguão de entrada, ela parou e apontou com o indicador para o outro lado da rua. Quando cheguei bem perto e estava prestes a perguntar o que ela queria, simplesmente desapareceu. Fiquei olhando para onde ela apontou e vi um homem bem trajado, com o chapéu na mão, estático, como se estivesse indeciso. Olhando com cuidado, vi que era alguém conhecido e busquei na memória. Antes, porém, ele se aproximou e me cumprimentou.

— Dona Modesta, como vai vossa mercê?

— Bem, e o senhor?

— Estou precisando de ajuda – falou com os olhos marejados. – A senhora se lembra de mim?

— Leandro Serra? – ao recordar quem era, tomei-me de curiosidade e o pensamento voou longe...

— Eu mesmo.

— Que boa surpresa! Vamos, entre – levei-o até minha sala.

— Tenho passado maus bocados, dona Modesta. Desde que Matias faleceu, acontecimentos nefastos caíram sobre minha existência. Parece que a punição por minha falta com a serviçal Conceição abateu-se sobre toda a minha família. Mesmo pedindo sua ajuda para cuidar de meu filho bastardo, creio que não fiz o bastante. Creio merecer o que estou passando.

A fala inicial de Leandro me fez buscar em um segundo a história de abandono narrada por ele próprio alguns anos antes, quando cuidei de Matias no Ponto Bezerra de Menezes.

— O que tem acontecido, senhor Leandro?

— Fenômenos estranhos. Minha lavoura incendiou-se inúmeras vezes, espontaneamente. A princípio, os capatazes supunham a existência de um vizinho inimigo. Depois passamos a ver o fogo entrar em combustão a olhos nus, sem nenhum artefato que o provocasse. Algumas vezes chegamos a ouvir gritos e uivos. Corre agora a fama de que a fazenda está amaldiçoada. Minha esposa tem crises nervosas e não dorme com medo de o fogo chegar na casa. Tenho sonhos com Conceição e Matias vindo em minha direção com tochas acesas.

— O senhor pode me descrever Conceição?

— É uma mulher mulata, alta. Estava sempre de lenço branco na cabeça. Era sua cor preferida.

— Ela costumava usar vestidos de chita?

— Isso mesmo! Sempre usava um vestido vermelho com pequenos frisos de cor azul no tórax.

— O que ela faz em seus sonhos?

— Ela chega com tochas, mas não lhe sinto ódio. É como se desejasse conversar.

— E Matias?

— Matias, em meus sonhos, é um inimigo cruel que deseja me queimar vivo e devagar.

— Creio que poderemos ajudar-lhe.

— Preciso de muita ajuda, dona Modesta. Não sei o que fazer para aplacar minha culpa. Estava aí fora, na porta do sanatório, e fiquei estático só de pensar em entrar para conversar, mesmo carecendo de paz e orientação. Já estava a ponto de ir embora quando a senhora apareceu à porta.

— Façamos um momento de silêncio.

Orei rogando a doutor Bezerra a proteção e estendi as mãos sobre a cabeça de Leandro Serra, conforme havia aprendido com Eurípedes. Logo o assistido começou a chorar continuadamente. Dei-lhe um copo com água. E após respirar de forma ofegante por várias vezes, disse:

— Estou aliviado, dona Modesta. Obrigado. Um homem como eu chorando... Só faltava isso!

— Qual de nós nesta Terra não tem motivos de sobra para chorar, meu irmão? O choro dignifica a alma que sofre. Abandone esse preconceito. Antes de ser um homem, o senhor é um espírito na busca de sua redenção.

— Tem razão, dona Modesta!

— Senhor Leandro, Conceição esteve aqui.

— Ela está aqui agora? – expressou curioso.

— Não, ela já esteve. Quando apareci na porta do sanatório, fui guiada por ela.

— Pois vou confessar uma coisa. Se a senhora não aparecesse ali naquele momento, estava prestes a desistir de tudo. Não sei o que faria!

— Por quê?

— Fiquei em dúvida se a onerava com meus reclames pessoais. A senhora já é uma mulher tão atarefada e...

— Senhor Leandro, tire isso da cabeça. O princípio moral fundamental do Espiritismo é o bem. De tal forma, minha vida consiste em fazer o que posso nesse sentido.

— A senhora acredita que Conceição me perdoou?

— Não só o perdoou como ainda quer ajudá-lo, pelo que depreendo.

— Eu lhe confesso que isso só aumenta minha culpa, dona Modesta – e deixou rolar novas lágrimas.

— Tenha calma, meu irmão. A vida o está chamando para novos destinos. Veja como tudo acontece: Conceição o trouxe aqui e o senhor não vai acreditar, mas ainda ontem, na nossa reunião mediúnica, socorremos Matias, depois de tantos anos.

— Matias?

— Sim.

— A senhora teve contato com ele também? Como ele está?

— Em recuperação. E tenho para mim que essa assistência deverá colocar cada coisa em seu lugar. Certamente, os Bons Espíritos estão trabalhando pelo bem de todos vocês.

— A senhora acredita que seja Matias quem tem feito mal à minha família?

— Não só ele. As iniciativas do mal na vida espiritual raramente são ações isoladas. Matias está consorciado a espíritos infelizes.

— Terei de acertar minhas contas não é, dona Modesta?

— Qual de nós não tem contas para acertar, senhor Leandro?

— O que me recomenda fazer?

— Como se chama sua esposa?

— Laurinda.

— Venha com Laurinda aos nossos serviços de assistência noturna aqui no sanatório. O senhor ainda reside em Araguari?

— Sim. Temos residência fixa.

— Estarei aguardando na próxima semana.

— Agradeço sua cordialidade, dona Modesta.

— Agradeçamos aos amigos espirituais que tanto têm feito por nós sem que saibamos.

— Tem razão. Farei isso em minhas orações.

A visita de Leandro Serra dava continuidade às inúmeras e sucessivas ocasiões que começaram a se desenrolar naquela semana inesquecível do ano bom de 1936.

A semana correu célere. Chegada novamente a noite das atividades de intercâmbio, Clarisse, com sua típica ternura, tornou-se perceptível à minha vidência.

— Dona Modesta, paz em sua alma. Estamos com Matias aqui. Precisamos muito de seu amor por ele. Peça ao doutor Inácio para ter muito carinho no diálogo.

Com automatismo ímpar, o comunicante apoderou-se de minha fala, sem nem sequer me permitir dizer algo a Inácio, que dirigia a sessão.

— O senhor outra vez, doutor Inácio?

— Matias?

— Eu mesmo. Não me reconhece? Por que veio me visitar, doutor? Acaso acha que estou mais louco?

— Eu não fui visitá-lo. Você foi quem veio novamente à mesma reunião. Como está desta vez?

Matias se mostrava muito confuso. Com febre alta.

— Seu hospital não presta. Estou pior que ontem – ele havia perdido a noção de tempo, supondo ter conversado conosco um dia antes, quando já tinha se passado uma semana.

— O que sente, Matias?

— Eu quero me levantar e andar. Estou pesado. Seus remédios me pioraram doutor. Que tipo de médico é você? Quero sair deste hospital. Vou pedir vingança.

— Vou lhe aplicar um recurso. Fique quieto!

Inácio usou nossa técnica de espalmar as mãos, que ainda, a esse tempo, não era totalmente conhecida como passe, mas tinha outras nomenclaturas.

— Sente-se melhor?

— Com sono e muito cansado.

— Você gostaria de nos dizer algo sobre seu sofrimento?

— Está querendo minha confissão, doutor?

— Confissão, Matias! Acaso me confunde com algum padre?

— Então o que quer ouvir? Ruína? Mentira? Quer saber como é o inferno?

— Adoraria ouvir algo que me ajudasse a compreender como chegou a esse ponto.

— Pois bem! Eu vou falar de minhas desgraças. Está disposto a ouvir doutor?

— De coração aberto.

— Fala-se muito por aqui em anjos e espíritos elevados. Eu nunca vi nenhum. Quem me estendeu a mão foram aqueles que moram nas profundezas. Fui alvo de uma cruel traição, que me tirou a vida. Vida, aliás, que já não era nada fácil.

— Conheço sua história recente, Matias.

— Um pai covarde. Uma mãe que se foi cedo. Viver para quê? Qual a razão de estar na carne com uma vida tão miserável? Sei que não presto. Aqui, porém, sou reconhecido. Tenho bom tratamento. Tinha, melhor dizendo! Porque agora nem sequer sei a razão de me encontrar em seu hospital tão desprezível. Do lugar de onde vim não queria sair. Lá, não tinha um corpo. O corpo nos obriga a ter uma nova identidade e a enxergar o que não gostaríamos. Matias! Quem é Matias? Para que existiu Matias? Para chorar a morte de uma mãe? Para ter ódio de um pai omisso?

— A reencarnação é uma bênção, Matias!

— O senhor se equivoca. Reencarnar é pagar conta.

— É alívio para almas como nós.

— De que adianta esse alívio? O inferno tem recursos para aliviar também. Para que ir ao corpo e perder as lembranças que nos interessam? No corpo a gente perde o controle. Fica bobo. Aceita até a religião. Para mim, ser religioso é o mesmo que passar a vida como imbecil. Olha quanta gente se castrou aí para chegar aqui e se enrolar em problemas sérios que não resolveu. Aqui posso controlar. No corpo manda Deus.

— Você está controlando atualmente, Matias?

— Estou.

— Como você pode afirmar isso no estado em que se encontra? Não consegue respirar com serenidade. As informações que temos é que você não consegue sequer levantar dessa maca.

— Não posso negar. Tenho comigo que logo isso passa e vou para o lugar que me pertence.

— Então por que esse inferno e seus representantes não te buscam? Por que te agrediram dias atrás e o deixaram semimorto na porta de nossa casa hospitalar?

— Vão vir ainda.

— Creio que não, Matias. Você está mudando e não sabe. A dor da desilusão te cegou até mesmo para as vitórias que você empreendeu em seu favor, na intimidade.

— Vitórias! Sou um fracassado de longa data.

— Tenho a certeza de que não é assim que o Cristo pensa a seu respeito!

— E o senhor ainda me fala que não é padre! Acaso sabe ler o pensamento de Jesus?

— Não sei. Deduzo, porém, que se você chegou até este hospital, que é uma das casas erguidas em nome de Jesus, Ele está te protegendo.

— Jesus! Esse nunca aparece. Deve estar longe tomando conta de algo importante. Creio que Jesus deve ter a consciência em paz por ter criado o inferno para nós.

— Agora é você quem quer adivinhar o que sente o Cristo!

— Eu não ligo para o Cristo. Se Ele tivesse interesse em mim, teria me dado uma reencarnação melhor. O corpo não me interessa mais, nunca mais...

— Nas furnas não há esforço para saber quem somos verdadeiramente.

— Acaso não é melhor assim, doutor? O que temos para nos vangloriar?

— Nisso eu concordo, Matias. De nós mesmos muito pouco temos a vangloriar. Entretanto, as furnas são antros de acomodação e fuga.

— Pelo menos lá temos um pouco de paz.

— Não é paz, Matias. É ilusão.

— O senhor sabe alguma coisa sobre o que se sente nessas regiões?

— Sei um pouco. Eu também acredito piamente ter vindo de lá. Informações que a médium Maria Modesta tem recebido nos deixam cada vez mais esclarecidos sobre os nossos laços com os abismos.

— Têm faltado motivos na Terra para a alegria, doutor! Imagine nesse quadro de quase desistência de viver, se não tivéssemos o dinheiro, o prazer, a diversão e as motivações que prendem o homem ao corpo... Esse foi o meu caso.

— Concordo com você, Matias. Ainda assim, a reencarnação é uma bênção. A pergunta que faço é: por que Eurípedes Barsanulfo tem tanto interesse em protegê-lo no Hospital Esperança? Não será isso sinal de uma grande melhora que nem você mesmo vê? Acaso não vê com que carinho tem sido tratado por Clarisse?

— Do jeito como estou, o senhor ainda insiste em falar de melhora? Veja com seus próprios olhos, doutor Inácio! Veja meu estado! O que eu sou? Um bicho? Um réptil? Um escravo? Quem vai consertar isso?

— Você é um filho de Deus.

— Não! Eu sou escravo fracassado. Nem para servo do demônio eu sirvo mais doutor! Acho que o senhor tem razão. Até mesmo o inferno desistiu de mim!

— Ou será você quem desistiu do inferno?

Matias, a essa altura do diálogo, demonstrou cansaço extremo. Parou de falar e adormeceu. Perdia os sentidos com rara facilidade em desmaios súbitos e intermitentes. Durante a comunicação fiquei igualmente exausta. Retornei ao corpo com certa dificuldade. O peito arfava de angústia. Foi uma incorporação de alívio para Matias. Muito dele ficou em mim. Como os reflexos eram intensos, orei em voz alta pedindo ajuda e, durante a oração, Clarisse assumiu minha organização física.

— Esperança na alma, meus irmãos – manifestou com sua ternura.

— Clarisse? – indagou Inácio para se certificar.

— Sim, doutor Inácio. Estou recompondo a médium.

— Podemos conversar?

— Claro! Vim para isso e também para a recomposição da médium.

— Clarisse, quanto tempo gasta um espírito como Matias para se desiludir?

— A desilusão pode levar até milênios. Antes disso, a criatura tem de se entregar ao arrependimento sincero, assumir sua fragilidade. Matias começou seus passos nessa direção nos últimos 500 anos. Seu grupo espiritual, juntamente com a família Valois, na França, teve o aval de um nobre coração ligado ao Cristo, João, o apóstolo do amor. Quando na pele de Francisco de Assis, João, o apóstolo amado do Cristo, reencontrou com esse grupo de almas culpadas. Muitas delas na condição de familiares de Francisco.

O processo da desilusão é uma operação do pensamento, todavia, as raízes da vertigem moral se encontram no sentimento. São as personalidades afetivas. A ciência do futuro as chamará de complexos afetivos.

Sabemos que não somos especiais, todavia, sentimo-nos assim. Falamos de nossa insignificância ainda nos sentindo importantes. O pensamento sob o comando de velhas estruturas cristalizadas da afetividade processa a ilusão.

— Matias voltará ao corpo?

— Dentro de alguns anos será necessário. Não sem antes prepará-lo melhor para a empreitada. Suas queixas desta hora não deixam de ter algum sentido. Ele necessita assumir com mais lucidez o comando de sua própria existência. É um espírito com elevado teor de baixa autoestima. Esse, aliás, é um dos efeitos mais habituais de quem serve às furnas. Perde sua identidade, é enganado. É levado a crer ser o que não é. Matias terá um enorme trabalho para recuperar sua identidade psicológica. O objetivo central de seu reingresso na matéria deverá girar em torno dessa questão.

— Um espírito com essa natureza psicológica, como se porta na reencarnação?

— Com dores emocionais intensas e graves.

— Quais dores?

— Principalmente o medo.

— Isso não seria o piso mental das doenças psiquiátricas?

— De alguma forma, sim. Tais dores podem desestruturar um psiquismo. Necessário lembrar que as dores em si são resultados, e não causas dessa possível desarmonia mental.

— Pode clarear o assunto?

— As dores são sintomas de doença já existente. Matias colhe os frutos de sua própria plantação. O espírito, quando chega a esse patamar, certamente já vem adotando condutas milenares que constituem no tempo a causa real de semelhante efeito. Em seu inconsciente está o mapa de provas e vivências que a ele compete seguir. A culpa é a raiz da doença, o remorso é a zona mental de estacionamento na doença e o arrependimento é o único caminho viável de recuperação sem, contudo, eximir o ser espiritual de experimentar as dores que resultam de suas loucuras de outrora.

O ponto de equilíbrio da mente em estado de arrependimento é o trabalho de reparação que lhe trará alívio e tonificará as engrenagens sutis no corpo mental para irradiar a luz da fé, esse alimento essencial sem o qual ele não teria como se sustentar na caminhada da sanidade e na conquista da lucidez.

— Que faz um espírito para isso?

— Arrogância, doutor Inácio! Orgulho! Egoísmo! As velhas doenças morais de todos nós. Fechado em si mesmo pelo egocentrismo milenar, pensando acima de tudo e antes de tudo em si próprio, o espírito termina por instalar na intimidade um profundo desamor a si mesmo. Isso porque a Lei Divina inderrogável é o amor, a forma mais correta de pensar e agir em nosso próprio favor. O egoísmo é prisão. O amor é libertação. O egoísmo é circuito energético endógeno. O amor é força centrífuga de expansão. Esse fechamento vibratório cria correntes pesadas de energia capazes de prender o ser em padecimentos íntimos dolorosos.

— Matias estaria interessado em alguma mudança?

— Matias está arrependido. Cansado de si mesmo. Esse cansaço da alma é o estopim de retorno do Filho Pródigo. Quando ocorre, queremos algo novo. Desejamos sinceramente novos caminhos.

— Pelo menos, a meu ver, ele não demonstra isso.

— Quando queremos mudar verdadeiramente, no princípio, nem nós próprios sabemos o que ocorre. Há uma fase mais ou menos longa de tristeza dilacerante e confusão nas intenções. Não queremos mais ser quem éramos, contudo, não sabemos quem queremos ser ou como vamos ser quem queremos. Matias está no clímax dessa situação depois de cinco séculos seguidos de arrependimento vazio.

— Arrependimento vazio?

— Aquele em que nada se faz para ir adiante e refazer os caminhos. Puro remorso. Por isso, um preparo sólido antes do retorno ao corpo será necessário. Uma missão aguarda Matias. O trabalho de reparação será sua fonte de saúde.

— Missão? – expressou Inácio, com espontânea ironia típica de sua personalidade.

— Não se surpreenda, doutor Inácio, com as realidades da vida imortal. Julgar é algo desafiante para qualquer um de nós em nossa faixa evolutiva.

— Clarisse, perdoe-me a descrença. Não consigo acreditar nisso. Como pode?

— Respeito seu sentimento. Contudo, pense comigo no que o senhor mesmo disse a Matias: por que será que Eurípedes lhe reservou tanto?

— Podem ser revelados tais motivos, Clarisse?

— Oportunamente, doutor Inácio. Por agora gostaria, por caridade, que lesse o artigo 16º, do capítulo 7, de *O céu e o inferno*.

— Vamos lá!

Inácio pegou o exemplar e leu:

— "O arrependimento, conquanto seja o primeiro passo para a regeneração, não basta por si só; são precisas a expiação e a reparação."

"Arrependimento, expiação e reparação constituem, portanto, as três condições necessárias para apagar os traços de uma falta e suas consequências. O arrependimento suaviza os travos da expiação, abrindo pela esperança o caminho da reabilitação; só a reparação, contudo, pode anular o efeito destruindo-lhe a causa. Do contrário, o perdão seria uma graça, não uma anulação."

— Matias se arrependeu do mal. Entretanto, ainda não fez o suficiente para reparar suas faltas. Encontra-se na expiação da culpa e dos demais efeitos de suas ações na própria intimidade. Nesse passo, torna-se indispensável a reencarnação.

— Um novo corpo.

— Uma nova identidade. A chance de ter atenuada a ação expiatória das lembranças dolorosas que lhe assaltam a memória. Reencarnar é aliviar, livrar-se do ônus contínuo da recordação aprisionante.

— Mas ele não esquecerá tudo. Ainda terá algumas lembranças.

— Suas lembranças no corpo serão em forma de sentimentos que vai experimentar. É o que o livro *O céu e o inferno* chama de expiação. Cada recordação que se fixa na tela mental, tem no seu bojo um *quantum* energético de afetividade.

— Que sentimentos ele vai vivenciar?

— O aspecto emocional fundamental dos espíritos que se assumem psicologicamente como dragões é o sentimento de inferioridade, abandono e falibilidade, que são o piso para os estados emocionais de indignidade e fragilidade. Aqueles que conseguem camuflar tais expressões do afeto pela força mental mantêm-se na condição de tiranos da instabilidade alheia. Ninguém consegue, todavia, destruir tais condições íntimas inerentes ao ser espiritual. Um dia esse *quantum* afetivo exterioriza-se, espraia-se e cria um colapso na vida mental.

Matias vai experimentar seus medos, estado crônico de culpa e baixa autoestima, reflexos inevitáveis dos milênios na arrogância. Sua dor interior mais cruel será a necessidade de aprovação alheia. Os dragões são submetidos a hipnoses que lhes subtraem o poder da vontade. Ele terá enormes obstáculos para reconhecer suas verdadeiras intenções e desejos, permitindo ser guiado, até certa fase da vida, conquanto tenha vasta sede de conquistas novas e objetivos pessoais.

Uma neurótica necessidade de aprovação social o perseguirá até que tenha a coragem de assumir a gerência do próprio mundo íntimo. Por incapacidade de gerir sua vida interior, estará sempre em busca de apoio e orientação. Isso lhe custará certamente muitas decepções e desastres na vida interpessoal, devido a acentuadas expectativas que irá criar em relação ao mundo que o cerca. Pais, amigos, tutores e quaisquer relacionamentos serão carregados de conflitos em razão da sua indefinição pessoal. A isso denominamos expiação interior, algo inevitável e intransferível.

Além disso, Matias travará uma dor profunda no reconhecimento de sua fragilidade. Isso lhe trará uma sensação de abandono e solidão, com efeitos no estado de humor que, quase sempre, será um traço de tristeza e irritação, ingredientes da insatisfação crônica.

Espíritos que assim reencarnam guardam forte tendência a negar o próprio corpo e os cuidados com a vida material, decorrente de uma rejeição inconsciente às suas reencarnações. Toma-lhes uma apatia em relação a quaisquer ideais de melhora. Essa tendência costuma manifestar-se em forma de conflitos perturbadores com assuntos da vida na matéria, como dinheiro, estética física, diversão social, sexualidade e administração das posses pessoais. Além disso, muitos condicionamentos religiosos de clausura e puritanismo com relação à vida social vão assolar seu caminho desde a juventude até a madureza.

— E qual a chance de reverter esse quadro? Parece-me, por sua descrição um episódio psiquiátrico grave.

— Na verdade, doutor Inácio, Matias, desde seu arrependimento, iniciado na tragédia de 24 de agosto de 1572, a *Noite de São Bartolomeu*, passou por várias fases de doença mental severa. Atualmente, ele se encontra em seu momento mais lúcido dos últimos 500 anos, quiçá o momento mais lúcido desde que foi criado...

— Meu Deus! E ainda está desse jeito! Nem quero imaginar o que passou...

— Sem um ajuste intenso em seu campo mental, qualquer reencarnação nas condições em que ele se apresentou esta noite seria apenas com intuito expiatório, sem nenhuma possibilidade de regeneração. Não é o caso em foco. Tais reencarnações já foram demasiadamente experimentadas pelo nosso irmão. Chega o instante da libertação, da remição consciencial pela reparação. Isso não o impedirá de sofrer os ditames das algemas afetivas instaladas em seu coração. Quando o espírito já desenvolveu certos valores em sua intimidade, apresenta probabilidades de transformar a expiação em libertação.

— E como isso é possível?

— Consultemos *O livro dos espíritos*, questão 1.000. Leia para nós, doutor Inácio.

Após a leitura completa, Clarisse destacou.

— Veja essa frase: "Só por meio do bem se repara o mal, e a reparação nenhum mérito apresenta se não atinge o homem nem no seu orgulho, nem nos seus interesses materiais". Para que a expiação alcance o patamar de fator educativo da alma é imperioso que a dor seja mãe de habilidades, caminho para virtudes futuras. Sofrer por sofrer não basta. Matias tem muitas conquistas adormecidas que poderão servir de saltos evolutivos para sua caminhada e para a de muitas outras pessoas.

— Perdoe-me a curiosidade. Modesta me contou a palestra a que assistiu alguns dias atrás no Hospital Esperança. Porventura, será Matias um exilado?

— Qual sua opinião, doutor?

— Clarisse... Se tivesse uma, não lhe perguntaria!

— Doutor, creio que o senhor deveria manter uma cópia da mensagem do senhor Eurípedes em sua mesa para leitura diária.

— Eu a tenho aqui no armário.

— Leia, por gentileza, os 12º e 13º parágrafos.

Como sempre fazíamos nossas atividades com a luz acessa, Inácio deslocou-se e pegou a mensagem para a leitura.

— "A chegada de Matias a essa casa é o início de um trabalho que vai durar pelo menos dois séculos de intenso labor pelo bem. O destino desse grupo é resgate e educação, em face das responsabilidades assumidas outrora. O Sanatório Espírita de Uberaba é o embrião de uma quitação da insana *Noite de São Bartolomeu*, em 24 de agosto de 1572, em Paris. Nossa equipe trabalhará pelo erguimento de nossas próprias consciências à luz do Evangelho.

Matias é um espírito retirado dos charcos mais miseráveis do submundo debaixo de um lampejo de arrependimento. Reencarna quase louco na família Valois, que foi o eixo sob o qual toda a trama de perversidade tomou conta de Paris naquela noite. Ensandecidos com o poder, promoveram a referida tragédia religiosa em fins da Idade Média. De lá para cá, o mesmo grupo de vínculos vem tecendo sua fieira espiritual para o recomeço."

— Entendeu, doutor?

— Creio que agora tenho mais perguntas ainda, Clarisse.

— Isso é bom.

— Estou ficando muito curioso acerca dessa noite de loucuras na França dos Médicis. Será que todos, então, somos exilados? E a qual tronco pertencemos? Casa de Israel ou Arianos? Poderíamos dizer que os espíritas são arianos ou...

— Doutor! Deixemos o tema para uma ocasião oportuna! Seu espírito de pesquisa nos será muito útil para as gerações futuras.

— Falemos, então, de Matias – expressou Inácio a contragosto.

— Concordo.

— Então o que você chama de reparação será a missão de Matias?

— Sem dúvida. A única maneira de reparar é o labor incessante. Matias renascerá com uma carta de esperança do Mais Alto, endossada pelo apóstolo do amor cristão, João evangelista.

— Quanto mais em trevas, mais atenção de Deus!

— Eu diria, doutor Inácio: quanto mais em trevas, mais necessidade de Deus!

— Fale-me do novo corpo de Matias. Renascerá com deformações?

— O corpo é o campo que retrata com fidelidade os reflexos de nossa intimidade profunda. Sem ele não nos lançaríamos ao mundo das oposições, permanecendo estacionados nas experiências ilusórias da ansiedade e da acomodação, elegendo o menor esforço como sinônimo de sossego e paz interior.

Espíritos arrependidos como Matias não retiram tanto proveito de malformações físicas. Do que mais necessitam é da luta com as malformações psíquicas. Para isso, nada melhor que o retorno acrescido de uma condição que lhes permita trânsito livre pelas várias camadas da vida mental, sem que isso os desequilibre.

— E como isso é possível?

— Dando-lhe um escafandro com o qual possa mergulhar nas partes mais sombrias de si mesmo sem se perturbar. Esse escafandro é a mediunidade, a mais cristalina fonte de autoconhecimento e autorrevelação. Ela funciona como um espelho cravado no solo da vida mental, obrigando seu portador a se olhar ininterruptamente. Os médiuns, comumente, são almas que não olham para dentro de si mesmos há milênios. A mediunidade é uma força de atração para dentro estimulando o processamento íntimo de tudo aquilo que o médium percebe, com amplitude do lado de fora. É uma legítima antena "puxando" de fora para dentro e integrando o médium, de forma educativa, na larga capacidade de percepção da vida que lhe permite a sua faculdade espiritual.

Ele terá também a bênção da Doutrina Espírita para guiar seus roteiros de reparação e crescimento íntimo. Em plena juventude conhecerá bons grupos e, certamente, despertará uma clara necessidade de investir nas questões da alma.

— Matias é um dragão, certo, Clarisse? – exclamou Inácio apenas para confirmar o que já estava informado.

— Ele é um espírito na caminhada para Deus como nós. Serviu ao comando dos dragões.

— Pelos informes, eu imaginava os dragões como seres mais poderosos e não frágeis como Matias!

— Os dragões têm muito poder, doutor. Poder mental. Mesmo Matias, nestas condições, manifesta tal capacidade. Do contrário, poderia estar a caminho da ovoidização[26], a perda da forma perispiritual por completo.

— Posso saber a graduação que ele atingiu? Pelo que me explicou Modesta, existem os justiceiros, os conselheiros e os legionários.

— Matias já chefiou legiões em tempos idos. Hoje, exatamente pela mudança paulatina que vem empreendendo em si mesmo, recomeçou seu trajeto como justiceiro, tendo sido deposto do cargo por ter falhado nas inúmeras "missões" a ele delegadas, inclusive o ataque ao sanatório. Foi muito açoitado e castigado devido a isso, até aquele dia em que tentou colocar fogo em Egídio na enfermaria, quando então tivemos a chance de dar novo rumo à sua penúria.

---

26 O espírito André Luiz, por meio de Chico Xavier, no livro *Libertação*, falou sobre os corpos ovoides – nome dado a seres desencarnados e obscuros que lembram esferas. Eles são espíritos que, quando encarnados, agiram contra as Leis de Deus. Assim, quando desencarnam, seu perispírito é sujeito a um desgaste natural, a uma deterioração.

As falanges que se organizam no mal dispõem de fartos conhecimentos sobre a alma. Verdadeiras universidades são implementadas para a preparação de seus componentes. Entre os temas que versam, os legionários desenvolveram recursos tecnológicos para medir a culpa e o arrependimento em nível laboratorial. Não só por atitudes que denunciam tais sentimentos, os dragões aprenderam a mensurar tais estados psíquicos com escalas complexas e fiéis.

Quando for constatado esse quadro em seus integrantes, seja no plano físico ou astral, tomam providências de "recuperação". Quando não obtêm êxito, seus correligionários passam a ser tratados com desdém ou, o que é mais comum, são aprisionados para castigos no intuito de reverterem o "insucesso".

As prisões estão localizadas no Vale do Poder — periferia ampla da Cidade do Poder — nas quais existem calabouços, grotas, lagos de enxofre, lagos de gelo, salas de tortura, cemitérios de gaveta dos vibriões, paredões de penitência, corredores da morte, tribunais de inquisição, pântanos das escórias e tantos outros lugares de horror e crueldade que fizeram Dante Alighieri narrar no Canto XXXII, o Inferno, na Divina Comédia:

"E então eu olhei em volta e vi sob os meus pés um lago gelado. O chão era tão duro e liso que parecia vidro. As almas estavam submersas no gelo com apenas o tronco e a cabeça de fora. Todos mantinham seus rostos voltados para baixo e batiam os queixos de frio".

Matias, assim como muitos adeptos das falanges draconárias ou draconianas, como são conhecidas, está perdendo a importância para os planos da maldade. Graças ao serviço incansável dos intercessores socorristas nos abismos, zonas inteiras têm sido reconduzidas à reencarnação ou aos serviços de reajuste e recuperação aqui mesmo no plano astral. É assim que se opera lentamente a mudança das paisagens da semicivilização nas regiões da psicosfera inferior da Terra. Ninguém sai dos trilhos da maldade de uma hora para outra, quando construiu dentro de si mesmo as muralhas mentais do pensamento cristalizado.

— Não tinha noções da gravidade – expressou Inácio com humildade —, mas gostaria de saber um pouco mais. Mesmo com as informações trazidas por Modesta, em seus desdobramentos noturnos, tenho centenas de questões a levantar.

— O que sei não me custa informar, doutor Inácio!

— Será essa a trajetória de todos os médiuns e espíritas? Viemos, assim como Matias, dessa conjuntura espiritual antes de nosso reencarne?

— Meu irmão, não se impressione em dizer: raros são os espíritas que escapam desse percurso. Essa é a razão de estarmos tornando o assunto tão claro quanto possível nesse segundo período de 70 anos do planejamento do Espírito Verdade àqueles que têm ouvidos de ouvir e olhos de ver. Antecipando as necessidades que surgirão na virada do século, quando então a humanidade será avassalada por severos testemunhos de fé, urge uma campanha para a instauração de uma comunidade espírita consciente da extensão do serviço que aguarda quantos se matricularam na escola bendita do Espiritismo. O chamamento desse segundo ciclo do Espiritismo objetiva um preparo para ingressarmos com maior consciência no período posterior. Um preparo para dilatar nossa educação interior em torno do Evangelho.

Sei que dona Modesta já lhe trouxe informes sobre o assunto doutor. O *transporte da árvore evangélica* ainda se processa nesse momento.

— Só não entendo porque renascerem no Espiritismo! – falou Inácio.

— Somente na doutrina essas almas sofridas e angustiadas encontrarão o conforto e as respostas para muitos de seus dramas. Além do que, são portadoras de habilidades fundamentais que, se bem direcionadas, serão vitórias pelo bem da causa que nos une.

— Assim como Matias, passam antes por um preparo no plano espiritual?

— Não há como ser diferente. Esse preparo é fruto do investimento da misericórdia celeste, que os torna depositários de uma fiança somente resgatável com o reerguimento de si mesmos.

— Não se corre o risco de termos novas Cruzadas no Espiritismo? Espíritos perversos como são, como serão atraídos para o bem?

— Não são perversos, doutor! Quem se arrepende do mal se candidata a abandoná-lo. Essa é a condição dos espíritos que fazem parte da *árvore evangélica*. São mais equivocados que maus. Isso, entretanto, como já foi orientado a dona Modesta, não os isenta dos reflexos pertinentes às tendências que carregam. Precisarão de tempo e muito amparo para o recomeço. Renascerão com forte atração para o religiosismo em razão das velhas artimanhas do orgulho desenfreado e do interesse pessoal.

— O pior de tudo é que, ouvindo suas explicações, encaixo-me em todas elas.

— Qual de nós, doutor, está fora desse padrão moral?!

— Confesso que sinto certa repugnância por me reconhecer assim. Confesso também que estou tendo alguns sentimentos de rejeição a você, Clarisse – desabafou Inácio com sua natural sinceridade.

— Doutor, felicita-me sua honestidade. Quanto a rejeitar a mim, nada tenho a reclamar. Todos experimentam essa sensação para com alguém quando descobrem quem são verdadeiramente. Em nosso favor, o melhor que podemos fazer será nos voltar para uma reflexão sem temores em nosso mundo íntimo e assumirmos o compromisso do autoconhecimento à luz dos princípios evangélicos, aprendendo, dia após dia, a amar o nosso próximo, mas também a nós mesmos.

— Estaríamos vivendo alguma espécie de limpeza ou urbanização dessas regiões inferiores neste século XX?

— Exatamente! Chamamos de limpeza da subcrosta terrena e libertação da semicivilização que nela reside.

As fileiras opositoras do bem no mundo perceberam que os últimos 500 anos da humanidade foram plenos de conquistas para o progresso e a melhoria do planeta. As sombrias regiões da ignorância e da maldade organizada necessitaram sair de suas furnas para vir ao campo de batalha. Não bastava mais apenas ordenar. Até mesmo o inferno está tendo de trabalhar muito com as aceleradas mudanças do conhecimento, da tecnologia e da ciência.

Como asseveram os guardiões do planeta: o inferno subiu para a crosta. Os abismos foram tocados pelas luzes que foram lançadas por Jesus aos continentes nestes últimos cinco séculos.

Ao virem para o campo de batalha, saíram da surdina e das armadilhas sorrateiras para experimentarem o contato social mais impactante. Os planos físico e espiritual se misturam a ponto de, nós próprios, fora do corpo, algumas vezes, encontrarmos dificuldade em definir onde começa um e acaba o outro.

Assim se tornou mais viável o contato, a ação. Se a obsessão e as ciladas são mais prováveis, as chances de salvação e socorro também ampliaram.

No Evangelho conhecemos esse panorama da vida coletiva bem retratado na parábola do joio e do trigo que crescem juntos para que sejam separados no momento exato, conforme narrativa de Mateus, capítulo 24, versículo 13 e seguintes.

Esse é o ciclo que vivemos na Terra. Hora de definições. Impossível alcançar a regeneração sem esse ciclo de ajustes e reajustes, provas e expiações. O mal precisa ser expurgado para que o bem autêntico ilumine, fortaleça e ganhe resistência.

— Estaria a Terra passando por um expurgo de espíritos como o de Capela? Creio ser esse o nome do planeta que Modesta me informou.

— É Capela mesmo, doutor! Esse tema será ainda mais esclarecido pela própria literatura mediúnica no futuro. Nossa casa planetária passa por esse momento igualmente.

— O que pode me informar sobre esse expurgo? O que têm os dragões a ver com ele?

— Perdoe-me a discrição, doutor Inácio. Como lhe disse, sobre esse assunto, por ora, manteremos maior resguardo. Não pouparemos informações na hora certa.

Guarde apenas um alerta necessário de nossa parte. O mundo vai experimentar uma catástrofe de proporções inigualáveis dentro de poucos anos. A década de 40 será decisiva. Contaremos muito com essa casa de Jesus nesse momento triste da humanidade. Nesse episódio sangrento, a deportação atingirá o clímax... É o que posso dizer.

— Você me deixa preocupado com essa fala.

— Os verdadeiros servidores do Cristo devem ter notícias claras sobre a natureza das provas que aguardam esse orbe até os primeiros 200 anos do terceiro milênio. Não vemos chances, conforme cálculos dos Nobres Condutores Espirituais da sociedade terrena, de melhores condições de vida sem muitas dores e ranger de dentes nos próximos 200 anos. Mantenha a esperança, doutor.

7.
VAMPIRISMO ASSISTIDO NO TERREIRO DE UMBANDA

"Os Espíritos em expiação, se nos podemos exprimir dessa forma, são exóticos na Terra; já viveram noutros mundos, donde foram excluídos em consequência da sua obstinação no mal e por se haverem constituído, em tais mundos, causa de perturbação para os bons."

O Evangelho segundo o Espiritismo. Capítulo 3, item 14.

— Clarisse, apenas mais uma pergunta – rogou Inácio, desejando aprender mais na sua nova função de dirigente.

— Indague, meu irmão.

— A comunicação de Matias nesta noite trouxe-lhe benefícios?

— Imensos benefícios. Esse contato com a matéria, para um Espírito nesse estado, é de extrema importância. O organismo físico é um depósito inigualável de energia ectoplásmica. A constituição molecular desse pacote energético é impossível de ser clonada em nosso plano. É o estágio semimaterial das forças mais sutis que gravitam entre o perispírito e o corpo físico. Ela é gerada e sofre mutações importantes no duplo etérico do médium, em atendimento às necessidades mais prementes dos desencarnados.

Quando o médium se desloca do corpo, há uma natural expansão do duplo, também conhecida por cascão astral e por automatismo, esse pacote de forças é atraído para a constituição perispiritual da entidade comunicante que se lhe adere. É como se fosse a roupa do médium em outra pessoa. O duplo passa temporariamente a se acoplar ao espírito comunicante como um cobertor acolhedor.

Evidentemente, em razão da descompensação de forças mentais nas quais se encontra Matias, esse aporte do duplo etérico do médium vai servir como um legítimo balão de oxigênio, suprindo o que lhe falta até o limite em que não prejudique o equilíbrio do médium.

Os sinais mais característicos do momento da separação são sentidos pelo próprio aparelho orgânico do médium, por um desconforto registrado em forma de irritação ou fraqueza. Nesse momento, quando o médium tem suas faculdades sob controle, ele mesmo, mentalmente, faz a reconstituição dos corpos sem perder o contato com a entidade que, se necessário, ainda poderá manifestar seus pensamentos. Esse fenômeno que envolve o duplo etérico é chamado incorporação. São cedidas, portanto, as chamadas energias vitais da vida material.

O comunicante, ao se retirar, fica com todo o seu corpo espiritual envolvido por uma espécie de pomada branca, ora em estado gasoso, ora gelatinoso. Os assistentes que orientam o trabalho utilizam-se dessa condição para as mais ricas medidas em favor do desencarnado. Volto a frisar, esse fenômeno é mais conhecido como incorporação.

Temos também o chamado vampirismo assistido, que é um processo no qual são envolvidos o corpo material, o duplo etérico, o perispírito e o corpo mental. É algo ainda mais profundo que a incorporação, em que o vínculo deixa de ser puramente mental, chegando a níveis celulares no corpo do médium. Há, nesse caso, uma intensa transferência de forças vitais e uma interação entre o corpo mental do médium e da entidade com objetivos de recuperação de formas perispiríticas e sensações perdidas em milênios de padecimento.

O vampirismo assistido é uma técnica de automatismo que não comporta muito controle ou participação consciente do médium. Por isso mesmo, só deve ser praticada em situações ocasionais e sob intensa supervisão espiritual. A espontaneidade é fundamental em tal operação. É necessária uma entrega incondicional do sentimento e do corpo físico do médium. Mais uma razão para ser praticada por médiuns mais experientes, que já tenham disciplinado suas forças medianímicas, por possuírem noções mais claras dos limites permitidos nesse gênero de trabalho. Por se tratar de transes profundos, nem sempre ele tem como aferir essa necessidade. Para suprir essa situação, é preciso uma equipe que tenha consciência do que está realizando. Que haja muito respeito e confiança, considerando que, em várias dessas situações, o médium terá de ser contido fisicamente, exigindo muita integridade moral de todos para essa finalidade.

Não será demais chamar esse contato mediúnico de uma autêntica "reencarnação relâmpago", na qual a entidade em desalinho, pela intensa ligação com o corpo físico do médium, desperta nas matrizes profundas do seu corpo mental algumas motivações evolutivas que o tempo e a dor lhe subtraíram. Casos existem nesse capítulo da mediunidade em que o acoplamento celular recompõe instantaneamente formas perispirituais que poderiam levar séculos no trabalho de recuperação em nosso plano de ação. O corpo físico é uma usina divina de forças capazes de influir decisivamente nos corpos espirituais.

Ficou claro, doutor?

— Agradeço suas preciosas informações, Clarisse. Por hoje interrompemos nossa lição. Do contrário eu próprio pedirei internação aqui no sanatório.

— Esperança em seus corações, meus amigos e irmãos.

— Assim seja, amiga querida – falou Inácio com muita sensibilidade.

A nossa tarefa terminou. Todos os componentes da equipe ficaram em clima de expectativa. Habitualmente, doutor Bezerra se comunicava ao final confortando a todos nós. Naquela noite, porém, algo diferente ocorreu. Sentíamos sua presença e nada de manifestações ostensivas. Clarisse nos deixou com a sensação de uma convocação para novas lições, fato que, de alguma forma, nos surpreendeu.

A mensagem de Eurípedes passou a ser lida e estudada com mais constância por todos nós. Eu, particularmente, sempre solicitava mais explicações ao benfeitor, dele recebendo outras notícias sobre acontecimentos futuros.

A sabedoria apresentada por Clarisse, naquela noite, deixou-me também muito curiosa acerca de sua identidade e função junto ao Hospital Esperança. Permaneci fora do corpo durante todo o transe em estado de plena lucidez, acompanhando as informações tão oportunas. Até isso foi diferente na ocasião, já que tinha me acostumado à inconsciência no transe. Embevecida com tantos ensinos, passei a adotar, naturalmente, algumas posturas novas no intercâmbio mediúnico, solicitando a Inácio que passasse a fazer anotações contínuas de nossas atividades.

Dirigi-me para minha residência sem me desligar mentalmente da tarefa. Orei exaurida pela incorporação de Matias, conquanto me guardasse no clima superior do dever cumprido. Assim que recostei a cabeça no travesseiro, emancipei nos braços de doutor Bezerra em direção ao Hospital Esperança.

Passava das vinte e três horas. Após a volitação instantânea, chegamos ao Hospital Esperança. Logo à entrada fui recepcionada por Clarisse e levada ligeiramente ao salão de cirurgias. Matias estava sendo operado.

Olhando através da vidraça, acompanhei a cena com extrema emoção. O corpo espiritual de Matias estava envolvido pela substância esbranquiçada do ectoplasma emanado durante a incorporação. Como havia explicado Clarisse, parecia uma pomada gelatinosa. Já não senti rejeição como da primeira vez, mesmo porque em tão curto tempo a fisionomia de Matias estava amplamente renovada.

Nos mesmos moldes da cirurgia terrena, havia instrumentais diversos. Foi iniciada a intervenção.

Há quem suponha que o perispírito sendo um corpo plástico, obedeça imediatamente a todos os comandos da vida mental em quaisquer situações, como se bastasse a oração e pronto! Existem, sim, situações em que apenas comandos de sugestão mental são suficientes para alterar a roupagem fluídica do espírito.

Quem fuma, por exemplo, no corpo físico, durante 50 anos, se não tiver a bênção do reencarne imediato, levará tempo similar para erradicar do aparelho respiratório, no corpo espiritual, os efeitos indesejáveis do tabaco, caso tenha méritos para iniciar esse tratamento tão logo desencarne. O enfisema tem raízes nas células perispirituais, efeitos da destruição lenta, gradativa. Através de sucedâneos e de moderna tecnologia são feitas incisões nos centros de força laríngeo e cardíaco, que permitem acentuada redução da compulsão de fumar.

Esse corpo plástico obedece também a mutações que resultam de adaptações milenares a temperaturas, flora e fauna microscópicas e, sobretudo, a estados mentais crônicos.

O objetivo da cirurgia de Matias era remodelar a carcaça torácica já mais livre daquela condição animalizada, e retirar alguns chips de hipnose implantados em seu cérebro. A incorporação da noite, conforme informação de Clarisse, recolheu uma reserva de "matéria" necessária a todas essas medidas de uma só vez. Algo um tanto raro e que me deixou emotiva ao saber.

Cortes profundos nas camadas semimateriais do corpo espiritual deixavam fluir jatos de sangue. Tudo igual aos quadros cirúrgicos humanos. A diferença ficava por conta da recomposição mais acelerada dos tecidos e da tecnologia avançadíssima em relação ao mundo terreno. Algumas incisões eram cicatrizadas na hora, com uso de bisturis de raios luminosos, que mais tarde viria a se saber serem projetores quânticos capazes de alterar a constituição molecular da matéria, organizando-a conforme plantas cromossômicas previamente estudadas por técnicos de genética bioplasmática, programadas para uso dos médicos em suas cirurgias. Cada paciente com sua planta individual. O computador, que a esse tempo não havia surgido no mundo físico, já era usado com recursos potentes que antecediam em pelo menos 50 anos as descobertas e invenções humanas.

Observava atentamente, enquanto Clarisse, a meu lado, vez por outra, explicava-me alguns detalhes do caso. Ela estava nitidamente emotiva.

Em certa etapa, já que podia ouvir tudo o que diziam os cirurgiões, um deles, sabendo de minha presença ali, mencionou meu nome e disse: "Se tivéssemos mais médiuns dispostos a oferecer seu corpo físico a esse mister, certamente teríamos nosso trabalho mais facilitado como o dessa hora e, o mais importante, obteríamos resultados promissores, como o que aqui constatamos. Dia virá em que os médiuns espíritas reconhecerão o corpo físico como a usina mais poderosa de energia à disposição do ser humano para uso no bem".

Já se passavam 50 minutos de minuciosas ações no perispírito de Matias. Orava contrita pela iniciativa, quando um chamado inesperado convocou Clarisse aos portais de saída do Hospital Esperança.

Convidada a ir junto, não pestanejei. Deixei a vidraça, pedindo a Deus que abençoasse Matias em sua recuperação.

Chegando aos portais, Clarisse foi esclarecida por Cornelius:

— Recebemos um pedido de urgência dos abismos. Eurípedes está ferido e houve uma reação bem organizada dos ciclopes nos paredões de penitência no Vale do Poder.

— Vamos partir imediatamente! – afirmou Clarisse. — Dona Modesta nos acompanhará.

Sem se opor à minha presença, partimos em direção às furnas do mal. Clarisse, eu, Cornelius e mais um grupo de defesa do Hospital Esperança.

Chegando ao local, presenciei algo inusitado. O ciclope da mitologia grega não era pura imaginação. Indaguei de imediato:

— Quem são os ciclopes, Clarisse?

— Espíritos rudes a serviço do mal. Estamos na região subcrostal chamada *Pântano das Escórias,* subúrbio enfermiço do Vale do Poder. Aqui são feitos prisioneiros os servidores da maldade organizada que não obtiveram êxito em seus planos nefandos. Castigos e torturas de todo o porte são levados a efeito nestas regiões.

— Por que viemos aqui?

— Venha! Vamos encontrar nossa equipe.

Logo adiante estava Eurípedes com uma equipe de 20 a 30 defensores. Tinha o braço ferido. Quem imagina os espíritos isentos dessa contingência, não concebe com exatidão os mecanismos fisiológicos e anatômicos do corpo espiritual, sujeito, nas proximidades vibratórias da Terra, às mesmas injunções de saúde e doença, dor e prazer. Um corte de dez centímetros na altura do ombro do benfeitor era cuidado com carinho por uma diligente enfermeira da equipe. A diferença ficava por conta do domínio mental. Enquanto era tratado, conversava atentamente com os presentes sem demonstrar nenhum de sofrimento. Os ciclopes o feriram com seus chicotes impiedosos.

Tive ensejo, ali mesmo, de manifestar meu carinho ao amigo querido. Embora minha surpresa, o tempo e a experiência foram me mostrando que tudo era possível ocorrer em tais tarefas socorristas. Incêndios, tiroteios, ciladas, guerras armadas e outras tantas manifestações de violência já conhecidas da humanidade. Não cheguei a ver os ciclopes naquela ocasião, mas só a onda de crueldade deixada no ambiente já me apavorava. Clarisse não regateava esclarecimentos a mim.

— Estamos no inferno de Dante, dona Modesta.

— Parece-me ser até pior do que ele descreveu.

— Sem dúvida.

— O que faremos agora?

— A tarefa por aqui já está cumprida. As entidades que necessitavam de socorro já foram levadas para onde prosseguirá o trabalho.

— Eram almas arrependidas?

— Não. Eram escravos da perversidade. Servidores inconscientes das sombras. Foram necessárias mais de quatro horas de intensas iniciativas para alcançar resultados no amparo. Ainda assim, veja o estado de nossos companheiros. Eurípedes ferido, os defensores exaustos e tudo isso apenas para que seis entidades pudessem ter acesso à manifestação mediúnica.

— Vão se comunicar a essa hora da noite? Que centro abriria suas portas? – expressei sabendo que já passava da meia-noite no relógio terreno.

— Os verdadeiros servidores cristãos só se utilizam do relógio com intuito disciplinar. Não condicionam o ato de servir aos ponteiros limitantes do tempo. Visitaremos o Centro Umbandista Pai Guiné, nos arredores de Uberaba.

— O *pai de santo* Ovídio?

— Ele mesmo.

Tive de confessar, em um primeiro momento, meu preconceito. Guardava respeito pelas demais religiões, entretanto, nunca havia refletido sobre quem seriam e onde estariam as cartas vivas do Cristo. Por uma tendência natural asilei o despeito. Ainda bem que foi algo muito passageiro em meu coração, porque as experiências fora e dentro da vida corporal, cada dia mais, apresentavam-me uma realidade distante das ilusões que adulamos sob o fascínio impiedoso do orgulho na sociedade terrena dos mortais.

Após as despedidas, a equipe de Eurípedes regressou ao hospital. O pedido de socorro foi uma medida preventiva. Apesar de feridos e exaustos, todos guardavam o clima da paz.

Por nossa vez, partimos para o Centro Pai Guiné. Era um ambiente agradável em ambos os planos. Ao som dos atabaques, eram cantados os pontos em ritmo vibratório de alta intensidade. Cada canto era como uma verdadeira queima de fogos de artifício. Uma bomba energética explodia no ar em multicores.

Em uma das várias dependências astrais da casa havia uma enfermaria com 80 leitos bem alinhados. Tudo nesse salão era limpeza e calmaria. Lá não se ouviam mais os cantos, e a conexão com o plano físico limitava-se ao trânsito de enfermeiros pelos vários portais interdimensionais. Regressamos ao ponto de intersecção vibratória com o plano físico.

Seis macas estavam dispostas no canzuá (terreiro). Em cada qual havia uma entidade de aspecto horripilante. Olhos que quase saíam das órbitas oculares, pele murcha, enrugada e suja, garras enormes no lugar das unhas, com dez centímetros, nas mãos e nos pés, todas retorcidas como as de águia. Magérrimos e nus. Causavam náuseas pelo odor. Olhavam para nós deixando claro que nos viam e, literalmente, grunhiam como porcos com a boca semiaberta. Alguns deles estavam muito inquietos nas macas. Retorciam-se como se estivessem com dor, sem manifestar nenhum som. Vários hematomas estavam expostos em todos eles, devido aos castigos impostos nos paredões de penitência.

— As garras são colocadas para impedir a fuga. Não andam nem têm grande habilidade manual – informou Clarisse, com manifesto sentimento de piedade.

— Como serão socorridos?

— Pela incorporação profunda ou vampirismo assistido.

— Nos médiuns umbandistas?

Mal terminei a pergunta e vi uma cena nada convencional. Um dos enfermeiros da casa pegou uma das entidades no colo e jogou-a no corpo do médium.

Demonstrando câimbras na panturrilha, o médium, imediatamente, absorveu mental e fisicamente o comunicante que se ajeitou no corpo do medianeiro como se deitasse em um colchão, buscando a melhor posição. Os atabaques aceleraram o ritmo, criando um frenesi de energia no ambiente. Formavam-se pequenos redemoinhos de cor violeta e prata, que se desfaziam e refaziam em vários cantos do terreiro. Modulavam conforme a nota musical dos pontos cantados.

O médium estrebuchou no chão. Convulsões e grunhidos seguidos de gritos de dor. Ovídio, o pai de santo aproximou-se e disse:

— Oxalá proteja seus caminhos, filho de Zambi (Deus).

— Eu sou filho do capeta. Quem és tu para falar comigo? – redarguiu a entidade, que agora falava com facilidade por intermédio do médium.

— Sou um tarefeiro da luz.

— Eu sou uma escória da sombra.

— Engano, criatura!

— Não vê minhas garras? Sabe o que é isso?

— Conheço essa técnica. São ferrolhos do mal.

— Vejo que estais acostumados ao mal.

— Vim desses vales da sombra e da morte – falava Ovídio com firmeza na voz.

— Mas andas e és livre. Estais no corpo, enquanto eu... Eu sou um verme roedor... Ou quem sabe uma águia que não voa... Nem sequer consigo andar graças a essa maldição que colocaram em meus pés... Nem comer mais... Veja minhas mãos... Eu tenho fome e sede.

— Em que te posso ser útil irmão? – indagou Ovídio debaixo de uma forte vibração.

— Quero bebida e comida. Quero que cortem minhas garras.

— *Laroyê! Laroyê*[27] – gritou Ovídio já incorporado por um de seus guias que entoava o canto: "Eu sou Marabô[28], rei da mandinga. Eu sou Marabô, exu de nosso Senhô. *Laroyê!*"

Uma energia colossal movimentou-se com a chegada do Exu Marabô. Os filhos de santo o saudavam com palmas rítmicas e pontos próprios da entidade. Muitos deles iam até Marabô, baixavam a cabeça em sinal de reverência à sua frente e batiam três palmas rítmicas na altura do abdômen do médium.

— Que tu quer, homem esfarrapado. Bebida pra mode se arrebentá mais?

— Não, senhor Marabô. Não é isso não.

— Não mente pra Marabô. Marabô sabe ler os ói (olhos). Nos ói tá a visão, mas tá também a verdade e a mentira.

— Eu não minto, senhor. Quero liberdade.

---

27 Saudação típica aos exus, espíritos que atuam como policiais ou guardiões no mundo espiritual.

28 Uma linha de exu.

— Pra fazer o que dá na cabeça? Home tu preso é um perigo, livre é um desastre.

— O que o senhor vai fazer por mim? Não pedi a ninguém pra sair daquela joça de lugar fedorento. Por que me trouxe aqui?

— Não fui eu quem trouxe *home*. O *véio* Bezerra da luz é teu protetor. Sirvo a ele na graça de Oxalá, Pai de poder e misericórdia.

— Que queres comigo?

— Está feliz na matéria do cavalo (médium)?

— Sei que não é minha. Quero uma só pra mim.

— Está gostando do contato?

— Só fartó bebida e comida.

— Olha suas garras.

— Não pode ser! O que aconteceu?

— O cavalo tá dissolvendo suas algemas.

— Pra sempre?

— Pra sempre!

— Quanto vai me custar?

— Nada. É serviço de Pai Oxalá. É de graça. Pedido do *véio* Bezerra de Menezes. Se voltar pro inferno, elas crescem de novo. Se subir com Bezerra da luz, vai ser cuidado no hospital da sabedoria, onde reina os filhos de Gandhi.

— Filhos de Gandhi? Por que se interessariam por escórias como nós? Veja lá nas macas os amigos estropiados – e apontou para a sala ao lado.

— Nada retira do ser humano a condição de Filho do Altíssimo.

Dita essa frase, o espírito comunicante silenciou, enquanto o Exu Marabô fazia alguns rituais em cima do corpo do médium. Instantaneamente, o médium teve convulsões. Quatro auxiliares no plano físico continham o médium a duras penas. Não sendo o suficiente, mais três se aproximaram. Olhando de cá, não se sabia mais quem era o médium e quem era o desencarnado.

Uma gosma saía pelas narinas e pela boca. Espasmos e taquicardia intensa eram aferidos por médicos atentos que monitoravam o médium e a entidade. O fenômeno era totalmente supervisionado. As unhas da mão e dos pés do comunicante sangravam. As garras foram arrancadas até a raiz. Dores intensas e muita confusão mental assinalavam seu estado geral. Sedativos potentes foram aplicados no corpo espiritual do médium, diluindo no corpo do assistido.

Repentinamente uma calmaria. Cessaram as convulsões. Na medida em que o médium recobrava os sentidos, a entidade os perdia. Ajudado por integrantes do Centro Umbandista, o médium levantou-se vagarosamente e foi colocado em um pequeno colchão para refazimento. Em nosso plano, padioleiros disciplinados repetiram o procedimento com todos os outros cinco doentes de uma só vez em cinco médiuns distintos que, ao mesmo tempo, receberam os demais prisioneiros dos vales sombrios.

Após os serviços de higiene e primeiros socorros, ainda na enfermaria do Centro Umbandista, Clarisse convidou-me para o primeiro contato com aquela criatura. Cornelius que se encontrava entre nós durante todo o trajeto, desde a saída do hospital, foi o responsável pelo diálogo.

— Como está meu filho? Agora já consegue falar como um humano, filho do Pai.

— Filho? – mesmo sedada a entidade dava mostras de inteligência. — Não sou seu filho. Sou um carrasco.

— Ainda assim, filho de Deus e nosso irmão.

— Que ladainha é essa? Quem é você?

— Sou Cornelius, não se lembra?

— O mergulhador do lago de enxofre?

— Isso mesmo.

— Então foi você quem nos tirou daquela lama fétida!

— Em nome de Jesus Cristo e doutor Bezerra.

— Agora veio cobrar o preço pelo trabalho que não paguei. Quanto o tal Bezerra quer?

— De jeito algum. Trabalhamos por amor.

— E quer que eu acredite nisso!

— Não! De você só quero uma coisa.

— Sabia que viria algo em troca. Nada nesse mundo é de graça!

— Quero que fique bem e restaure sua paz.

— Acredita mesmo que um dia vou conseguir isso? O Exu lá na matéria falou de um hospital. É a casa do Barsanulfo?

— Sim, é lá mesmo.

— Muitos amigos da lama querem se tratar lá. Não sabemos como chegar. Você, por acaso, vai me dar o endereço?

— Vamos te levar lá, apenas isso! Nosso intuito é te livrar dessa escravatura e, igualmente, àqueles que você, sem querer, prejudica.

— A quem prejudicamos?

— Em especial, nosso irmão H.

— Ah! Então é isso! A preocupação de vocês é com o doutor H., aquele magnata do Espiritismo!

— Com ele, mas com você também.

— Acha mesmo que os mandantes vão parar? A gente sai e eles arrumam novos capatazes. O doutor H. é um devedor. Fez parte das fileiras...

— Nosso irmão, como qualquer um de nós é um batalhador em busca de remição. A perseguição a ele infligida ocasionou consequências mentais e emocionais graves.

— Ele merece. É um orgulhoso de carteirinha. E, de mais a mais você sabe de onde ele veio.

— Qual de nós, meu filho, não tem histórias e dramas com o inferno?

— Creio que o melhor é aceitarmos que a Terra é do demônio. Assim todos serão felizes.

— Assim todos serão iludidos até se atolarem na maldade como meio de justiça.

— Pois é... E como ser diferente? Quem olha por quem, não é mesmo?! Tudo é interesse. Egoísmo.

— Nós estamos aqui olhando por você. Nosso interesse é você, seu bem-estar.

— E logo vão me apresentar uma farta conta, não é mesmo? Só de injeção devo ter tomado umas dez! Qual será o preço disso?

— Não queremos nada. O tempo e a sua recuperação serão as melhores respostas para sua ironia em nos intimidar. Por agora quero que descanse. Amanhã você já acordará no Hospital Esperança.

— Acha mesmo que mereço ir a esse paraíso?

— Lá não é um paraíso, meu filho. Ao contrário, é lugar de almas arrependidas. Um purgatório de culpas e dores intensas. Não fossem as expressões do amor que lá vigoram, seria algo muito similar ao lugar de onde você veio.

— Amor? E você ainda acredita nessa mentira? Amor é uma velha estratégia de poder. Diga-se de passagem, cada dia mais fraca e sem alcance. O tal Eurípedes e Jesus podem desistir desse método de convencimento. A Terra está perdida!

A entidade ainda fez uma fisionomia de deboche, mas não conseguiu reagir aos sedativos. Adormeceu. Ouviam-se ainda os cantos no Centro Umbandista. Desta vez dirigidos a Oxumaré e Oxalá para acalmar o ambiente. Passavam de duas horas da madrugada. Impressionou-me o vigor dos médiuns umbandistas. Ao voltar para seus lares, brincavam como crianças sem nenhuma menção ao labor ora realizado. Desprendidos da doação e com extremo bom humor.

Ovídio e sua esposa levavam em seu automóvel as senhoras mais idosas. Os mais jovens seguiam a pé pelos matagais em direção às zonas rurais de Uberaba. Todos assistidos por nobres entidades do amor e do bem em nome de Bezerra de Menezes. Heróis anônimos de um tempo de coragem e pura espontaneidade. Por nossa vez, seguíamos para o hospital, pois a atividade ainda era intensa. Já se aproximando a manhã, foi a própria Clarisse que me procurou e disse:

— Imagino que esteja curiosa sobre muitas das ocorrências dessa noite, dona Modesta.

— Clarisse, sinto-me como se estivesse em um país distante e, ao mesmo tempo, tão próximo. Não sei o idioma, não conheço ninguém, enfim, estou mentalmente sem referência, embora tudo me seja muito familiar.

— É assim mesmo! Quando nos está reservada uma missão, inicialmente, ficamos atordoados e inquietos sem entender claramente os motivos. Tudo o que a senhora tem presenciado será o alicerce de uma grande tarefa, que reunirá velhos compromissos da caminhada.

— Ciclopes, escórias, lago de enxofre, irmão H., feridas em Eurípedes, a maldade calculada...

— São muitas novidades, não é, dona Modesta?

— Parece-me outro mundo, mas ao mesmo tempo a sensação é a mesma que sinto quando no corpo físico. Por várias vezes manifestei tais impressões ao meu marido e familiares. Concluí que somente eu as sinto. Isso é a mediunidade, Clarisse?

— Sem dúvida. Somente com essa faculdade da alma ampliada somos capazes de registrar a realidade da psicosfera que cerca a humanidade, mesmo estando na armadura do corpo físico. De fato, o ambiente espiritual da Terra avança para lamentáveis e decisivos episódios que determinarão mudanças inadiáveis no planeta. O joio, mais que nunca, surgirá nas saudáveis plantações de trigo, confundindo os incautos, desafiando os inteligentes e convocando os que amam aos mais duros testemunhos em favor do futuro regenerativo da humanidade. Esse é o motivo de trabalharmos com desvelo por tais carentes da alma.

— Pensei, ao conhecer o Espiritismo, que teria sossego; que a tormenta mental viesse a cessar por completo.

— Dona Modesta, nas linhas de serviço do Cristo é justo que o trabalhador devotado colha o fruto íntimo do sossego interior, em face dos esforços de ascensão moral. Todavia, nossa condição espiritual é muito grave para sonhar com facilidades e conforto. Em nosso ciclo de lutas evolutivas, raramente escapamos de interpretar sossego como satisfação pessoal garantida, interesse particularista. Quem segue Jesus deve ter como lema fundamental o ato de servir e aprender, educar e trabalhar. Quem foge desse movimento divino de ascensão, carregando na alma tão severos compromissos conscienciais, como nós, certamente se renderá ao fascínio da obsessão, confundindo felicidade com facilidade.

— Preciso me acostumar a esse conceito.

— Ele está em sua alma. É uma questão de tempo para que a crisálida se rompa e permita o voejar das nobres conquistas de seu coração. Sugiro que, antes de regressar ao corpo, a senhora desonere a mente das perguntas que a torturam.

— Farei algumas para aliviar minha inquietação. Elas são muitas. Os ciclopes e aquele lugar infeliz são obras dos dragões?

— Existe amor nos pântanos, dona Modesta. Muitas são as Moradas do Pai. Ali se encontram os diamantes no lodo. Quaisquer denominações que usemos para classificá-los não passam de mera contingência didática. São filhos do mesmo Pai que tutela nossa caminhada ao progresso.

O Sol não escolhe onde refletir seus raios luminosos. Abençoa a terra, mas igualmente irradia sobre os lamaçais nos abismos. Existe amor nos abismos. Os locais visitados esta noite são criações suburbanas da Cidade do Poder. O Vale do Poder é um resíduo social, um efeito inevitável de uma estrutura comunitária rebelde às leis divinas. É a estrada marginal aos principais acontecimentos históricos nessas localidades em milhares de anos.

Os ciclopes e todos os componentes dessa organização são metamorfoses mentais a que se submetem quantos se rendem às sugestões do mal. Tudo que surge nesses pátios tem algo a ver com os dragões. São eles, por assim dizer, os gestores dessas ilusões de poder e domínio. Os ciclopes são muito violentos.

— E se tem a ver com eles, tem algo com a doutrina!

— Exatamente.

— Por isso a perseguição ao doutor H., nosso irmão no Rio de Janeiro?

— Sim, dona Modesta.

— Nutro por ele elevado reconhecimento pelos serviços que desenvolve. Temos nos correspondido ocasionalmente.

8.
O TRANSPORTE DA ÁRVORE EVANGÉLICA E O MOVIMENTO DE UNIFICAÇÃO

"Pensas que Deus recusa meios de salvação aos culpados? Ao contrário, multiplica-os no caminho que eles percorrem; põe-nos nas mãos deles. Cabe-lhes aproveitá-los. Judas, o traidor, não fez milagres e não curou doentes como apóstolo? Deus permitiu que ele tivesse esse dom, para mais odiosa tornar aos seus próprios olhos a traição que praticou."

O livro dos médiuns. Capítulo 20, item 226, pergunta 2.

— Sobre os ombros de nosso irmão assenta-se uma das mais duras missões do Espiritismo cristão. Ele será o tutor e incentivador do livro mediúnico na comunidade espírita.

— E os adversários do bem já sabem disso?

— Sabem! A maior tormenta das organizações da maldade, desde o desencarne de Allan Kardec, era saber se ele retornaria como havia prometido. Depois de um tempo, correu a notícia de sua reencarnação. O desespero tomou conta das camadas mais organizadas da maldade nas furnas. Procuram por ele até hoje como se fosse um bandido perigoso.

Há até recompensa por sua captura. Concentraram esforços na França. O Mais Alto, porém, não dispensa a prudência e tomou as medidas apropriadas.

— Ele retornou?

— Sim.

— Meu Deus! É...

— Nem pronuncie o nome, dona Modesta! Nosso irmão H. reúne, no momento, todas as condições para ser o consolidador de um dos pilares da continuidade da obra do codificador, que desdobrará os ensinos trazidos pelo Espírito Verdade com foco na ética e na moral, mais que na ciência.

— Essa é a razão da assistência dessa noite?

— Se fosse só isso, seria uma bênção. Nosso irmão é credor de amparo incondicional ante seus graves desafios espirituais e comunitários. Infelizmente, como qualquer um de nós, a despeito de seus valores e visão ampliada, sintonizou com projetos de domínio insuflados pelos dragões, fazendo uso dos mecanismos explicados na palestra de Isabel de Aragão e Cornelius.

— A elitização!

— A formação de castas institucionais. Irmão H. integra uma organização que tem honrosamente alicerçado valores pelo bem da causa espírita. Organização que é composta de homens comuns, e não missionários da virtude. O ideal unificador é uma chama acesa no coração de nosso irmão. Mas, como outrora, em nome da paz e do amor, elegemos a guerra e o ódio. Pela conquista do bem, convencionou-se exterminar ou excluir os maus. A Lei Divina, porém, é de inclusão, resgate da dignidade e fraternidade.

Cercado por mentes autoritárias que lhe são vínculos de outros tempos no Catolicismo, almas escravizadas pelas hostes dos dragões, ele vem cedendo a ímpetos de hegemonia sem precedentes na história do Espiritismo. Começam a surgir, ainda que embrionariamente, planos estruturais para unificação que refletem velhas tendências de centralização em nome da unidade doutrinária. Inicia-se, nesta década de 30, uma noção confusa e perigosa de união pela uniformização de visão e pareceres. Uma lembrança sutil da organização católica que incendiou corpos vivos em nome da verdade. Percebe-se claramente, nos dias atuais, a impossibilidade de gerir mentes com a mesma destreza dos tempos da Idade Média. Ainda assim, processa-se, lamentavelmente, entre irmãos idealistas da unificação, a possibilidade de que a instituição organizada possa ser a guardiã dos princípios espíritas, a zeladora com mandato divino para administrar a obra de Allan Kardec.

— E isso é verdadeiro ou não existe esse mandato? Não seria bom para o Espiritismo que alguém zelasse por seus princípios?

— Claro que sim, dona Modesta. A doutrina não depende dos homens para sua existência, mas carece do apoio humano para sua expansão. Nesse foco, o trabalho organizativo será imprescindível, constituindo mesmo uma missão historicamente conferida ao movimento unificador.

— Então por que houve essa sintonia de irmão H. com planos de domínio?

— O fato de alguém ou alguma instituição estar encarregado de missão não confere superioridade ou direitos, mas sim deveres e desafios. O ponto de sintonia é o orgulho humano. Por meio dele mantemos nossos vínculos com a retaguarda. Nem mesmo Jesus, em Sua missão incomparável, viu-se livre da ação planejada dos emissários do mal. Esteve no deserto, frente a frente, por quarenta dias e noites, com Lúcifer, o gênio criador do mal na Terra, e foi atacado durante todo o Seu roteiro messiânico.

— A questão da Casa de Israel?!

— Lembra-se do que disse Isabel de Aragão em sua explanação?

— É a classe mais orgulhosa! Irmão H. então...

— Irmão H., assim como todos nós, amantes das ideias espíritas, reúne largas possibilidades morais, ao mesmo tempo que tem vasto histórico na composição do tronco judaico-cristão. Líder consagrado do povo judeu por várias reencarnações, exterminou milhares de vidas e, mais tarde, como político romano, após a vinda do Cristo, retomou a mesma ação. Foi também um líder renomado no século XIV. Membro integrante da exegese. Excursionou pelas veredas sombrias da ortodoxia e do radicalismo religioso. Um dos principais responsáveis pela articulação política e religiosa que culminou com a morte de Jan Huss[29].

---

29 Nasceu em Husinec, Boémia do Sul, 1369 e desencarnou em Constança, 06 de Julho de 1415, foi um pensador e reformador religioso. Ele iniciou um movimento religioso baseado nas ideias de John Wycliffe. Os seu seguidores ficaram conhecidos como os Hussitas. A igreja católica não perdoou tais rebeliões e ele foi excomungado em 1410. Condenado pelo Concílio de Constança, foi queimado vivo. Fonte: Wikipédia / internet.

— Estou com uma sensação tão desagradável com tal notícia! Não sei como definir meus sentimentos. Talvez porque não imaginasse essa condição espiritual na pessoa ilustre de irmão H. Enfim, sinto-me um pouco confusa, Clarisse!

— É natural que se sinta assim. Viciamos nossas relações no corpo físico nos costumes sociais do verniz e da aparência. Em nossos ambientes doutrinários inicia-se uma contaminação da ostentação. Todavia, nossos laços reais com a vida e suas leis são determinados pelo que se opera na vida mental de cada um de nós. Irmão H. tem intenções muito sinceras em relação ao Espiritismo. É um homem devotado e nutre as mais legítimas aspirações no bem. Todo esse cabedal moral não é o bastante para suprimir de sua intimidade os velhos impulsos de superioridade e destaque pessoal. Raríssimos são aqueles, entre nós, iluminados pelo conhecimento espírita, que já conseguem ter consciência do complexo e sutil mecanismo de ação da vaidade nos sentimentos.

A vida na carne tem também essa função: amenizar o teor vibratório do pretérito. Entretanto, quando a ilusão avassala com ritmos encantadores de grandeza e virtude, a clava da justiça aciona defesas de urgência contra novas quedas na tentação. Algumas criaturas, quando prontas, nesse momento, fazem contato com a sombra das suas próprias falências no intuito de dimensionar as expressões de necessidade e compromisso.

— As entidades socorridas no Centro Umbandista estavam ligadas a ele?

— Estavam, sim. É uma tática da maldade organizada.

— Se é um homem tão bom como pôde haver essa sintonia?

— Pelo motivo exposto.

— Desejo de supremacia?

— Nosso irmão vem sendo cercado por sugestões maliciosas de ambos os planos, carnal e espiritual. De cá são os opositores declarados da doutrina e no plano físico são seus pares na tarefa da unificação que alojam sonhos de grandeza com inúmeros planos de organização do movimento e coordenação do Espiritismo. Há mesmo quem queira convencê-lo de que são predestinados a ser os "chefes do Espiritismo".

— Desculpe-me por falar assim, Clarisse, mas estou com muita dificuldade de acreditar. Talvez seja falta de informação de minha parte, pois me concentro no trabalho do sanatório e sei muito pouco sobre as intrigas do movimento espírita.

— Somente nós, que temos acesso ao cotidiano de nossos irmãos, podemos testemunhar quais são os projetos e sonhos que acalentam. Entre eles, quando há vontade para expor ideias e sentimentos, presenciamos manifestações claras que não deixam dúvidas sobre o que pretendem. Eles arquitetam planos muito corajosos para o bem da doutrina, que carregam uma falha capital.

— Falha capital?!

— Lamentável e velha falha moral! De fato, nossos irmãos amam o Espiritismo e o defenderão ardentemente. Pagarão um preço oneroso que custará a essência da própria doutrina.

— E onde está a falha?

— Pagarão um preço oneroso que custará a essência da própria doutrina.

— Não entendi.

— Com o pretexto de amar o Espiritismo, e para defendê-lo, agirão com desamor ao próximo que é o objetivo central da proposta ética da doutrina. O amor ao próximo continuará sendo um artigo religioso de fachada. Como nas velhas experiências, dizendo amar o Evangelho e ao Cristo, e para zelar pela pureza dos princípios evangélicos, haverá o desamor aos que não se alinharem ao padrão, àquilo que for formalizado como sendo ou não aceitável como espírita. Essa é uma noção ameaçadora para o bem da causa no futuro, caso venha a se consolidar.

— Meu Deus! Uma repetição de velhos erros! Mas você acredita que ainda haverá mortes, assassinatos, fogueiras em pleno século XX, com tanto progresso em desenvolvimento?

— Talvez essa seja a única diferença. O direito penal e a cultura do ocidente, sob influência da política e da religião organizada, mudaram definitivamente o panorama. Os excessos da Idade Média serviram para ponderar os limites. Certamente não teremos fogueiras, assassinatos e outras medidas que possam determinar pela lei social alguma sanção, que ponha em risco a vida humana.

Poderá desenvolver-se um fenômeno mais sutil nos bastidores dos grupos institucionais. Teremos uma nova Inquisição com lances de requinte nas relações. Tempo de doutrina, cargos e, sobretudo, cultura doutrinária poderão ser os novos ingredientes com os quais muitos corações sinceros, porém ingênuos, venham a semear joio na seara, acreditando realizar uma cultura sadia de trigo para o bem do ideal.

As ilusões, nesse sentido, avizinham-se da federação que, mesmo investida de honrosa missão, é composta de homens falíveis em busca de sua própria salvação consciencial.

Nossos irmãos envolvidos em tal acontecimento, junto ao irmão H., com raríssimas exceções, são integrantes do *transporte da árvore evangélica*. Carregam graves compromissos com a religião. São os prisioneiros libertados do Vale do Poder e que regressam com novas oportunidades de recomeço.

— Então, aquelas entidades ajudadas são seus vínculos?

— São seus pares de outro tempo e que foram retirados da mesma prisão pelos comandantes da perversidade que administram tais pátios de dor.

— Com o intuito...

— De fazer força de atração para trás. São velhos correligionários da Igreja.

— Colocados ao seu lado, reativam o passado, seria isso?

— Imantados a irmão H., reavivam lembranças e abrem a porta do coração e da inteligência para as sugestões que anseiam relativamente aos planos de domínio.

— E por que vocês não interferem nisso, impedindo essa ligação, por exemplo?!

— Não foi o que fizemos agora no Centro Umbandista?

— Formularei melhor minha pergunta: por que não impediram que se ligassem a irmão H.? Ele não tem uma missão? Não deveria estar protegido desse assédio? Não representa a mais importante organização do Espiritismo no país?

— Não, dona Modesta! Não é assim que funciona a Lei Divina que estabelece colher daquilo que plantamos. Nosso irmão H. tem milhares de vínculos tombados e escravizados no Vale do Poder, de onde saiu graças ao movimento de socorro e amparo às consciências tombadas diante da mensagem do Evangelho. A missão a ele confiada não o isenta dos desalinhos outrora cometidos. Aquelas seis entidades são apenas algumas de um grupo enorme de almas feridas e gravemente lesadas, sob iniciativas dele. É justo que o passado retorne em forma de oportunidade de amparo e libertação.

— Quer dizer que os comandantes das regiões inferiores usam essa medida aproveitando-se da própria Lei Divina, que suponho conhecerem.

— E conhecem muito bem! Apenas não a abrigam em seu íntimo.

— Isso explica, para mim, uma questão pessoal.

— Qual, dona Modesta?

— A minha história parece não ser diferente. Estou fazendo o bem no sanatório e, apesar disso, a cada dia mais as provas se apertam, os ataques são mais ferrenhos. Veja o próprio Matias e seu bando, quantos problemas causaram ao nosso trabalho durante anos!

— Essa é a lei, minha irmã! Quanto mais luz se faz, mais temos o que oferecer. Portanto, nada mais justo, enquanto trabalhamos por nosso erguimento, fazer algo igualmente por aqueles que despencaram no abismo da falência por conta de nossas atitudes inconsequentes no roteiro das reencarnações.

— Poderia me responder ainda a algumas questões sobre o *transporte da árvore evangélica*?

— Seja breve, minha irmã. São cinco horas no relógio terreno e novas atividades a aguardam.

— Somente no Espiritismo renasceram esses espíritos ligados ao tronco judaico-cristão?

— O transporte dos espíritos compromissados com o Evangelho se deu em várias seitas inspiradas no Evangelho de Jesus. Daí a figura da árvore com vários galhos, uma fronde de diversidade. Na comunidade espírita reencarnaram o grupo dos espíritos mais rebeldes, conquistadores e afeiçoados às noções da vida imortal.

— Como se deu o planejamento do Espírito Verdade para esse *transporte da árvore evangélica* para o Brasil? E como inserir o Hospital Esperança nesse contexto?

— O hospital surge exatamente nesse segundo período de 70 anos, no qual se opera o maior grupo do transporte. Com o serviço socorrista das primeiras reuniões mediúnicas no Brasil ergueram-se tendas luminosas que se fizeram enfermarias de urgência extremamente úteis ao labor.

Quando Jesus tomou medidas para mudar o curso dos acontecimentos na Terra, em pleno século XV, depositou sobre o solo virgem do Brasil, ainda não descoberto a esse tempo, a missão de educar espiritualmente os povos.

O *transporte da árvore evangélica* é o amplexo da misericórdia divina que chama ao trabalho todos aqueles que dele dependem para seu próprio soerguimento consciencial.

São 500 anos de preparo. Medidas tomadas pelo próprio Cristo visando aos tempos de regeneração da humanidade.

Poder-se-ia indagar: por que o Mais Alto não chamou espíritos de larga envergadura moral para essa tarefa?

Vamos recorrer às anotações inspiradas de Allan Kardec, que dizem:

"Todas as faculdades são favores pelos quais deve a criatura render graças a Deus, pois que homens há privados delas. Poderias igualmente perguntar por que concede Deus vista magnífica a malfeitores, destreza a gatunos, eloquência aos que dela se servem para dizer coisas nocivas. O mesmo se dá com a mediunidade. Se há pessoas indignas que a possuem, é que disso precisam mais do que as outras, para se melhorarem. Pensas que Deus recusa meios de salvação aos culpados? Ao contrário, multiplica-os no caminho que eles percorrem; põe-nos nas mãos deles. Cabe-lhes aproveitá-los. Judas, o traidor, não fez milagres e não curou doentes como apóstolo? Deus permitiu que ele tivesse esse dom, para mais odiosa tornar aos seus próprios olhos a traição que praticou"[30].

Se o mal se organiza pela força dirigida para a violência, o bem reúne igualmente poder para agir em favor de sua pro-

---

30 *O livro dos médiuns*, capítulo 20, item 226, pergunta 2.

liferação. Quanto mais a consciência humana está tombada sob os escombros da culpa e do erro, mais tem de haver misericórdia para que o Espírito encontre dentro de si mesmo uma réstia de energia para descobrir seu destino sublime.

A misericórdia é a expressão excelsa do Amor Paternal de Deus. Sem ela, como avançar? Para almas adoecidas como nós, que fizemos e fazemos parte dessa história evolutiva do planeta na condição dos "anjos decaídos", foi que os Espíritos Superiores, sob a tutela de João Evangelista, o discípulo do amor cristão, e Agostinho de Hipona, avalizaram o Hospital Esperança. Para tanto, convocaram Eurípedes Barsanulfo ao mister de fundá-lo e conduzi-lo na missão a que se consagra.

Enquanto corações devotados ao ideal unificador aplainam caminhos em favor da doutrina, o Hospital Esperança tem por missão reconhecer-lhes a extensão das necessidades que carregam e fazer todo o bem possível para que não se desviem de seus desafios de remição consciencial.

— Clarisse, que chances têm nossos irmãos do ideal unificador?

— As mesmas de todos nós. A senhora também teve sua história, dona Modesta, e optou pelo amor ao semelhante.

— Talvez eu não tenha em projeto reencarnatório essa árdua tarefa de trabalhar pela unificação...

— Esse compromisso, dona Modesta, não é fruto de planejamentos particulares. É compromisso de todos nós. O que difere na missão de nossos irmãos é que eles carregam larga habilidade na arte de dirigir. Possuem dilatada visão de conjunto e farta resistência a críticas e pressões. Entretanto, falta-lhes desenvolver o elo sustentador do afeto humano, a criação de relações autênticas, distantes do verniz e da hipocrisia. Nisso serão exaustivamente testados. Fique claro: essa tarefa lhes foi permitida, e não delegada. Permitida porque a experiência que apresentam nos assuntos institucionais espontaneamente os atrairia. Suas fichas reencarnatórias previdentes e direcionadas para a educação foram analisadas com critério. Considerando a afeição por esse gênero de atividade, receberam, antes do regresso ao corpo, noções acerca da importância do aprendizado para si mesmos. Foram alertados sobre os percalços e a escala de labores a cumprir.

— Se unificar é compromisso de todos, não consigo entender, por mim mesma, o que posso fazer para somar nesse ideal.

— Acaso acredita que a chegada de Matias à sua vida é apenas um acontecimento fortuito e passageiro? Lembra-se do que destacou o senhor Eurípedes na mensagem endereçada ao sanatório?

— Recordo-me palavra por palavra. Ele disse: "A chegada de Matias a essa casa é o início de um trabalho que vai durar pelo menos dois séculos de intenso labor pelo bem."

— Pois então, dona Modesta?! Começamos uma fase de serviço e aprendizado que durará séculos, com certeza. Nossos laços e o de muitos outros que se preparam para o regresso ao corpo físico se intensificarão, promovendo alicerces para tarefas indispensáveis a esse segundo período de 70 anos do Espiritismo.

— Posso ser um pouco mais curiosa?

— Seja!

— Não seria óbvio pensar que a missão conferida ao Brasil seria mais justa se fosse delegada à França?

— Por que a França?

— Afinal, foi onde surgiu o Espiritismo!

— Semelhante tarefa já havia sido outorgada ao Brasil nos tempos de sua descoberta. A Europa, ao contrário, foi o solo onde se derramou o sangue das tragédias seculares, arquivando carmas históricos pesarosos. Digamos que a França foi apenas uma incubadora cultural para o Espiritismo. Caso a semente permanecesse por lá, seria um terreno inóspito para seu crescimento.

O transporte da árvore moldou um fenômeno social que serviu de argamassa para as atuais feições da Doutrina Espírita. Mesmo em se tratando de princípios universais, o Espiritismo, sob a ótica das práticas, sem dúvida, irá obedecer aos fatores culturais e espirituais de seus povos.

— Portanto, seria demais afirmar que o Movimento Espírita Brasileiro é uma síntese histórica da trajetória espiritual de bilhões de almas ligadas ao Cristo, em estado consciencial de falência?

— Ao fim do século, teremos alguns milhões de espíritas no Brasil. Almas que amam a Jesus de longa data, desde tempos imemoriais no bailado cósmico dos mundos, que se solidarizam em busca da perfeição.

— Milhões de espíritas? Chegaremos a tanto?

— Inevitavelmente, dona Modesta.

— O Espiritismo será a religião do futuro?

— Não. Será o futuro das religiões, como batizou Léon Denis. O renascimento em massa iniciou-se tão logo o Espiritismo deu seus primeiros acenos de força social em 1861, com o auto de fé em Barcelona. Queimar 300 obras espíritas em praça pública foi excelente mídia para a doutrina.

Já em pleno iniciar do século XX, o transporte da árvore atingiu patamares jamais alcançados. A Primeira Guerra trouxe a destruição. Destruição, na ótica evolutiva, é transformação. O deslocamento de milhões de criaturas só foi possível nas primeiras três décadas, de 1900 a 1930, em razão da força magnética provocada com os movimentos lamentáveis da devastação.

Fazendo uma projeção, ao fim desse segundo período de 70 anos, tais corações atingirão a faixa física dos 70 a 90 anos. O lastro de experiência desses grupos, oprimidos por severas culpas conscienciais, indiscutivelmente estará refletido na organização da seara.

— Sucumbirão ao formalismo?

— O formalismo, a elitização, a supervalorização do institucional, dona Modesta, são apenas reflexos de uma tragédia que se consuma no íntimo de cada um de nós.

— Tragédia?

— A ausência do amor fraternal. Raríssimos de nós têm se saído bem nesse aprendizado na escola da religião. Confirmando as referidas projeções, teremos expoentes do

Espiritismo que serão reverenciados por suas habilidades seculares em impressionar, causar alarde intelectual ou fenômenos mediúnicos. Alguns, evidentemente, estarão em tais condições por mérito no desenvolvimento de valores reais na estrada do trabalho e do amor. Serão raros, porém.

Oradores, médiuns e vultos serão erigidos à condição de modelos. Poderá chegar-se ao ponto de tomá-los como referências consagradas, inquestionáveis, ainda que não estejam em plena identidade com as propostas Daquele que, genuinamente, aceitamos como Modelo e Guia, Jesus.

— Meus Deus! Clarisse, como tenho dificuldade em acreditar nisso! Será mesmo?! Perdoe-me a dúvida, é que... Vejo a seara de outra forma.

— Não há o que perdoar, dona Modesta. Em sua abençoada reencarnação, o contato ainda que estreito com a comunidade espírita já consolidou conceitos estereotipados em sua mente. Bastam alguns meses nas fileiras do Espiritismo para que isso aconteça. A ilusão já se generaliza nessa década, imagine como será ao findar desse século. Não poderia ser diferente, ela se encontra dentro de nós. Apenas a projetamos nos atos sociais uns perante os outros e criamos, assim, os ambientes que a sustentam e fortalecem. Hoje a visão predominante é a de que ser espírita é ser um eleito da divindade para renovar as religiões do planeta.

— De fato, até mesmo perante a mim mesma sinto-me um tanto incomodada ante seus esclarecimentos.

— É natural que seja dessa forma. Não estranhe.

— Nosso orgulho destruirá novamente a obra do Cristo?

— Creio que não, dona Modesta. Dessa vez não! Medidas preventivas foram e são tomadas a todo instante. O joio surgirá ao lado do trigo.

— Será difícil saber quem é joio e quem é trigo.

— Esse é um trabalho pessoal, individual. Se a seara tivesse somente o trigo, por qual razão Deus teria criado uma sementeira tão rica e promissora em um planeta de carências? Se a seara tivesse somente joio, já estaria por si mesma destruída em seus objetivos divinos.

A cada um segundo suas obras, como assevera o Apocalipse, capítulo 22, versículo 12.

Quem respirar elitismo pagará um ônus por demais severo.

Pesará sobre o psiquismo desses espíritas reencarnados uma cruz: a teia vibratória do tronco judaico-cristão, que estará, a rigor, farejando psiquicamente em cada seguidor da doutrina as aspirações íntimas que carregam em forma de angústia. Convém-no, porém, frisar que o mais importante nessa análise daqui para o mundo físico não é esse caráter histórico, e sim a condição íntima desse grupo.

— Qual condição?

— Somos todos espíritos arrependidos. Já não desejamos o mal. Ainda assim, não sabemos como construir todo o bem que gostaríamos de colocar em prática em nossa vida. Isso já é um grande avanço em nossa caminhada de tropeços e quedas. Todavia, é também um traço psíquico de enfermidade moral e tristeza. Não somos mais quem éramos, entretanto, ainda não conseguimos ser quem gostaríamos. Vivemos um momento de "ausência de identidade psicológica". Por essa razão, uma avalanche de correntes mentais similares será atraída para todo aquele que ocupar a roupagem de carne na condição de espírita com legítimas aspirações de melhora espiritual. Estar reencarnado neste século na condição de depositários da luz do Espiritismo-cristão significa transportar em si mesmo uma responsabilidade dilatada, referentemente aos destinos dos tempos novos da humanidade terrena.

O corpo físico se impregna de substâncias rarefeitas produzidas pelo estado mental do espírito, criando o campo áurico que pode ser chamado de "identidade vibratória". O arrependimento, se por uma análise é a manifestação psicológica da alma em busca de novos caminhos, por outro ângulo é também o estado psíquico de atração colocando a mente em sintonia com todo o conjunto de vivências enfermiças típicas de quem busca o resgate de si mesmo.

Somente com base no arrependimento foi possível esse transporte coletivo de almas que tenham afinidades com o Evangelho do Cristo. O que mais apresentamos para o serviço divino senão o arrependimento sincero? Somente a ilusão pode nos enfeitiçar com as cantigas de grandeza espiritual. Se assim nos virmos, conseguiremos noções muito justas e motivadoras para a caminhada. Encontraremos nessa percepção condições para superar as mentiras do autoengano acerca de valores e virtudes que ainda não desenvolvemos.

Quem amar mais o Espiritismo que o seu próximo se enredará nas sutilezas das armadilhas emocionais das relações humanas. Equivocados com suas supostas missões, muitos corações serão difusores devotados dos ensinos, campeões da caridade social, estetas da palavra, mas quase sempre arrogantes na convivência. A pretexto de suas encantadoras tarefas pela causa, podem se descuidar por meio da ação fascinadora de velhos processos afetivos, sob orientação do egoísmo, tais como: a indiferença para com os diferentes, a calúnia polida contra os esforços alheios, a inveja atordoante quando sentirem ameaça aos seus cargos e títulos, o apego a obras e realizações e, ainda, a intolerância para com as necessidades morais coletivas. Esse cenário emotivo é capaz de lançar qualquer pessoa, mais cedo ou mais tarde, aos vales sombrios da desmotivação, da frustração, da ansiedade, do desgosto, do abandono e da mágoa. E, para depois da morte física, ainda poderá expiar a angústia, a aflição e o arrependimento tardio.

A união será um anúncio do movimento espírita que será cantado e repetido, todavia, sentiremos quão grave desafio nos espera nesse sentido.

Em princípio, essa união será chamada unificação. Posteriormente, quando os homens espíritas descobrirem que essa é uma expressão por demais desgastada em seus significados, será eleita como meta de nossa vida a fraternidade. E fraternidade é força ativa, promocional que se consolida no relacionamento. Ninguém é fraterno somente por sentir. Fraternidade é atitude.

As pessoas fraternas deixam espraiar de seus olhos a cordialidade sincera, o acolhimento. As pessoas fraternas envolvem sem desejo de convencimento. A fraternidade extermina o medo ameaçador da perda, porque nos faz perceber que somente tem o que perder quem se julga dono ou proprietário de algo. Somente sob o jugo da prepotência, podemos acreditar que o contato fraterno com as diferenças e com os diferentes pode ter um sentido de conivência e omissão com os ideais que esposamos. Todos temos o direito de escolher nossa forma de pensar e agir na seara do Cristo, mas a nenhum de nós cabe o direito, e muito menos o dever, de excluir, denegrir e diminuir no intuito de defender a doutrina.

Ainda assim, esteja certa, dona Modesta, dias sombrios aguardam a seara espírita nesse terreno. O Espiritismo será um espelho no qual teremos que nos mirar e reconhecer a extensão de nossa pobreza afetiva.

— Mas, Clarisse, haverá tanto rigor assim? E o trabalho pela causa? Surtirá efeito nessa conjuntura?

— Qual é a nossa causa, dona Modesta?

— O Evangelho.

— O Evangelho ou o que propõe o Evangelho?

— Nossa causa é o amor. Você tem razão!

— Se essa é a causa, tudo mais à sua volta não passarão de caminhos, atalhos ou, quem sabe, desvios. Ainda assim, mesmo com atalhos e desvios chegaremos à meta um dia.

— Não haverá nenhuma melhora mesmo fazendo esse percurso?

— Haverá muita rigidez nesses próximos 70 anos. Depois, os expoentes da inflexibilidade envelhecerão e, novamente, tomarão contato fiel com o estado íntimo que os animou no iniciar da caminhada: o arrependimento.

— Já velhos, se arrependerão?

— Alguns sim, mas outros se manterão na crisálida do orgulho, nutrindo as mais sinceras intenções de amar e ser úteis, mesmo repetindo uma das mais falidas lições da história religiosa da Terra: o desamor ao próximo.

— Nisso reside o problema.

— Nisso reside o desafio. A vivência da discriminação, do preconceito e de todas as doentias emoções do separatismo que patrocinam a desarmonia é esperada em face do contingente de compromissos espirituais que mancharam nossa trajetória nas vidas sucessivas. Junto a isso, nenhum de nós poderá se queixar de escassez de recursos intelectuais e mesmo sociais para vencer a prova.

— Clarisse, confesso estar um tanto decepcionada, entristecida. Não sei se comigo ou com nossos irmãos. Quando penso na tarefa desta noite em favor de irmão H., fico com um contraste no campo mental. Um homem tão distinto. Parece-me ser uma pessoa leal, boa. Tão devotado! Sua fala, minha irmã, e suas previsões despertaram-me um estado de preocupação, um peso.

— Irmão H. é tudo isso que a senhora diz. Um homem de valor realmente. As projeções que lhe apresentei não devem direcionar nossa mente para a descaridade. Reconhecer o futuro do movimento espírita que será conduzido por almas frágeis e com severos compromissos espirituais representa trabalho de apoio, extensão de solidariedade e muita ação fraternal de nosso plano. Ser indulgente, porém, não significa ser tolo, ingênuo, imprevidente.

Por sabermos que os expoentes do Espiritismo apresentam um passivo de débitos tão oneroso é que nos desdobramos em servir e estender cada vez mais mãos acolhedoras.

Trabalharemos muito nesse segundo período de 70 anos com objetivos bem definidos. Compete-nos amparar e arar o terreno com medidas preventivas para a ingente tarefa da desilusão.

Irmão H. é um homem distinto e todos os que assumirão o papel de condutores da doutrina nesse século são corações dispostos ao bem. Mas recorde sempre disso em sua jornada: nada mais apresentam de útil, assim como nós, para o serviço da expansão da obra cristã, que a condição íntima de espíritos arrependidos. Somos os *trabalhadores da última hora*.

9.
ORGANIZAÇÃO DO CLERO ESPÍRITA NAS COMUNIDADES DRACONIANAS

"O que pode um espírito fazer com um indivíduo, podem-no muitos espíritos com muitos indivíduos simultaneamente e dar à obsessão caráter epidêmico. Uma nuvem de maus espíritos invade uma localidade e aí se manifestam de diversas maneiras. Foi uma epidemia desse gênero que se abateu sobre a Judéia ao tempo do Cristo. Ora, o Cristo, pela sua imensa superioridade moral, tinha sobre os demônios ou maus espíritos tal autoridade, que bastava lhes ordenasse que se retirassem para que eles o fizessem e, para isso, não empregava fórmulas nem gestos ou sinais."

Obras póstumas. Primeira Parte, capítulo VII, item 60.

— Clarisse, apenas para que fique bastante claro para mim: se você tivesse de resumir o que de mais grave carregamos em nós na condição de almas falidas, qual dessas opções você destacaria: crimes, culpas, traições, poder, devassidão ou ambição?

— Nenhuma delas, porque todas são fruto de uma doença ainda mais severa que conduz todas estas.

— Que doença é essa?

— A ilusão.

— Ilusão acerca da grandeza da doutrina?

— Não, dona Modesta! Ilusão acerca de nós mesmos; da suposta importância que julgamos possuir. Sentimo-nos mais importantes do que realmente somos. Com base nessa importância pessoal ilusória gestamos a indiferença, o preconceito, a descortesia, a calúnia, a inveja e todos os monstros morais que avassalam e atormentam as relações humanas, tornando-as palco de discórdias e conflitos intermináveis.

É no relacionamento humano que nos revelamos. Se não temos uma percepção real de nós mesmos, projetamos na convivência o conjunto de hábitos, atitudes e sentimentos de conformidade com aquilo que imaginamos que somos.

A ilusão, nesse sentido, é uma operação do pensamento alimentada pelo sentimento. Podemos estar esclarecidos que somos necessitados, entretanto, podemos sentir exatamente o contrário.

— Qual é o porquê disso?

— Defesa contra o sentimento de inferioridade.

— E por qual razão nos sentimos inferiores?

— Todo espírito arrependido tem como traço psicológico a sensação de incapacidade, vazio interior.

— Pensando assim, então toda a humanidade deve estar arrependida, pois ao que me parece aqui é um lugar de almas arrependidas.

— Dona Modesta, acredite: existe muito arrependimento de fachada. Arrependimento intelectual, fabricado pelo pensamento e distante do sentimento.

— Como você definiria arrependimento?

— É o cansaço da alma em errar. É íntimo e pessoal.

— Qual é o motivo desse orgulho, meu Deus! O que acontece conosco? Confesso que, mesmo acreditando sinceramente na sua palavra, não consigo me ver nessa condição. Será que sou tão orgulhosa que não percebo?

— Não, minha irmã querida, não se inquiete! Se lhes apresentamos esse cenário moral das almas atraídas para o Espiritismo cristão, é porque seu coração bondoso ainda não se contaminou com o orgulho pessoal na atual existência carnal.

O Sanatório Espírita de Uberaba é sua defesa, sua prevenção. Enquanto cuida da loucura humana, da dor do semelhante, aplica em si mesma os antídotos contra a doença pertinaz da vaidade.

Aliás, quando Allan Kardec estudou a vida mental dos espíritos arrependidos em *O céu e o inferno*, capítulo 7, artigo 10 deixou claro que três etapas definem o ciclo da melhoria: arrependimento, expiação e reparação.

Arrependidos estamos; a expiação é a reunião das dores psicológicas inerentes ao crescimento moral; e a reparação é o trabalho de reerguimento consciencial por intermédio da benevolência aplicada em favor do próximo.

A senhora, assim como muitos espíritas, entregaram-se afetivamente ao serviço redentor da ação beneficente. O contato com a dor humana é o preventivo mais apropriado para a educação de nossos sentimentos à luz do Evangelho. O orgulho não resiste à força da convivência fraterna, espontânea. Só mesmo quem deseja impressionar, manter status de valor pessoal, fazer pose de missionário ou ainda ostentar atributos de destaque é que recorre ao expediente da frieza afetiva que sustenta a formalidade, a conveniência pelo personalismo recheado de ilusões de realce.

— Então, se é que assim posso me expressar, o Brasil tem uma importante missão perante o mundo e essa missão foi entregue a almas falidas!

— Foi entregue às almas que têm condição para o encargo, mas que estão se julgando mais importantes que realmente são e necessitam ser em si mesmas os exemplos vivos de amor a que se destina nossa humanidade.

— Daremos conta, Clarisse?

— O tempo responderá, dona Modesta. Estamos trabalhando com esse objetivo. Conclamamos, nesse momento, servidores animosos em favor da formação de extensos polos de fraternidade legítima. Imprescindível que os Centros Espíritas se resguardem na condição de Casas do Caminho da atualidade, cultivando o espírito da simplicidade e do afeto cristão. Sem isso, o tempo se encarregará de promover a elitização mascarada, que vai sujeitar a seara aos descaminhos do conflito improdutivo e da competição insensata.

A cúria romana da Igreja de outrora regurgita sobre o solo psíquico do Brasil, no qual encontra a renovação de sua fé e de seus conhecimentos, graças à virgindade vibratória do país, que ainda conserva em sua psicosfera a chama da esperança no bem. Necessário frisar que continuam católicos, religiosistas e querem supremacia. Entram nos Centros Espíritas e anseiam colocar seus pontos de vista estabelecendo uma miscelânea dos velhos sacramentos com os ideais novos da Doutrina Espírita. São exclusivistas e acreditam que o Espiritismo poderá colocar a Igreja em melhores condições para cumprir sua missão gloriosa na face da Terra: tornar toda a humanidade católica. Admitem a imortalidade porque dela têm consciência; sabem que reencarnarão e esperam por isso aflitivamente; comunicam-se mediunicamente e adoram o passe. Uma elite espírita-católica pretende assenhorear em definitivo do movimento espírita.

A senhora já presenciou a atuação dos padres em Uberaba. Doutor Inácio articula-se para a réplica. Há quem imagine os clérigos em posição de declarada oposição, entretanto, o quadro é mais complexo.

Existe competição por Centros Espíritas e, sem que percebam, inúmeras associações dessa ordem que começam a se multiplicar desde o início do século XX, são exploradas pelos dragões, que arquitetam uma nova prisão, dessa vez por meio do trabalho escravagista.

São usados sem saber para gerar confusão, alimentar o dogmatismo e insuflar a concorrência.

Já chegamos a ponto, bem recentemente, em pleno iniciar deste segundo período do Espiritismo, de presenciar solenidades doutrinárias nas quais eles se assentaram à mesa de cerimônias das organizações espíritas completamente adornados com paramentos e pompa. Na plateia do referido evento misturavam-se encarnados e desencarnados em simbiose. São casos de obsessões coletivas que, se não trabalharmos muito, poderão contagiar todo o movimento com costumes e atitudes aceitos de comum acordo entre ambas as esferas.

No psiquismo da comunidade espírita revelam-se os ideais sinceros de avanço provenientes do arrependimento, mas, concomitantemente, como não poderia ser diferente, verte um caldo cultural e mental que orientou milhões de almas em suas escaladas delirantes nos roteiros religiosos de todos os tempos.

Extrema lucidez intelectual desprovida de afetividade espontânea talhará personalidades portadoras de um "estranho amor". Um amor pela causa que desama o seu próximo. Um amor pelo ideal que repele quem pensa diversamente. Um amor suspeito que acolhe os iguais e denigre os diferentes.

Peçamos a Deus que nos dias vindouros possamos cooperar com os rumos novos a que o Mais Alto nos conclama.

— Clarisse, não preciso repetir que estou perplexa com todas as novidades! Minha mente é um remoinho. Creio que preciso voltar logo para o corpo e me desligar um pouco daqui.

— De fato, dona Modesta. Se ficar por aqui mais algum tempo, seu psiquismo se desarmonizará. É a lei do equilíbrio. Foi para isso que a senhora voltou ao corpo. Abafar. Tomar contato com a luz da verdade, paulatinamente. Assim como o homem reencarnado não pode ficar integralmente na matéria, e dela se desprende pelo sono, também não se pode exagerar no tempo fora do corpo diante da realidade da vida imortal.

— Só preciso lhe fazer mais uma pergunta, sem a qual acredito que não terei sossego.

— Faça-a.

— Esse grupo de espíritos católicos estava também preso no Vale do Poder, certo?

— Sim, estava.

— Como chegou até aqui? Foi libertado e espera a reencarnação?

— Não, dona Modesta. A situação desse grupo, que já se conta em milhares e chegará aos milhões até o findar do século XX, veio para cá pelos caminhos que fizeram aquelas seis entidades hoje socorridas no Centro Umbandista.

— São escravos?

— Foram libertados com a condição de assumirem o Espiritismo. São assalariados dos dragões. Os chefes da maldade organizada são muito inteligentes e têm uma visão social muito ampliada. Perceberam que seria mais econômico e menos arriscado para seus integrantes um ataque indireto. Quando detectaram o afrouxamento nos tenebrosos catres do Vale do Poder, com inúmeras baixas nos postos de sua organização, recuaram em seus planos de atacar o progresso da ciência e da indústria[31], que floresceu no virar do século e centraram todos os esforços na vigília sobre o Vale do Poder. Milhões de almas ainda aprisionadas traziam em comum processos conscienciais de culpa e remorso destruidor. Milhões de adeptos da mensagem cristã.

Quando perceberam que o destino daqueles que eram de lá libertados era a reencarnação no seio do Espiritismo, começaram a estudar com detalhes a nova tática do bem, conforme eles próprios denominam. Vieram por meio de denúncias compreender o mecanismo coletivo do *transporte da árvore evangélica*.

Foi quando começou a se espalhar a notícia de que Allan Kardec estaria reencarnando por volta do início do século XX. Um alvoroço estabeleceu-se na Cidade do Poder. As reuniões ordinárias foram canceladas. Os planos suspensos. As negociações paralisadas. Diversos conciliábulos, assembleias dos graduados da organização, foram levados a efeito visando a fortalecer as medidas.

Ficou claro nessas reuniões históricas, e com farto material de arquivo aqui no Hospital Esperança, que o Espiritismo se fortalecia no Brasil. Algo estava errado na concepção

---

[31] A revolução industrial consistiu em um conjunto de mudanças com profundos impactos em níveis econômico e social. Iniciada na Inglaterra em meados do século XVIII, expandiu-se pelo mundo a partir do século XIX.

das legiões draconianas. Se a doutrina feneceu na França sob os golpes da ciência, porque haveria de se propagar em outro local!?

As equipes responsáveis por sufocar as primeiras sementes de amor plantadas por Bezerra de Menezes, Augusto Elias da Silva, Telles de Menezes e tantos outros idealistas foram chamadas a prestar contas.

Fizeram relatórios minuciosos sobre as ideias que proliferavam entre os espíritas que redundaram em excelentes resultados, gerando confusão e discórdia. Insuflaram o separatismo pelos rótulos de místicos e científicos. A desunião grassava, e na avaliação desse grupo não havia a menor expectativa de que o Espiritismo passasse da primeira década do século em solo brasileiro.

Razão pela qual a ideia da volta do codificador apavorou tanto essas comunidades.

Gastaram aproximadamente duas décadas para dimensionar o que acontecia. Por volta da Primeira Guerra, quando novamente o psiquismo da Europa foi abalado por novos caminhos políticos e espirituais, detectaram a movimentação das esferas mais elevadas na ação de reconduzir o tronco judaico-cristão no fortalecimento do ideário espírita.

Esclarecidos sobre as medidas do *transporte da árvore evangélica*, planejaram o inevitável. Sabiam que não pode existir tormenta maior para almas fracassadas que colocá-las juntas respirando o clima da insatisfação e da angústia.

Por uma questão de afinidade de necessidades, e mesmo de interesses, a ideia foi oferecer "liberdade" para que ajudassem uma causa nova.

Poderiam se infiltrar à vontade nas casas doutrinárias e "colaborar" com os espíritas no futuro de uma ideia moderna para o Catolicismo e a mensagem do Evangelho.

Nas primeiras casas espíritas fundadas no início do século chegavam multidões que lotavam o ambiente espiritual. Um clima muito complexo era criado. Vinham acompanhadas por dragões aspirantes e vigiadas o tempo todo.

Acreditavam que tal medida exterminaria imediatamente os primeiros grupamentos espíritas, mas uma reação em cadeia, inesperada, tomou conta da história do Espiritismo no país. A discórdia patrocinou a divisão em novas células e, não obstante o clima de antifraternidade, o fato de aumentar o número de casas igualmente diluía a proporção das ações, isto é, também os dragões tiveram mais trabalho a cada dia, agilizando a "libertação" de novos prisioneiros com o intuito de não perderem o suposto controle que julgavam cada dia mais alcançar.

O movimento espírita passou a contar com uma sombra permanente em sua psicosfera, um psiquismo crescente e de difícil extirpação, cujo núcleo é a remição da culpa. Não somente nas reuniões mediúnicas era notória a presença do clero. Os ambientes, os conceitos e as práticas da seara passaram a refletir a presença do prelado, que nesses dias do ano bom de 1936 chega a ponto de propor uma organização específica de católicos espíritas aqui em nosso plano. O fato ocorreu em recente conclave nas cercanias da cidade do Rio de Janeiro. O objetivo é tornar os espíritas um segmento moderno do Catolicismo na tarefa de arrebanhar adeptos.

Para esse grupo que centuplica a cada semana, eles cumprem uma "missão" outorgada pela falange de poder dos dragões.

A missão consiste em mostrar aos espíritas como conduzir o Espiritismo para ser a religião do futuro. Dotados de extrema arrogância e dispostos a reconhecer os princípios da doutrina, adentram os centros na condição de proprietários, escolhendo seus "sucessores".

Nos dias que passam, não temos alternativas a não ser uma convivência minimamente pacífica com eles, caso queiramos evitar conflitos de maiores proporções.

Irmão H. está cercado por velhos laços dessa ordem, na condição de importante clérigo que foi alguns séculos atrás.

— Aquelas entidades assistidas hoje são apenas contatos esporádicos?!

— São reforços dos dragões para atiçar o estado de culpa e garantir postura de indignidade relativamente aos livros mediúnicos abençoados que, sob sua direção e supervisão, começam a ser produzidos no movimento espírita sob a égide da federação.

O primeiro ato social do Espiritismo no mundo foi alicerçar a Era do Espírito. A codificação e o trabalho de Kardec cumpriram esse mister.

O segundo ato social, em pleno desenvolvimento, é o saneamento psíquico do Velho Mundo – a emigração de almas falidas no Evangelho.

O mérito indiscutível do Espiritismo, sem quaisquer reducionismos, não foi somente o de reafirmar a imortalidade, um princípio já consagrado em várias culturas, mas sim o de dissecar esse tema, esquadrinhando a anatomia da morte, conferindo-lhe caráter lógico e ético. A lógica adveio da experimentação e a ética sobressaiu como sendo a alma das ideias espíritas. A lógica ilumina a razão para a conquista de uma fé racional, e a ética impulsiona o ser para a adoção dos caminhos libertadores, rumo à consciência divina de nós mesmos.

Conceber o Espiritismo como mero movimento ou uma doutrina é uma forma de institucionalização.

O Espiritismo não cria a renovação social nem a espiritualidade do povo, a Terra avança paulatinamente para a maioridade na busca da noção abrangente de civilização. Essa maioridade humana é que requer uma doutrina tão clara quanto o Espiritismo. As pessoas se espiritualizam com ou sem o Espiritismo.

O mérito indeclinável do Espiritismo é impregnar a Era do Espírito com caráter ético ascensional, para que a visão imortalista não constitua apenas mais um dogma religioso a enfeitar de belos raciocínios o palavreado metafísico nos instantes de lazer.

Dona Modesta, somos nós as personalidades que alteramos a pureza da mensagem cristã. Daí a razão de tanta inclinação nesta década de 30 para a pureza cristalina da filosofia espírita. Mais por dramas conscienciais que por amor à causa, queremos preservá-la dos supostos erros de interpretação.

Aceitamos regressar como espíritas para tentar corrigir esse erro. Todavia, pruridos venenosos consumam-se nos bastidores das organizações. Eis a nossa tarefa: semear o trigo. Tentar ceifar o joio a tempo.

— E caso não consigamos?

— Teremos, ao findar do século um Espiritismo elitizado e recheado das tradicionais ações separatistas. Teremos novos proprietários da verdade a difamar e a caluniar quantos não se alinhem aos padrões aceitáveis para o exercício da prática espírita.

Assim, o homem distraído de seus deveres maiores ante a consciência amará a doutrina e desamará o seu próximo, repetindo condutas infelizes, relegando a atitude de amar independentemente dos pontos de vista.

— Clarisse, angustia-me tais notícias!

— Vamos trabalhar, dona Modesta! Que alternativa nos resta senão essa e a confiança em Nosso Pai de Bondade?

— Como ajudarei?

— Queremos seu aval para o socorro a essa semicivilização escravizada nos vales da sombra.

Temos uma infinidade de corações necessitando dos serviços complexos de incorporação e reconstituição perispiritual.

Espíritos no sono da inconsciência procuram as reuniões mediúnicas para ser socorridos. Preferem dormir e dormir eternamente. Queremos despertá-los. Acolhê-los no afeto que há muito não experimentam. Eles necessitam do contato com a substância salina do sangue humano. Como se encontram, não existe ventre materno que os suporte. O processo biológico da reencarnação seria afetado sobejamente. Alguns já foram abortados naturalmente em mais de 18 tentativas reencarnatórias. O choque anímico ser-lhe-á benfazeja medicação regeneradora.

— Quando começaremos, Clarisse?

— Imediatamente. Na próxima noite a traremos para que presencie o serviço de socorro desde seu início, sob orientação de doutor Bezerra. Será muito importante que a senhora vislumbre que o fenômeno socioespiritual do *transporte da árvore evangélica* não é um acontecimento isolado no contexto da humanidade. A par dos fatos que ora averiguamos, inúmeros movimentos coletivos se operam em todos os rincões da Terra, entre as mais diversas etnias de variadas esferas de vida no corpo e fora dele.

Além disso, será uma ótima ocasião para conhecer a tarefa de Cornelius, que lhe inspirará os roteiros de aprendizado junto a essa casa de amor.

— Não vejo a hora de cooperar!

— Antes que a senhora regresse ao corpo, quero lhe deixar uma mensagem. Registro em seu coração e em seu pensamento a imagem de Matias.

— Não consigo me desligar.

— Pergunte o que quer saber.

— Ele vai...

— Reencarnar?

— Sim, dona Modesta! Não será por agora! Precisamos de suas habilidades por aqui algum tempo. Matias necessita de maior dose de esclarecimento, sem o qual sua volta ao corpo poderá ser uma arriscada incursão em vivências religiosas. Seu estado mental está aos frangalhos. Fique sossegada, ele está bem e as perspectivas são ótimas.

— Aflige-me sentir tanto amor por alguém como ele. Respeitarei o tempo apropriado, mas não vejo o instante de ter noções mais claras sobre nossos laços.

— Regresse agora, dona Modesta. Integre-se no seu corpo guardando esse sentimento elevado que une nossas almas no ideal de servir. Mesmo com a tormenta prometida, alimente o clima da esperança e do otimismo na luz que vem de nosso Pai.

Recordo-me até hoje dessa noite abençoada. Retornei ao corpo em tão amplo bem-estar e com lembranças tão nítidas daquele desdobramento, que o tempo não conseguiu apagar da memória as lições edificantes que me guiam até hoje nos serviços de Jesus.

10.
O COMPROMISSO ESPIRITUAL DE MINAS GERAIS COM O EVANGELHO

"A Terra, conseguintemente, oferece um dos tipos de mundos expiatórios, cuja variedade é infinita, mas revelando todos, como caráter comum, o servirem de lugar de exílio para Espíritos rebeldes à lei de Deus. Esses Espíritos têm aí de lutar, ao mesmo tempo, com a perversidade dos homens e com a inclemência da Natureza, duplo e árduo trabalho que simultaneamente desenvolve as qualidades do coração e as da inteligência. É assim que Deus, em sua bondade, faz que o próprio castigo redunde em proveito do progresso do Espírito." Santo Agostinho, Paris, 1862.

O Evangelho segundo o Espiritismo. Capítulo 3, item 15.

Como de costume, cada dia da minha vida tornou-se uma reprise daquilo que, durante a noite, povoava meus momentos de serviço e aprendizado. Inácio já se preparava a cada manhã para ouvir as boas novas que iria trazer aos nossos divertidos diálogos nos escassos instantes de refazimento, no Sanatório Espírita de Uberaba.

No regresso ao corpo físico, guardei lembranças fiéis sobre a atividade de que participaria na noite seguinte. Pensava como seria o contato com doutor Bezerra fora da matéria. Seria muito diferente da vidência?

Passou rápido o meu dia. E logo estava mais uma vez a varar os espaços em aprendizado.

Amigos queridos acompanharam minha saída do corpo. Levaram-me de modo seguro e confortável pela volitação até os portais de saída do Hospital Esperança, onde se preparavam as equipes socorristas.

Grupos saíam e chegavam a todo instante. O ambiente assemelhava-se ao de um pronto-socorro lotado. Quem vivia os sossegados dias da década de 30 no plano físico não podia imaginar a agitação em que já se encontrava a humanidade desencarnada àquele tempo.

Espíritos com caracteres europeus, muito feridos, alguns mutilados chegavam inconscientes em macas sob assistência em regime de urgência.

Juntei-me a um grupo de aprendizes cuja tarefa naquela noite seria acompanhar o médico dos pobres, doutor Bezerra, em uma missão de amparo.

Não demorou e chegaram Clarisse e doutor Bezerra, acompanhados por vários companheiros das equipes de defesa. Cangaceiros, policiais e cooperadores de postos socorristas mais próximos ao planeta compunham o grupo.

Clarisse reuniu-nos em uma sala para o preparo. Doutor Bezerra permanecia em estado de profundo transe, com os olhos fechados, a dizer:

— Amigos, peçamos a Jesus, nosso Tutor, que inspire as iniciativas desta madrugada. O ódio toma conta de agrupamentos enlouquecidos nos campos europeus. Adensa-se uma pesada nuvem sobre o solo da Alemanha e do Japão. Países vizinhos e distantes conectam-se às enfermiças emanações desse ambiente sombrio. Planos de hegemonia e racismo cegam multidões sob a chancela do progresso, decantada por líderes subjugados por elites das falanges draconianas. Pedidos de socorro são expedidos de todas as latitudes nos postos de amparo e acolhimento mais próximos à psicosfera terrena.

Nos últimos anos, desde a Primeira Guerra Mundial, essa loucura coletiva que arrasou cidades e ceifou milhões de vidas, a humanidade respira sob efeito de uma venenosa poeira de ódio, que se agiganta a cada dia.

O interesse egoístico das nações iludidas com o velho deslumbramento pelo poder está arando o solo das mentes para uma carnificina sem precedentes.

Neste momento, forma-se o *eixo*, uma elite dos dragões que comanda operações coletivas no intuito de arruinar de vez a sociedade e tomar conta da Terra. Ideias envernizadas para o bem da continuidade ideal da raça escondem planos de extermínio e hegemonia.

Estamos no instante exato em que será deflagrado o clímax da transição planetária nos próximos cem anos.

Se dos infernos sobem as chamas mais ardentes da maldade organizada, do Mais Alto são movimentadas as mais enérgicas medidas de intercessão visando a abreviar a dor humana.

Ainda assim, assistiremos a uma hecatombe no plano físico ante o desenrolar das últimas iniciativas levadas a efeito no Japão e na Alemanha. Um terrível clima de insegurança ronda as coletividades.

Nossa tarefa consiste em agir preventivamente para não agravar ainda mais os efeitos infelizes da insensatez e da maldade.

Entraremos nos fundos poços da escravização e visitaremos um coração enfermo.

Vocês estão vendo as condições em que chegam os corpos espirituais nas macas. A guerra desse lado já começou ou, melhor dizendo, não cessou desde o iniciar deste século.

Mister que esse ódio inflamável seja vomitado e provoque um choque. Consultemos, assim, a palavra dos Sábios Orientadores da Verdade:

Bastante grande é a perversidade do homem. Não parece que, pelo menos do ponto de vista moral, ele, em vez de avançar, caminha aos recuos?

Engano. Observa bem o conjunto e verá que o homem se adianta, pois que melhor compreende o que é mal, e vai dia a dia reprimindo os abusos. Faz-se necessário que o mal chegue ao excesso, para tornar compreensível a necessidade do bem e das reformas. (*O livro dos espíritos*. Questão 784).

O mal será colocado em praça pública como em nenhuma época da história. A dor e a maldade se encontrarão face a face, como nunca nesse orbe.

Disso resultará o progresso e a liberdade. Das cinzas e dos escombros, o homem aprenderá que o bem tem mais força.

Façamos o possível para minorar a tristeza que tomará conta da humanidade na próxima década.

Que Deus seja louvado no bem de todos.

Terminada a fala do benfeitor, fizemos os últimos preparativos e rumamos em serena volitação até a psicosfera da Alemanha, mais especificamente sobre os céus de Nuremberg.

Doutor Bezerra trazia os olhos marejados e mantinha-se em comunhão mental estreita com esferas superiores, sob amparo direto de Maria de Nazaré.

Uma névoa pardacenta cobria a cidade, recordando as características climáticas de locais secos e com escassa umidade no ar. Uma aridez que incomodava não só porque causava a sensação de desconforto, mas também o sentimento de medo. Já no solo, oramos e caminhamos a pé, como cidadãos comuns. A cidade estava tomada pelas forças do partido nazista em ambas as esferas. Não éramos percebidos.

Congressos de propaganda eram desenvolvidos nessa cidade objetivando a ascensão do partido e a exaltação da figura do *führer*.

Diversas equipes, que já nos aguardavam, juntaram-se ao grupo e chegamos a uma igreja localizada no plano físico de Nuremberg. Em verdade, o templo tornou-se, circunstancialmente, em um posto de assistência das regiões subcrostais entrelaçadas com aquele país.

Para minha surpresa, Cornelius saiu de uma porta no posto. Estava com as vestes empapadas por substâncias de péssimo odor. Acabara de realizar uma cirurgia delicada em um soldado.

Após os cumprimentos, Clarisse assumiu a direção das tarefas. Oramos de mãos dadas e nos transportamos juntos para a subcrosta, por meio de uma desmaterialização seguida de uma condensação do *quantum* energético de nossos corpos espirituais. Adensamos nossos perispíritos para nos adaptar ao regime de vida das regiões dentro do magma terreno. Automaticamente nossas fisionomias se alteraram. Todos mais magros e mais velhos, irreconhecíveis. A própria vestimenta que usávamos obedeceu aos mesmos princípios. Ficaram desgastadas. Cornelius distribuiu para cada um de nós uma flâmula da suástica que media dez centímetros quadrados. Sugeriu que a dobrássemos e a guardássemos no bolso como uma identidade para aquele local, caso tivéssemos alguma ocorrência inesperada.

O ambiente era escuro, solitário, úmido. Andamos uns cem metros. A temperatura subia vertiginosamente. Gritos eram ouvidos a distância e uma luz adiante indicava uma clareira. Parecia que algo muito amplo, qual fosse a iluminação de uma cidade vista ao longe, existia logo adiante. Pedras pontiagudas de 1,5m compunham um muro natural com estreitas passagens entre uma e outra. Paramos atrás de uma delas e vimos os vigias do lugar com armas e fardas idênticas às usadas pelos exércitos alemães. Alguns jogavam cartas, outros mantinham a segurança. Estávamos ao lado de um lago de enxofre, região de águas paradas, algumas geladas, outras escaldantes, como aquela em questão, nas quais viviam muitas almas em regime de remorso e doença. O lago espalhava aquele cheiro forte que recordava alguns ácidos da farmacopeia humana. Odor tolerável, mas acentuadamente hipnotizante. Fiquei com muita sede e com uma leve vertigem. Um de nossos componentes carregava uma pequena jarra com medicação sedativa. Aqueles que sentiam mais intensamente os efeitos do ambiente tomavam um gole. Senti-me bem melhor e mais ambientada.

Cornelius pediu-nos silêncio absoluto. Fechou os olhos e se transformou quase por completo. Sua face, agora clara, recordava os povos nórdicos, germânicos. Balançou a cabeça e saímos todos juntos em direção ao lago.

— Alto lá! – manifestou com energia o vigia logo que nos viu.

— Somos amigos – asseverou Cornelius.

— Qual o nome?

— Johann – falou nosso orientador em alemão fluente.

— Partido?!

— Sou socialista cristão.

— Venera o...?

— O *führer* está em meu coração. Sem nosso apoio, que será do futuro?

— Mostre a insígnia.

— Se é tão importante para você, está aqui. Fique de presente – Cornelius tirou a bandeirola do bolso, entregou ao vigia, que manifestou agrado.

— Quer alguém do lago?

— Sim. Estou acompanhado desses brasileiros que se interessam em levar alguém para outro lugar.

— Eu conheço esse velho de barbas.

— Sou Bezerra de Menezes.

— Mudou só o nome. Digam logo o que querem e se retirem. Hoje é dia agitado com a presença da elite.

Mal terminou de falar, e um grupo integralmente paramentado passou por nós em marcha. Usavam os uniformes da SS, força especial de combate de Hitler. Nem sequer olharam para o lago. Marchavam com a mente dirigida ao campo Zeppelin, local de pompa naquele dia de congresso em Nuremberg. Os soldados ficaram vidrados com a cena, e fizeram pose de reverência.

Fiquei tensa com a energia emanada. Doutor Bezerra olhou-me com carinho e sua irradiação revitalizou-me.

— Não disse? Logo virá outro batalhão.

— Trabalharei rápido, soldado! – exclamou Cornelius. Logo em seguida, Cornelius e mais seis técnicos pularam.

Literalmente mergulharam como em uma piscina e desapareceram. Ficamos doutor Bezerra, Clarisse, mais alguns aprendizes e eu.

Foi então que presenciei uma cena horripilante. Mãos cobertas com aquele líquido gordurento começaram a surgir de dentro do poço em direção ao local onde pularam nossos trabalhadores. Sons agudos que recordavam lobos uivando me faziam arrepiar da cabeça aos pés. O lago ficou agitado. Em minha mente passava a ideia de que nossa equipe estaria sendo sufocada. Foi então que comecei a ver as primeiras cabeças surgindo de dentro para perto do solo. Ficavam deitados com meio corpo para fora do líquido no solo, bem perto de nós. Olhei nos olhos de doutor Bezerra, que se mantinha sereno, correndo a visão por todo o ambiente como se fosse um radar. De sua mente partia um fio tênue em direção ao alto. Aproximei-me um pouco mais do lago. O soldado fez um gesto de que iria me impedir e olhou para doutor Bezerra, que balançou a cabeça com uma autorização. Passei já trêmula e lívida com tudo o que via. Sentia uma perda energética intensa. Não me contive e ajoelhei perto daquela criatura totalmente estranha. Para meu espanto, ele, deitado, olhou para meus pés à frente dele, ergueu com dificuldade a cabeça e pronunciou:

— Você, mamãe?

Quase não segurei a emoção de tanta dor. Um adulto com uma voz tão infantil procurando sua mãe. Em uma fração de segundo procurei algo para dizer, mas não consegui. Meus olhos soltaram lágrimas que me queimavam a face de dor. E novamente ele repetiu:

— Você, mamãe?

Tomada por forças que vinham do coração generoso de doutor Bezerra, não segurei mais meus sentimentos, ajoelhei-me e disse:

— Sim, sou mamãe.

— Mamãe, ajuda eu... arrepend... arre... – ele não conseguia terminar em razão dos espasmos que o faziam se contorcer involuntariamente.

— Arrependeu, meu filho?

— Arrependeu, arrependeu, arrependeu... – ele começou a repetir incontroladamente a palavra.

Doutor Bezerra chorava e levava um lenço aos olhos. Clarisse aproximou-se, agachou a meu lado e orientou:

— Dona Modesta, tome esta toalha. Enxugue a cabeça dele, toque com a mão direita no coronário e mantenha-se vigilante.

Fiz o que Clarisse pediu e ele se acalmou. Não sabia se havia adormecido ou algo assim. E fui colhida de surpresa, pois à nossa frente emergiram três seres bizarros que gritavam conosco. Assustei-me e me ergui por impulso, indo em direção a doutor Bezerra. Eles pegaram o pé daquele ser adormecido e o puxaram sem nenhum escrúpulo para dentro do lago. Antes, porém, um deles deitou sobre o dorso de nosso irmão, acoplando-se por completo à sua forma, como se deitasse sobre um colchão.

Estava pálida e com dificuldade para respirar. Fui assistida e levada para mais distante do lago. Assim que saí, o soldado alemão chamou mais três auxiliares e vedaram a aproximação do lago.

Um pouco refeita, olhei novamente para o açude e ouvia agora gritos estridentes e palavrões da época. Cenas como a que acabara de presenciar repetiram-se algumas vezes, quando alguns espíritos procuravam o solo firme. Da mesma forma, eram arrastados de volta por aquelas criaturas estranhas. Alguns dos vigias nazistas intimidavam quem tentasse fugir com uma lanterna muito potente, cuja luz de cor roxa era dirigida aos olhos das entidades adoecidas e as queimavam.

Em alguns minutos, ressurgiu nossa equipe. Cada qual trazia consigo um coração socorrido. Saíam do lago andando com nítida dificuldade respiratória. Estavam enlameados por aquela substância idêntica à gordura, emanando o cheiro de enxofre remexido, que queimava as mucosas de minhas narinas.

Apareceram todos de uma só vez. Colocaram aquelas pessoas no que vou chamar de praia do lago. Todos estavam desacordados, inertes.

— Estes são os que eu preciso – falou Cornelius na língua dos guardas.

O guarda abaixou-se e, com um lenço, limpou o rosto semicoberto pela sujeira do doente e disse:

— Esta não pode levar. É judia.

— Tenho ordens expressas para levar todos.

— Tem *carta de exílio* para eles?

— Não se trata de exílio. Serão forças ativas para o futuro. Vamos recompô-los para servir.

— Acaso pertence a algum campo novo, Johann?

— Em terras brasileiras uma nova sementeira se organiza.

— O *führer* tem conhecimento disso?

— Todos os que devem saber sobre o que aqui estamos fazendo já foram informados.

— Mas a ordem que tenho é libertar somente com *carta de exílio*.

— Nesse caso terei de recorrer à patente?

— Senhor, qual é a sua patente?

— Veja! – Cornelius mostrou a patente do *reichsführer*, algo similar a um marechal de campo nas milícias de Hitler.

— Senhor! – manifestou o soldado, em máxima reverência. De nada fomos avisados. Heil Hitler!

— Mantenha-se no posto, soldado. Cuide a contento dessas criaturas. Ainda viremos aqui inúmeras vezes. Seu trabalho é facilitar e vigiar para que ninguém crie novos padecimentos. Compreendeu? — externou com firmeza o nosso benfeitor.

— Sim senhor! Heil Hitler!

Armamos as macas dobráveis e saímos carregando os nossos socorridos em direção à crosta. Foi tudo muito rápido e sem empecilhos a considerar. O regresso se fazia mais difícil. A psicosfera do ambiente ficava mais difícil de suportar a cada minuto. Espantei-me quando passamos por um local muito frio. Formas similares a rostos humanos observavam-nos escondidas atrás das rochas. Alguns estendiam a mão, como se dessem adeus, outros como se pedissem ajuda. Choros sofridos eram ouvidos durante todo o trajeto. Meu nível de percepção no regresso estava muito mais acentuado.

A certa altura da caminhada, fomos obrigados a parar. Três criaturas desfiguradas subiram em uma das rochas e nos apontaram suas armas. Eram pequenos e, mesmo com toda a compleição humana, andavam de quatro usando seus longos braços. Magros, sem cabelos e muito amarelados, pareciam feitos de cera. Não usavam nenhum tipo de roupa e não possuíam genitália. Na enorme órbita de seus olhos podia-se observar uma peça de vidro que recordava uma lente roxa. Seu rosto parecia um crânio sem musculatura, magérrimo e com boca muito saliente, única parte na qual se notava um pouco de musculatura. Saltaram de trás das rochas com habilidade, e com a mesma destreza sacaram revólveres usados na Segunda Guerra.

Não falavam nada compreensível. Ao moverem os lábios, podia-se ouvir uma palavra em idioma desconhecido. De seus corpos começou a sair um vapor que vinha em nossa direção. Era de coloração amarelo-pardo. Cornelius, percebendo a movimentação criou, com uso de pulsos energéticos e batendo as mãos, um campo similar a um escudo, com alguns metros de diâmetro, no qual aquele vapor batia e se diluía. Ficamos todos protegidos, mas o benfeitor saiu por uma das pontas do escudo e Clarisse saiu pela outra. Ambos foram em direção aos seres, que ampliaram ainda mais a quantidade daquela cortina gasosa. Como perceberam que em nada éramos atingidos, guardaram suas armas e sumiram na escuridão.

Outra equipe já nos aguardava na igreja. Logo ao chegar, pudemos ouvir tiros de canhão. Começava a fala de Hitler no campo Zeppelin, incendiando as mentes de ambos os planos para os ataques vindouros.

Sentia-me muito cansada e recostei em uma poltrona para receber vitalização energética, providenciada por doutor Bezerra. Foram feitos preparativos rápidos nos doentes e, usando alguns veículos de nossa esfera, rumamos com agilidade para o Brasil.

Chegamos à pequena e pacata Pedro Leopoldo. No Centro Espírita encontravam-se Chico Xavier e outros colaboradores em tarefa, já tarde da noite. Ainda não conhecia o médium a esse tempo, algo que ocorreria mais tarde. Residíamos muito distantes, e o transporte em nada favorecia nossa proximidade. Era uma reunião muito íntima. Chico havia terminado o serviço da escrita mediúnica e relatava ao plano físico a nossa chegada.

Cornelius, que pelo visto já o conhecia muito bem, pediu-lhe que se afastasse da mesa e colocou os sete espíritos socorridos à sua volta. O médium percebia tudo com clareza e aguardava as orientações. Observamos que todos os doentes eram magneticamente atraídos para perto do medianeiro. Parecia um ímã de alta potência. Um deles começou a se contorcer, e Chico, percebendo a ação, olhou para ele com intensidade e orou. Nossa equipe movimentava forças sobre o doente. Repentinamente iniciou-se um processo célere de transformação perispiritual naquele coração que se contorcia.

O enfermo ficou de cor verde. Parecia coberto de lodo. Nódulos pequenos, como escamas, começaram a surgir por sobre as pernas, que se juntavam e fundiam-se uma na outra. Parecia agora uma cauda. No lugar dos pés, algo que lembrava um chocalho tremia com firmeza e fazia um som estridente. Os braços entravam nas costelas e a mesma camada de nódulos agora cobria todo o tórax. A cabeça ficou longa, fina em cima. Os lábios desapareceram e, no lugar do nariz, apenas dois pequenos orifícios. Os olhos tomaram uma coloração laranja vibrante. Inegavelmente era uma enorme serpente à nossa frente.

O benfeitor Cornelius tocou-lhe na cabeça. A palma de sua mão parecia ter grudado a tal ponto que levantou aquele ser e, literalmente, o empurrou para dentro do corpo do médium. O médium contorceu-se todo, tombou no chão sem nenhum amparo e emitia silvos que doíam os ouvidos. As demais entidades, de forma mais lenta, começaram, igualmente, a mutação de algumas partes de seus corpos.

Chico estava totalmente inconsciente. O espírito agia como um peixe que acabara de ser retirado da água pelo anzol impiedoso. Remexia-se e expelia líquidos de coloração negra pela boca. O médium vomitava e salivava intensamente. A equipe encarnada agora protegia o corpo do médium para evitar algum acidente. O corpo franzino do médium parecia ser agora um gigante em força e agilidade. Olhando de nosso plano, a entidade tinha pelo menos duas vezes o tamanho do médium, embora estivesse dentro dele. Uma enorme serpente dentro de um corpo humano.

Cornelius e a equipe de técnicos aplicavam choques eletromagnéticos com aparelhagem própria, na entidade. Outros cooperadores monitoravam as batidas cardíacas do médium, que processavam uma arritmia acentuada. Sua pressão caiu a níveis perigosos. Após três minutos, notamos que por todo o corpo da serpente começou a gotejar sangue. Substância sanguínea, mas um pouco pastosa. A entidade parecia exausta. A pele da serpente rompia-se instantânea e naturalmente.

O médium parou. Estava lívido. A entidade igualmente. Médicos especializados se aproximaram ligeiramente com pinças e gazes. Abriam vários cortes pelo corpo espiritual da entidade e rasgavam em várias tiras, como se fossem folhas de bananeiras. Por fim, na cabeça foi aberto um corte da nuca até o que seria o queixo em um ser humano. Como se fosse uma roupagem, dois enfermeiros de um lado e dois de outro puxaram sem cessar. Lembrava uma vagem sendo aberta formando um "v". Quando chegou à altura da cauda, nova incisão foi feita e retiraram de vez aquela veste. Lá estava agora, à nossa vista, um ser humano em estado horripilante, pior que antes.

Após a retirada do casulo fluídico, podíamos ver que era uma mulher cadavérica, esquelética, sem cor. Cooperadores diversos limpavam o ambiente, recolhendo aquelas carcaças de mau odor. Limpavam a mulher. Tudo durou dez minutos, aproximadamente. As demais entidades não completaram a mutação e demandavam mais tempo nas incisões. O médium continuava sendo socorrido no chão. Cooperadores do grupo molhavam seu rosto para que regressasse à consciência. Nada a preocupar. Maria João de Deus[32], durante todo o processo, estava com Chico fora da matéria, administrando informações sobre a natureza do trabalho.

O ambiente afável e simples da casa espírita era um oásis a refazer nossas próprias forças. Cornelius tomava todas as providências para que retornássemos ao Hospital Esperança.

Tínhamos ali mais sete corações da *árvore evangélica* com possibilidades renovadas para o futuro. Corações sincera-

---

[32] Mãe de Francisco Cândido Xavier, desencarnada a 29 de setembro de 1915, em Pedro Leopoldo, Minas Gerais.

mente arrependidos, no entanto, sem uma gota de força para o recomeço. A tarefa visava erguê-los. Resgatá-los dos lamaçais do sofrimento para que encontrassem as mínimas condições de retorno ao seu curso evolutivo, o destino em direção à perfeição.

Até àquela época, as iniciativas mediúnicas desenvolvidas por Eurípedes Barsanulfo, no iniciar do século XX, foram o alicerce da mediunidade curativa e da incorporação de benfeitores. Com Chico Xavier, passamos a contar com uma nova referência inspiradora para as atividades socorristas, cujo cerne foi arejar o psiquismo do planeta. Graças às suas corajosas e despojadas reuniões de amparo desobsessivo, passou a se multiplicar na seara os serviços de incorporação e assistência consoladora às almas em sofrimento e perturbação. Ele próprio, com poucos anos de exercício, fora chamado a novo gênero de passividade junto aos intercâmbios com nossa esfera, mas não podemos deixar de registrar que sua missão iluminada não se circunscreveu a lapidar a inteligência mediante as informações literárias. Sua mediunidade abençoada, nesse tempo, foi a fonte inspiradora para muitos médiuns que se lançaram, abnegadamente, ao trabalho do fenômeno mediúnico automático, permitindo as mais belas florações de espontaneidade e amparo aos que peregrinavam sem rumo na erraticidade.

Após a tarefa socorrista, transferimos os doentes para o Hospital Esperança. Somente Clarisse e eu regressamos juntamente com a equipe de servidores. Doutor Bezerra e Cornelius juntaram-se a um novo grupo em direção a Belo Horizonte para outras missões.

Todos os sete foram acolhidos com a fraternidade exemplar dos tarefeiros na ala de entrada do hospital. Depois de devidamente alojados, ainda desacordados, aproximei-me daquela mulher socorrida. Olhei com piedade e emoção incontida. Aquela mulher estirada no leito fazia minha mente voar. Teria sido uma mãe bondosa abandonada? Teria sido uma mulher de fibra que esgotou suas resistências? Que história carregava aquele ser para chegar a tanta desdita. Perder temporariamente a forma humana, meu Deus! Que condição a nossa! Percebendo minha tristeza, Clarisse abordou-me como se tivesse lido meus sentimentos.

— Nossa irmã é a prova evidente de que a Lei do Criador se cumpre sempre em nós mesmos. Por mais que tenhamos sido alvo da ganância e do desrespeito, da violência e da traição, ainda nos resta o direito de perdoar e prosseguir em nosso caminho. Entretanto, temos optado pela vingança, pela tragédia.

— Clarisse, como ajuizar sobre o drama dessa mulher? Por que Cornelius e os cooperadores trouxeram esses sete? Muitos gritavam no poço! Por que doutor Bezerra demonstrou tanto carinho por ela? Que futuro espera nossa irmã?

— Dona Modesta, aconteça o que acontecer, ela tem um destino divino. Esta é Miriã, um coração querido de doutor Bezerra. Temos tentado auxiliá-la há muito tempo. Foi uma mulher que se embrenhou pelos desfiladeiros sombrios da posse e da vaidade. Como religiosa influente da Espanha, no século XIV, assolou diversos povoados causando dor e mortes. Por suas decisões políticas, muitos tombaram nos braços da morte por fome e doenças.

— O que se pode fazer, por alguém assim? Quanto tempo ela ficará inconsciente?

— Há muito por fazer, minha irmã querida. Miriã será mantida nesse sono da inconsciência até que seu campo mental apresente melhora. Observe que mesmo sem noção de si mesma, seu campo mento-magnético pulsa como um coração cheio de vida.

— Onde será alojada?

— Na mesma ala de Matias, com fins de tratamento prolongado.

Imediatamente após o diálogo educativo, nos deslocamos para a enfermaria acompanhando a internação de Miriã.

Os casos graves do Hospital Esperança se encontravam nesta ala de situações agudas. Passamos na frente do leito de Matias. Ainda estava desacordado e totalmente dependente de aparelhagens que lhe mantinham a vitalidade. Tive ímpeto de parar, mas Clarisse pediu-me para acompanhar-lhe.

A enfermaria coletiva não separava os pacientes por sexo. Eram doentes sem a menor lucidez. Passamos por todo o extenso corredor até chegar ao bloco cirúrgico. Miriã seria operada imediatamente.

Duas antessalas com material asséptico e roupas adequadas antecediam o templo de cirurgias. Médicos e especialistas previamente avisados esperavam pela paciente.

Anestésicos, suturas e aplicação de assepsia com instrumentos avançados de nosso plano eram destinados à sofredora. Muitas doses de vacinas e alguns inibidores microbiológicos em forma de supositórios foram introduzidos em Miriã. Ela passava por uma verdadeira desinfecção. Algumas partes de seu corpo estavam apodrecidas. Os médicos apertavam as nádegas e farta dose de substâncias de péssimo odor escorria pelo ânus. Posteriormente procederam a lavagens intestinais e estomacais. A paciente estava completamente dependente de aparelhagens para manter seu campo de conexão com o corpo espiritual. Notava-se uma disparidade entre o corpo mental e o perispírito. Como se não se encontrassem e estivessem desconectados.

Médiuns experientes participavam da cirurgia para ajuste do campo mental. Recebiam a "fôrma" de Miriã em seus próprios campos mentais para se efetivar a reorganização da "genética essencial" dos seres vivos no reino hominal. Um trabalho complexo acompanhado por especialistas na medicina da alma.

Com a permissão de Clarisse, assisti a tudo em oração e com interesse através de uma vidraça. Apesar de estar fora do ambiente, senti-me desgastada, como se também doasse algo de mim ao trabalho. Não passaram-se mais de 60 minutos.

Quando terminou, ela foi levada para a antessala onde permaneceria em observação permanente por mais três dias, quando então seria submetida a novas operações delicadas.

Fui ao encontro de Clarisse após tomar uma medicação revitalizante, por sugestão do médico que operou Miriã.

Clarisse estava no posto ao lado consultando a ficha de Matias. E eu indaguei:

— Clarisse, como está Matias?

— Com melhoras lentas. O tempo que pode durar essa inconsciência ninguém pode prever. Meses ou anos, talvez!

— A incorporação na sessão mediúnica não seria suficiente para trazê-lo de volta?

— Algumas vezes sim, outras não. Nesse caso, conforta-nos saber que as células do corpo espiritual estão reagindo favoravelmente e retomando suas funções. Começam novamente a absorver o fluido vital da natureza ambiente com independência. Seu perispírito está em plena atividade de resgate do equilíbrio por meio da osmose natural nos intricados processos da vida mental.

— Que boa notícia! Tenho um sentimento maternal por Matias.

— É bem verdade! A senhora já foi sua mãe!

— Sinto-me nessa condição.

— Não se recorda?

— Não!

— Venha comigo, dona Modesta. Este é seu instante de revelação! – Clarisse levou-me até o leito de Matias.

— Olhe para Matias e diga-me o que sente.

— Sinto piedade, dor, desalento.

— Chegue mais perto do rosto dele e olhe fixamente no centro frontal.

— Sinto um calor... Uma força me atrai, como se quisesse encostar minha testa na dele.

— Faça isso, dona Modesta, enquanto vou orar.

Não consegui conter o ímpeto. Ao tocar no corpo de Matias, fui sugada para dentro de um túnel que tinha cores diversas. Saltei como em um mergulho e podia ver uma tela branca no fim daquele lugar. Nela estampavam-se cenas de um tempo.

Uma mulher imponente vestida como rainha. Olhos esbugalhados, uma testa larga e cabelos negros bem penteados. Roupas suntuosas e um palácio encantador. Tudo tinha vida e sentimento para mim. Repentinamente, senti-me no lugar daquela mulher. Já não via o filme, eu o vivia. Ao seu colo estava um jovem com aproximadamente 20 anos. Os dois conversavam, enquanto ela afagava sua cabeleira recheada. Falavam de planos para o futuro. Passei tão intensamente a viver a cena, que tinha noções de tempo.

Era uma tarde. Os dois tomavam um chá amargoso próprio daquela região. Era Paris, cinco da tarde do dia 18 de outubro de 1571. O jovem é Carlos IX, rei de França, no colo de sua mãe, a cruel rainha Catarina de Médicis, descendente dos Valois. Quando dei por mim, tinha detalhes da cena que me impressionaram. Sentia-me como sendo aquela mulher, todavia, quando olhei para Carlos em meu colo, ao observar seu rosto, percebi que era o rosto de Matias. O choque foi tão grande que saí do transe e coloquei-me novamente de pé diante de Clarisse, muito zonza. Com dificuldade de entender o que me acontecia, só consegui ver Clarisse assentar-me em uma cadeira próxima e tive um desmaio. Assim permaneci por alguns minutos. Não me lembrei de nada quando recobrei os sentidos.

— Como se sente, dona Modesta?

— Clarisse de Deus! O que me aconteceu?

— Uma regressão induzida.

— Tive um sonho do qual não me recordo! Só sei que me causou más sensações.

— Não foi bem um sonho. Foi uma recordação viva em seu campo mental.

— Por que não me recordo?

— Proteção. Estamos a preparando mentalmente. Pelos efeitos do contato com esse passado, poderemos avaliar em que nível lhe permite esse acesso.

— Acesso?

— A senhora poderá consultar seus arquivos reencarnatórios aqui no Hospital Esperança. Descobrir quem tutela suas reencarnações nos últimos milênios, quem são seus laços no corpo físico, estudar seu vínculo com Matias e, sobretudo, descortinar os compromissos futuros que a aguardam. Todas as cenas agora percebidas em suas recordações poderão ser reativadas a qualquer instante, por meio de aparelhagem especial, e gravadas para seu posterior conhecimento.

— Meu Deus! E quando isso me será permitido?

— Assim que a senhora participar mais ativamente dos serviços socorristas, como o desta noite.

— Estaremos passando por algum momento especial, Clarisse? Algo ocorrerá na Terra? Por que esse chamado a mim dirigido?

— Dona Modesta, lamentavelmente os prognósticos são de dor e ruína para essa década de 40. Carecemos reunir todas as forças do bem em favor do amparo e do resgate. A humanidade se avizinha de um período crítico. A guerra, como instrumento lapidador da lei de destruição, haverá de navegar os continentes com a lâmina impiedosa do ódio e do poder. Estamos conclamando, em todas as latitudes, os seareiros do amor e da paz, para as realizações desta hora. Precisaremos intensamente das reuniões mediúnicas para o socorro ativo. Os médiuns dispostos, neste tempo de sangue e morticínio, nos serão muitos úteis.

A senhora presenciou os feridos e estropiados que aqui chegaram esta noite. A guerra já começou em nosso plano. O objetivo das falanges organizadas da maldade é tomar a Terra em definitivo, por meio do colapso geral do planeta. Dominar a economia e o estado pela imposição de ideologias racistas e sectárias, como se tivessem nas mãos a missão de escolher, na condição de deuses que se supõem ser, quais os destinos do mundo.

Haverá prantos e ranger de dentes.

As falanges organizadas da maldade defendem uma cartada final: ou consolidam a vitória, ou se atolam nas furnas para sempre.

O próprio planeta, em seu psiquismo, passa por mudanças sem precedentes. Regiões habitadas pelas mais estranhas raças de hominídeos, que ainda não se humanizaram, locais criados pelo processo natural de adaptação de seres que optaram pelo sono da inconsciência, e mesmo as regiões urbanizadas pelos cultos engenheiros que prestam serviço às organizações da maldade estão submetidos aos princípios divinos de transformação e ascensão.

O elemento plásmico usado para abastecer a economia de tais localidades está se esgotando devido aos fundamentos naturais da química e da física que reorganizam a matéria de conformidade com a natureza. Esses ambientes carregam por demais energias intoxicadas para se reciclar por mais tempo. O átomo que constitui a matéria condensada obedece ao pulso natural do átomo vital do fluido cósmico que a sustenta. O plasma é uma fonte geratriz de gases que sofrem alterações muito similares ao oxigênio na esfera terrena. Reservas vitais são desrespeitadas para que surjam as megalópoles que administram os vales da sombra. O ecossistema psíquico da Terra está tão ou mais abalado que a ecologia na vida física dos continentes.

Algumas cidades nas regiões subcrostais tornaram-se ambientes inviáveis para a raça humana, obrigando muitos dirigentes da maldade a ter suas moradas mais próximas ao umbral. A África foi o local preferido da maioria para a construção dos plantéis diretores. Nos últimos cem anos, reencarnaram diversos enviados dessas falanges, que se organizaram no psiquismo africano no intuito de disseminar ideologias de violência e domínio pela força. Uma corrida desenfreada por domínio territorial se acende nas esferas mais próximas da humanidade terrena, cujo cerne é ter guarida em ambas as faixas de vida para a consumação de seus planos odientos.

Os próprios dominadores estão abrindo mão de parcelas consideráveis de antros de perversidade, que ficam à mercê de nossa ação salvacionista. Eis o motivo de visitarmos o campo sangrento de Nuremberg, onde a maioria dos líderes que se apossaram da região extrafísica adjacente à Alemanha já se encontra no corpo e sem noções mais nítidas sobre as ocorrências na erraticidade. Tentam continuar o domínio fora do corpo, conquanto o foco de seus mais doentios desejos de posse é voltado para o mundo físico, já não se importando com a colonização da vida espiritual. Se ainda mandam tanto naquele lugar em que estivemos, é somente em razão das notícias escandalosas do avanço inevitável de suas conquistas passageiras no poder do mundo. O nazismo tornou-se senha de garantia e certidão de posse. Usar a ideologia significa mandar. Aqueles soldados infelizes acreditam que serão promovidos a proprietários daqueles antros de dor. Foram hipnotizados para tal fim.

— Diante de tantas verdades, Clarisse, tenho novamente a sensação de que minha cabeça vai explodir. Sinto-me como alguém que algo pode fazer, contudo, ao mesmo tempo, confusa e impotente.

— Tudo obedece ao progresso, minha irmã. Tenha paciência. A vida lhe destina avisos sinceros nos contatos com nossas esferas porque reconhece o novelo de esperanças a ser desfiado em seu coração. Sob a tutela de Eurípedes Barsanulfo, sua reencarnação e as atividades do Sanatório Espírita de Uberaba são cartas de crédito para os trâmites dessa hora decisiva.

— Me oriente, Clarisse. Não me deixe ao desvalimento. Sinto-me tão pequena diante da grandeza do trabalho.

— Nunca nos faltará amparo, dona Modesta. Venha cá, abrace-me.

Clarisse me envolveu com uma ternura inenarrável. E, por inúmeras vezes, a partir daquele episódio, recebi o carinho e a atenção desse coração bondoso e afável, doce e maternal. Tão jovial e tão madura em suas posturas, Clarisse tornou-se meu anjo guardião e amiga de todas as horas. Após aquele acolhimento fraterno, não contive o ímpeto de saber um pouco mais sobre o meu próprio passado e, novamente, como uma educadora do Cristo, ela alargou meus panoramas mentais trazendo-me farto esclarecimento sobre os compromissos do presente que, segundo ela, mais importavam que as lembranças de outrora. Assim manifestou:

— No *transporte da árvore evangélica* conseguimos efetuar o garimpo moral no tronco judaico-cristão. Retiramos nesse solo árido do Velho Mundo as sementes promissoras que serão plantadas aqui no Brasil. As consciências arrependidas e amantes do Cristo. Outro grupo, porém, avançará pelas vivências que serão golpes certeiros contra as profundas raízes da indiferença ao bem coletivo. São almas candidatas ao exílio.

O Brasil é o ambiente regenerador para essas almas, e Minas Gerais, assim como cada estado, tem sua missão especial. Se no Brasil reencarnaram as almas mais comprometidas com a mensagem do Evangelho ao longo da história, neste solo bendito das alterosas retornaram os mentores intelectuais das principais tragédias em nome do Cristo nesses últimos 2 mil anos. Os articuladores, cérebros pensantes da religião e da política interesseira, com marcante traço de arrogância em suas atitudes. Minas Gerais, em seus limites geográficos, não tem o formato anatômico de uma cabeça sem motivos bem definidos. É o centro irradiador, o espaço para o culto das ideias promissoras. Esse é o compromisso da abençoada terra de Tiradentes, o tutor espiritual do estado. Para essa gleba de esperança retornaram os mais comprometidos idealistas que desviaram os destinos da mensagem cristã por meio de atitudes insanas e desapiedadas.

São almas profundamente arrependidas e esfaceladas afetivamente devido à natureza de suas vivências caprichosas e presunçosas. Uma classe de consciências tombadas pelo fracasso moral, cujas doenças básicas são a rebeldia e o orgulho com manifestações sutis e complexas, que demonstram quão enraizadas se encontram as velhas atitudes de apropriação da verdade.

A expressão enfermiça da arrogância lhes consome os hábitos e pensamentos em vertigens de importância pessoal. Amam o nome de Jesus Cristo e o procuram com verdadeiro sentimento de melhora, todavia, com raras exceções, atolam-se na crônica alucinação da disputa que carregam como impulso quase incontrolável e imperceptível. Tal impulso responde pelos rompantes de egolatria, patrocinando a discórdia e o personalismo desenfreado.

Na condição de médiuns, com severas obrigações coletivas ou anônimas, trabalham para renovar os cenários da filosofia cristã, destinando a forma de pensar rumo à essência da Verdade e do amor pelo qual, também eles, anseiam aflitivamente. Sobretudo, recebem o empréstimo da mediunidade para desenvolver a sensibilidade que inibiram deliberadamente, a fim de não sentirem os tormentos do remorso.

A mediunidade é a sensibilidade-empréstimo que servirá de recurso educativo, moldando-lhes o caráter e o sentimento. Sem esse avanço nos roteiros da elevação afetiva poderão tombar novamente na secura emocional e patrocinar o sectarismo e a intolerância envernizados, que são os alicerces da elitização perigosa rumo aos desvios na proposta do Espiritismo cristão.

A grande luta educativa de todos nós, nos roteiros do Evangelho é vencer essa tendência cristalizada em nossa mente. A arrogância é uma doença muito complexa em nosso psiquismo.

Minas Gerais e seu povo carregam um compromisso espiritual severo. O psiquismo do estado será alvo das mais caras atenções de nosso plano, considerando a natureza das missões que o Mais Alto planeja para o futuro. O solo árido é o que mais carece de cuidados para a sementeira. Onde mais existe atraso, Deus vê perspectiva. Onde mais se sedimenta a doença, o Pai endereça medicação adequada.

O codificador, em *O livro dos médiuns*, item 226, capítulo 20, segunda questão, recebeu a inspirada resposta:

"Todas as faculdades são favores pelos quais deve a criatura render graças a Deus, pois que homens há privados delas. Poderias igualmente perguntar por que concede Deus vista magnífica a malfeitores, destreza a gatunos, eloquência aos que dela se servem para dizer coisas nocivas. O mesmo se dá com a mediunidade. Se há pessoas indignas que a possuem, é que disso precisam mais do que as outras, para se melhorarem. Pensas que Deus recusa meios de salvação aos culpados? Ao contrário, multiplica-os no caminho que eles percorrem; põe-nos nas mãos deles. Cabe-lhes aproveitá-los. Judas, o traidor, não fez milagres e não curou doentes, como apóstolo? Deus permitiu que ele tivesse esse dom para mais odiosa tornar aos seus próprios olhos a traição que praticou."

Porém, onde há compromisso há também promessa.

Esse estado também será o berço acolhedor de uma das mais gloriosas missões junto ao Consolador Prometido. A sabedoria dos planos maiores outorgou a esse celeiro de médiuns e almas em remição a tarefa de receber a sentinela do Evangelho redivivo na pessoa do missionário Francisco Cândido Xavier, que será um rastro de luz e exemplo moral para toda a comunidade espírita.

A ele compete a missão de nos fazer sentir Jesus no coração por intermédio de uma vida impoluta e devotada ao amor. Sem essa referência de grandeza espiritual, certamente padeceríamos da saudade doentia do Cristo, que cada vez mais vem desaproximando corações da mensagem cristã. Nele encontraremos um referencial para avaliarmos a extensão de nossas profundas necessidades de aperfeiçoamento. O exemplo de atitudes de amor dessa alma será a seiva cristã para o movimento espírita ter motivação na qual possa mirar sua intimidade. Sua tarefa será a do missionário consciente que adentra uma enfermaria com doentes gravíssimos para amenizar-lhes as tormentas da alma. Trará por suas mãos o óbolo bendito do esclarecimento e, por suas ações, o bálsamo do consolo acolhedor e incentivador de novas atitudes.

A missão de Chico é consolidar a conduta de desprendimento, o esquecimento de si mesmo, uma missão social perante o grupo judaico-cristão.

Chico Xavier é o missionário do amor enviado pelo Mais Alto para garantia dos rumos superiores dos ensinos espíritas na Terra. Sem nenhum menosprezo a valorosos expoentes que se devotaram a seguir-lhe o exemplo e também a nós outros, que estamos dando os primeiros passos no desenvolvimento das potencialidades mediúnicas, somos, via de regra, almas em busca de reerguimento consciencial pelo exercício cristão da mediunidade.

A ideia de missão em assuntos da mediunidade, pode ser vista de dois prismas: existem os que têm missões cujo cerne é a própria redenção; e além desses, raríssimas vezes, encontramos os que estão aptos a trabalhar pela redenção de multidões. Podemos ter, portanto, uma missão individual e outra coletiva, sendo que na maioria dos casos, em se tratando de movimento espírita, nossa missão como médiuns, antes de tudo, objetiva nossa melhoria psicológica por meio da harmonia no reino da consciência.

— Clarisse, quanta novidade para minha ignorância! Quanta beleza em suas palavras!

— Deus é Pai, dona Modesta! Deus é Pai de misericórdia!

— Estando reencarnada em Minas, especialmente em minha querida Uberaba, terra natal, também trago comigo tais severos compromissos de outros tempos. Estarei certa ou iludida sobre o que se passa em minha mente?

— Para isso a preparamos, minha irmã. Sem conhecer claramente a extensão de seu projeto reencarnatório, já se integrou ao mesmo por meio da obra social bendita no *Ponto Bezerra de Menezes* e nas tarefas de caridade cristã a órfãos, crianças e presidiários, culminando com o sanatório. Considerando seu devotamento sincero, Eurípedes Barsanulfo julgou oportuno conceder-lhe noções lúcidas de seu passado. Nosso intuito é o de ampliar a obra do bem em favor dos que padecem na erraticidade sob os efeitos de decisões infelizes em pretérito não muito distante.

— Afinal de contas, Clarisse, quem fui eu? O que fiz? Sinto que fui a artífice de uma tragédia, na qual envolvi o nome de Cristo. Quem sou eu, Clarisse? Por que tive esse desmaio perto de Matias? Temos laços fortes, pelo que sinto!

— O futuro nos aguarda repleto de oportunidades, minha irmã. Trabalho não nos faltará. Esse segundo período de 70 anos no planejamento das verdades espíritas será um tempo de muitos desafios e definições. Os corações que agora regressam às fileiras do Espiritismo cristão serão testados em seu desprendimento, em seu caráter e em suas intenções. Cansados do mal, não acreditamos em perversidade declarada na seara, todavia, os reflexos inevitáveis do personalismo certamente criarão castas e prerrogativas pessoais. A sombra do interesse apaixonado ainda será, por muito tempo, um palco de atrações para almas infantis que carregam sonhos de grandeza.

O irmão H., que ontem foi alvo das nossas mais sinceras iniciativas de amparo e orientação, nascido em berço mineiro igualmente, assumirá responsabilidades que, se não forem desincumbidas com muita visão de futuro e noção de bem coletivo, poderão constituir um curso perigoso em direção a muitas ilusões de poder transitório. Joio e trigo poderão se misturar, deixando as gerações futuras do Espiritismo divididas entre linhas antagônicas que jamais deveriam se alojar nos costumes dos cristãos modernos. Esse cenário é propício para o cultivo da inimizade, da indiferença e até mesmo do ódio. Dessa forma, a comunidade espírita, esta abençoada enfermaria de recuperação, poderá ser contaminada causando infecções graves no organismo coletivo.

Conscientes dessas possibilidades, trabalhamos incansavelmente para que esse segundo ciclo do Espiritismo sejam 70 anos de muita ação e construção sólida no bem. Com as mãos muito ocupadas, temos menos tempo para o conflito. Com pena de o homem esquecer um pouco seu mundo interior, incentivaremos a caridade como núcleo das ações espíritas, até que tenhamos melhores condições para incursões de profundidade na alma. Tarefa essa que será o cerne do novo ciclo de 70 anos, após a virada do milênio, quando esse tronco de almas aflitas pela paz perceberá, em definitivo, o caminho das conquistas íntimas e se lançará ao processo da desilusão das imagens fantasiosas do ego, em direção à realidade e à educação de seus potenciais.

Por agora bastam o serviço de solidariedade e o erguimento do amparo ao bem coletivo, que resgatará em tais almas aflitas o sentimento de amor do qual se encontram distantes há milênios. Depois, mais adiante, inaugurando o terceiro ciclo de 70 anos, lhes será reservado um novo desafio no terreno de suas próprias emoções.

Abençoadas sejam as terras brasileiras! Iluminadas sejam as terras mineiras!

Que das minas de ouro espiritual surjam talentos que orientem o bem e a liberdade.

Ainda que tardia, que de lá e de todo o Brasil possam as benesses do Evangelho confortar e acender no sentimento o ideal da fraternidade, da igualdade e da liberdade!

11.
OS DESCUIDOS DO MOVIMENTO ESPÍRITA NA DÉCADA DE 40

"Acostumado aos aplausos onde quer que aparecesse, fora vítima da própria ilusão, acreditando que, para falar com êxito sobre Jesus bastavam os louros efêmeros já conquistados ao mundo. Enganara-se. Seus cômpares punham-no à margem, como inútil. (...) Era a luta entre a vaidade de outros tempos e a renúncia de si mesmo que começava. Para conforto da alma opressa, recordou a narrativa de Ananias, no capítulo em que Jesus dissera ao velho discípulo que lhe mostraria quanto importava sofrer por amor ao seu nome."

Paulo e Estêvão. Segunda parte, capítulo 1, Rumo ao Deserto.

A década de 30 avançava para seu desfecho. As notícias de prenúncio de guerra eram ouvidas no rádio com temor, em Uberaba, pelas classes que dispunham desse recurso à época.

Passei a perceber com mais clareza o alcance dos prognósticos exarados, diversas vezes, pelos amigos espirituais. Nossas reuniões de intercâmbio passaram a ser continuamente destinadas a socorrer almas tombadas pela guerra. Por várias vezes regressei aos campos de loucura do nazismo e vi de perto aquilo que os programas radiofônicos não podiam e nem sabiam. Chocada com a índole humana, agoniada com as previsões dos radialistas, passei um longo período de depressão que, na verdade, assolou todo o povo brasileiro, especialmente nas classes mais cultas.

Eurípedes Barsanulfo, nesse tempo, mantinha um contato mais frequente, oferecendo-me suporte e orientação. Foram dez anos de tormenta mental para a humanidade e de muito trabalho nas sessões socorristas. Antes mesmo que a guerra terminasse, tomei contato com a extraordinária obra mediúnica *Nosso lar*, vindo a compreender claramente as razões dos apelos que recebi do Hospital Esperança em razão dos assassinatos em massa nos campos de concentração que se organizavam no iniciar da década de 40. André Luiz, entre muitos ensinos, deixava uma visão sobre a guerra à luz dos fundamentos da verdade. Encantou-me no livro a personagem ministra Veneranda, que mais tarde vim a saber tratar-se da mesma Isabel de Aragão, a rainha santa de Portugal, que orientava, nesse tempo, os serviços de intercessão do Hospital Esperança e dispunha de uma missão gloriosa junto nas terras sofridas do continente africano, em colônias portuguesas e adjacentes.

Nesse período, Cornelius também intensificou sua atividade no Sanatório Espírita de Uberaba. Sempre trazia esclarecimentos muito profundos sobre o que acontecia durante aqueles dias de ódio sombrio. Foram momentos de muita angústia os anos de 1939 a 1945.

Passada a tormenta da guerra, em uma noite nos fins de 1946, uma dor incomensurável tomou meu coração. Doutor Bezerra apareceu pedindo oração e, recordo-me bem, dormi sob influxo da prece em meu lar. Desdobrada, volitamos novamente para Nuremberg. Eram somente ruínas e uma psicosfera de tristeza sem fim. A madrugada avançava e fui levada a uma cela na qual se encontrava Hermann Göring, lugar-tenente de Hitler e assassino confesso.

Equipes de defesa acompanharam nossa tarefa. Havia se formado a esse tempo uma força-tarefa que, desde de 1940, fora organizada nas regiões imediatamente mais próximas da humanidade terrena, cujo finalidade era servir nos campos de batalha da Segunda Guerra. Uma autêntica Cruz Vermelha na erraticidade. Os mais experientes e treinados grupos de defesa e socorro das organizações do bem juntaram-se para a tarefa. Um dos objetivos cristãos da missão era proteger os enlouquecidos e hipnotizados nazistas para que conseguissem sair do corpo sem se tornar novamente recrutados ao *front* das fileiras da maldade organizada dos dragões, que os tinham como líderes credores de condecorações e reverência. Infelizmente, Göring se entregou aos destinos tenebrosos do suicídio horas antes da sentença de enforcamento decretada no "julgamento de Nuremberg". Nada pudemos fazer na ocasião.

Depois de muito conflito e tumulto em redor da prisão, com a presença organizada de grupos draconianos com vasta experiência em desencarnação, ele foi levado diretamente às furnas. Somente mais tarde, na década de 50, equipes especiais que compunham grupos de imigrantes ao planeta, coordenadas por Maria de Nazaré, mãe dos espíritos degredados na

Terra, foram nos vales da maldade para buscar os reféns da loucura coletiva do nazismo. Por meio de iniciativas endossadas diretamente por Jesus, um continente os aguardava para a última incursão na matéria, antes que fossem deportados.

O mundo espiritual, em decorrência da guerra, recebeu uma superpopulação nas adjacências espirituais da crosta. Em menos de dez anos, milhões de almas regressaram pela morte antecipada, gerando para muitas casas de amparo, em nosso plano, um contingente excessivo, o que determinou um destino novo para multidões de líderes e corações comprometidos com a Segunda Guerra. Necessário seria que parte deles pudesse estar de volta ao planeta em *reencarnação segredo* apenas para se ocultar das perseguições odientas.

A África foi a solução. O subdesenvolvimento e as condições de continente deserdado pelas sociedades humanas constituíam um esconderijo adequado às necessidades de proteção. Eu mesma, a princípio, não entendi a razão de tal decisão. A África era praticamente uma colônia do mundo europeu, completamente vandalizada pela "civilização". A pobreza e as condições socioeconômicas eram de dar piedade. Entretanto, era a opção disponível e viável.

Percebi que o plano espiritual não era um local com todas as soluções para todos os problemas humanos, mas era, na verdade, uma fatia desconhecida do planeta que agia e reagia às mesmas leis e contingências nele operadas. O livro *Nosso lar* descortinou-me esse horizonte e deu bases intelectuais para que meu cérebro pudesse absorver tais noções. Para equilibrar o processo e destinar o povo africano a rumos melhores, diversos voluntários com vivência política e cultural, prontos a provocar o desenvolvimento, mas ainda portadores de larga soma de compromissos conscienciais, foram recambiados aos países africanos para trabalhar a independência e o progresso. Muitos deles eram europeus que, desde o século XIX, destilaram a selvageria contra o continente colonizado. Portanto, antecipando uma década, aproximadamente, os Condutores Sociológicos do planeta planejaram diversas reencarnações prevendo o destino desse continente nas décadas vindouras.

Devido às iniciativas dos espíritos de Maria de Nazaré, com larga vivência em transmigração de almas, foram erguidas colônias transitórias, estrategicamente organizadas em planos relativamente próximos à psicosfera terrena, mas fora da interferência do anel magnético vibracional dos vales da maldade. Serviriam de bases seguras para as incursões que acelerariam a deportação no planeta a partir dos incidentes do pós-guerra.

A guerra foi o vômito de ódio que regurgitou no orbe desde a passagem do Cristo, que trouxera o remédio para as doenças de nossa raça.

O transporte da árvore continuava célere. O pós-guerra permitiu um afrouxamento nas prisões infectas do Vale do Poder. As atenções das organizações inferiores se mobilizavam integralmente para remendar os efeitos da catástrofe, que se fizeram evidentes na subcrosta astral a partir da derrocada de Hitler. Um clima de alvoroço e desespero por lá se instalou quando perceberam as medidas dos Mentores Planetários.

Correram notícias de que Jesus estaria novamente na matéria, o que lhes consumiu ainda mais os dias em perseguições infrutíferas e sem sentido. O caos também se instalou nas furnas da maldade. Uma reação em cadeia atingiu os vales da sombra e da morte. O fogo etérico que seria narrado em 1946 na colossal obra literária de André Luiz *Obreiros da vida eterna*, assustava as mais altas patentes da maldade organizada por sua força devastadora. Essa tecnologia de defesa teve variantes incomparáveis na primeira metade do século XX, sendo aperfeiçoada pela física quântica que, nas esferas espirituais, já tinha largo desenvolvimento nesse tempo.

A deportação em nossa casa planetária já havia começado no tempo de Jesus Cristo. Uma das razões mais evidentes da consolidação do Vale do Poder[33], 1.500 anos antes da chegada do Messias, foi exatamente a notícia que se alastrou de sua vinda, criando uma cadeia de fatos históricos em torno dessa vinda prometida. Diz o evangelista Marcos, capítulo 1, versículo 13: "E ali esteve no deserto quarenta dias, tentado por Satanás. E vivia entre as feras, e os anjos o serviam". Esse foi o ponto culminante dessa saga de lutas e horrores que desfiou as raízes para uma história que não terminaria naquelas 40 noites de testemunhos, gerando 2 mil anos de atrocidades que, quando estudados pela antropologia de nosso plano, deixam claras quais foram as decisões de Lúcifer quando frente a frente com Jesus. Acrescenta Lucas, capítulo 4, versículo 2: "E quarenta dias foi tentado pelo diabo, e naqueles dias não comeu coisa alguma; e, terminados eles, teve fome".

Não há local vibratório na Terra em que os espíritos de Maria não possam entrar. A limpeza dos mandantes da guerra foi efetivada até meados da década de 70. Um trabalho cuidadoso foi

---

33 O Vale do Poder não estava estruturado quando foi organizada a Cidade do Poder há 10 mil anos.

feito para não chamar a atenção dos dragões, que supunham que seus comparsas já estavam sendo deportados, embora estivessem sendo recambiados à matéria. Essa medida evitou, por alguns anos, maiores obstáculos ao processo, até que descobrissem o destino dos nazistas. Algo que ocorreu nos fins da década de 50, vindo a tomarem um enorme interesse pela África. Um novo ciclo se iniciou.

Não havia com quem dividir semelhantes informações, a não ser com Inácio. Ele tornou-se, assim, o confidente dos meus registros mediúnicos. Já que o povo de Uberaba, em particular a Igreja, julgava-me uma perturbada que cuidava de loucos, cuidava de conter minha língua. Meu pai, João Modesto dos Santos, e minha tia, sua irmã, Evarista Modesto dos Santos apoiavam-me incondicionalmente. Meu pai, aliás, foi um autêntico neutralizador de críticas a mim dirigidas pelas autoridades eclesiásticas locais. Como gozava de influência entre as camadas abastadas de Uberaba, pelo menos evitavam escândalos públicos, limitando-se a falar apenas aos cantos em *boca pequena*.

A década de 40 foi marcada por enormes lições para minha vida. Os apelos do mundo espiritual ampliavam um leque de necessidades incomensuráveis. Tinha a sensação contínua de que não daria conta.

Nossos pacientes no sanatório obtinham excelentes resultados com as técnicas de desobsessão. Inácio, aproveitando sua veia científica, iniciou a escrita de seus livros nesse tempo[34].

---

34 Alguns livros de autoria do dr. Inácio Ferreira, quando encarnado, são: *Psiquiatria em face da reencarnação* e *Novos rumos* à *medicina*, volumes I e II.

Suas pesquisas sobre a vida mental e a influência da obsessão e da reencarnação, durante décadas, constituíram uma contribuição que acentuava a idoneidade do sanatório. A essa época, tivemos por diversas vezes a presença do espírito doutor Oswaldo Cruz[35] juntamente com benfeitores da Cruz Vermelha, que nos prestaram orientações preciosas sobre a saúde. Na década de 50, passamos a ter constantes intercâmbios com Pierre-Marie-Félix Janet[36], médico francês dedicado às ciências psíquicas que muito se interessou pelos registros de Inácio, passando a assessorá-lo assiduamente, mantendo estreitos laços com o sanatório uberabense.

Foi também nesse tempo, no alvorecer da década de 50 que, de modo mais incisivo, doutor Bezerra ampliou seus apelos de solidariedade ao movimento espírita. Tão logo declinaram os serviços assistenciais mediúnicos no pós-guerra, por volta de 1946, recebemos inúmeras mensagens escritas de diversos espíritos solicitando orações pela seara.

Bittencourt Sampaio, em uma delas, deixava claro que a primeira leva de espíritos do tronco judaico-cristão reencarnados nas primeiras três décadas do século iniciava seus passos mais ostensivos por meio de manifestações de seus velhos impulsos de formalismo, junto às responsabilidades novas no seio das agremiações doutrinárias. O benfeitor nos deixou uma severa

---

35 Oswaldo Gonçalves Cruz (São Luiz do Paraitinga, 5 de agosto de 1872 - Petrópolis, 11 de fevereiro de 1917) foi um cientista, médico, bacteriologista, epidemiologista e sanitarista brasileiro.

36 Conhecido simplesmente como Pierre Janet (Paris, 30 de maio de 1859 - Paris, 24 de fevereiro de 1947) foi um psicólogo e neurologista francês que deu importantes contribuições ao estudo moderno das desordens mentais e emocionais envolvendo ansiedade, fobias e outros comportamentos anormais.

advertência sobre o assunto, afirmando que o clima de antifraternidade já havia tomado conta de inúmeros tarefeiros.

Foi o pioneiro no estudo das moléstias tropicais e da medicina experimental no Brasil. Fundou, em 1900, o Instituto Soroterápico Nacional no bairro de Manguinhos, no Rio de Janeiro, transformado em Instituto Oswaldo Cruz, respeitado internacionalmente.

Como sempre, talvez por minha necessidade de manter o coração puro, depois de séculos na maldade calculada, continuava com muita resistência em acreditar nas notícias desse porte. Entretanto, certa feita, os bons espíritos, conscientes de minha ingenuidade para com as questões dessa natureza, e preparando-me para o futuro, providenciaram dois episódios marcantes para minha melhor avaliação das lutas da seara. O primeiro deles foi a visita de um amigo querido, Odilon Fernandes, com o qual travamos um edificante diálogo sobre o assunto nos primeiros dias do ano bom de 1950. Em uma tarde, em minha residência, reunimos Inácio, Odilon, Manoel Roberto e eu. O assunto corria livre quando Odilon desabafou:

— Devo confessar mesmo sem desejar, dona Modesta, a minha surpresa e, porque não dizer, a minha decepção com certas questões que vêm acontecendo no movimento espírita!

— Meu caro doutor Odilon, convenhamos... É um movimento feito de homens e mulheres falíveis. Não poderia ser diferente.

— Compreendo essa realidade. Apesar disso, a menos que seja alguma dificuldade minha, não consigo entender tais posturas ante uma doutrina tão viril na sua proposta de fraternidade. Continuo nutrindo gosto com todos; respeito e carinho não me faltaram, mas...

— De minha parte, como me encontro completamente absorvida pelas tarefas, reconheço não estar muito bem informada sobre esses assuntos, pelo menos no âmbito prático das ocorrências. Aliás, costumo dizer a Inácio que prefiro brigar com meus loucos no sanatório a ter rixa com os espíritas. Meus loucos são sinceros e verdadeiros...

— Essa é a questão, dona Modesta! Tenho me decepcionado talvez mais com minha ingenuidade em acreditar honestamente em muitos amigos e, quando vejo, estou sendo difamado ou vítima de futricas.

— O senhor é um homem bom, doutor. E, de mais a mais, embora eu mesma tenha ainda certa dificuldade em acreditar, parece-me que nós, espíritas, não somos tão bons quanto quer nossa ilusão! Eu diria que não temos nada de diferente em relação a qualquer pessoa, apenas desistimos de fazer o mal.

— Não desejamos o mal, porém ainda o sentimos, concorda? – indagou, Odilon.

— Nossas intenções nobres são sinceras. Nossas atitudes é que não as refletem com fidelidade. Largamos o mal. Nada mais! Já não queremos prejudicar ninguém, entretanto, ainda não somos capazes de agir no bem do semelhante tanto quanto gostaríamos ou deveríamos.

— E esse pouco bem que já fazemos nos traz a sensação de realização profunda. Tão profunda que somos enganados por nosso orgulho. Ao mesmo tempo que nos realiza, expomo-nos ao teste do assalto de velhas ilusões do orgulho.

— É verdade, doutor Odilon! Digo isso de mim mesma que, até certo ponto de minha caminhada, nas atividades no sanatório, me senti meio angelizada.

Para minha segurança, os bons espíritos me mostraram uma realidade diferente sobre a verdadeira situação de quantos renascem sob a luz meridiana da doutrina. E, graças a isso, tenho educado meus ímpetos de grandeza pessoal. O senhor Eurípedes Barsanulfo nos disse recentemente que faz tanto tempo que não experimentamos as blandícias do amor que, agora, ao procurarmos retificar o caminho pelos serviços de caridade, uma intensa sensação de plenitude toma conta de nossa intimidade, constituindo alívio, mas também impulso a ser educado.

— Tenho notícias muito tristes sobre o movimento de Minas, São Paulo e Rio de Janeiro. Desde 1947, uma onda de poder sacode as relações nas instituições em razão de meros pontos de vista da doutrina.

— Tenho sido orientada a respeito pelos benfeitores. A luta é árdua, meu irmão – falei mantendo a completa discrição em relação aos informes já recebidos. Conduta essa que adotava até mesmo com os mais próximos. Algumas vezes abordava o tema superficialmente.

— No fim do ano que passou chegou-se a assinar um acordo de unificação que, em minha insignificante visão, nada mais foi que uma medida cautelar nesse jogo infeliz de hegemonia. Como os espíritos amigos analisam tais pactos? A senhora tem alguma informação em suas reuniões sobre esses acontecimentos?

— Temos sido agraciados com muita orientação sobre o transporte de espíritos para o seio da seara espírita.

— Carolas de outros tempos Odilon! – gracejou, Inácio, que sempre teve uma diferença com a Igreja e os padres. — Renascem no movimento os párocos e bispos. A personalidade é a mesma, só mudou o rótulo. Ficaram fascinados com a beleza do Espiritismo quando "mortos" e agora querem ser donos dela como "vivos".

— Eu sei disso, doutor Inácio, mas ainda assim fico a me perguntar se os bondosos amigos espirituais apoiam e porque apoiam.

— Apoiam, doutor Odilon, porque já estamos fazendo algo de melhor em relação aos roteiros das antigas reencarnações.

— Mas isso não será ruim para o futuro da doutrina?

— Poderá, no máximo, segundo nos esclareceram os amigos espirituais, consolidar um perímetro cultural em torno das ideias espíritas, criando conceitos muito rígidos no entendimento da proposta educativa do Espiritismo. O tempo, porém, renovará essa concepção dogmática que reflete o Catolicismo ancestral em nosso psiquismo. As gerações futuras, que vão regressar ao corpo, levarão os fundamentos da doutrina para concepções mais abrangentes e universais, rompendo, assim, com essa visão purista que tem levado muitos ao exagero.

— Então apoiam por solidariedade?

— Este é o papel dos verdadeiros mentores: amar incondicionalmente. O fato de apoiarem não exclui nossa necessidade de avaliar tais fatos como medidas melindrosas para o futuro. Os espíritos superiores sabem muito bem a diferença entre devoção e amor. Somos esforçados e nutrimos intenções legítimas no bem, todavia somos deveras imaturos para realizar expressões mais consistentes de amor fraternal. Sem noções mais claras sobre a realidade espiritual que trazemos no íntimo, jamais compreenderemos esses reflexos nocivos de hegemonia e dogmatismo.

— Quem somos nós, dona Modesta? De onde viemos nós, os espíritas? Às vezes me sinto tão enfermo e infeliz que me pergunto qual terá sido minha trajetória em vidas passadas.

— Odilon – interveio Inácio —, esteja certo que não somos flor que se cheira! Temos recebido informes graves sobre nossa situação nas sessões mediúnicas.

— Poderia saber de algo?

— Modesta, posso? – indagou-me Inácio por ser fiel ao nosso trato de comentar nossas atividades somente em casos muito raros.

— Fique à vontade, Inácio. Doutor Odilon precisa saber de algumas coisas, porém não exagere.

— O senhor conhece o irmão H.?

— Conheço e trocamos cartas.

— O que acha de sua tarefa?

— Um missionário. Graças a ele, os livros do nosso querido Chico Xavier iluminam vidas. Entretanto, foi o avalista do referido acordo que se deu no Rio de Janeiro. Isso me deixa confuso!

— Em nossas reuniões, há mais de dez anos, antes mesmo de ele assumir essas graves responsabilidades, irmão H. esteve sendo sempre muito amparado. Isso não indica que os amigos espirituais abonem suas decisões por completo. Ele está sendo alvo de uma severa obsessão. O foco do auxílio a irmão H., além de amparo merecido, é também para evitar que outros, ainda mais imaturos, possam assumir o seu cargo. Infelizmente, os irmãos da unificação no movimento espírita desconhecem o que seja o *transporte da árvore evangélica*. Em síntese, é imperioso registrar que o joio do poder já se misturou ao trigo vicejante da causa do Cristo na seara bendita. Além do que, como já podemos constatar, é o arrimo bendito do livro mediúnico que vai iluminar os roteiros do Espiritismo nos próximos séculos.

— Irmão H. estaria tomado por uma obsessão?

— Sim.

— Mas, doutor Inácio, como pode? A meu ver, mesmo estranhando as atitudes desse homem no recente episódio do *pacto*, jamais imaginei que chegaria a tanto!

— Doutor Odilon – regressei à conversa após saborear uma xícara de chá —, qual de nós não tem uma obsessão? Por que essa estranheza? A obsessão não retira o mérito de irmão H., não o diminui em nada. Obsessão, para quem se encontra em processo de remição consciencial, é uma bênção, uma contingência inevitável. Aquele que mais tem é convidado a dar algo àquele que menos tem. Nada mais!

— Talvez eu esteja sendo inconveniente ao tratar desses assuntos! Creio que minha língua está obsediada.

— Não doutor! Não se martirize por fazer uma análise franca e educativa.

— Quer dizer que esse fenômeno de reencarnação em massa se chama *transporte da árvore evangélica*?

— Sim. É o renascimento do tronco judaico-cristão, que se encontrava aprisionado por hostes da maldade.

— Podemos nos considerar como parte desse grupo?

— Pelo menos falando de mim, doutor Odilon, não me resta a menor dúvida.

— Meu Deus! Fico pensando, algumas vezes, se os espíritos não deveriam dar uma mensagem bem clara por intermédio de Chico Xavier sobre o que está acontecendo. Talvez assim as coisas mudem um pouco.

— Doutor! Doutor! Já deram!

— Deram mesmo?

— O senhor já leu a magnífica obra *Paulo e Estêvão*?

— Linda!

— Linda e oportuna! Será que o senhor acha que Emmanuel escreveu esse livro sem motivos?

— Meu Deus! Nunca havia pensado por esse prisma.

— A obra tem alguns anos[37]. Foi escrita, certamente, prevendo os acontecimentos recentes do movimento. Novamente

---

37 *Paulo e Estêvão* foi editado pela Federação Espírita Brasileira, em 1943.

estamos falhando no processo de formalizar em excesso a mensagem do Cristo, contra que Paulo de Tarso tanto lutou. As influências agora não vêm de fora, conquanto Inácio não concorde muito comigo nesse ponto, ao valorizar os ataques da Igreja.

— Ainda acho, doutor Odilon – participou Inácio —, que a Igreja é uma adversária.

— E eu concordo – manifestou-se pela primeira vez Manoel Roberto que era muito tímido e profundamente dedicado ao seu diretor. — Doutor Inácio tem razão de sobra ao afirmar que os padres são muito hostis.

— A hostilidade mais grave parece que agora tem vindo também de dentro, Manoel! – respondeu doutor Odilon. — Se assim continuar, não sei como vai ficar. Tenho, por vezes, a impressão de que as pessoas imbuídas de intenções nobres, ou que verdadeiramente muito realizam pela causa, são alvo de inveja e perseguições da língua maledicente. A intriga parece estar sendo institucionalizada!

— Isso sempre existiu, doutor Odilon.

— Eu sei, dona Modesta, eu sei! É que esperava que fosse diferente entre nós.

— Deveria ser, caro irmão, mas não é!

— Como disse a senhora: apenas largamos o mal.

— Uma organização com intuitos inquisitoriais! Estarei sendo injusto na análise, dona Modesta?

— Doutor, se não houver uma mudança de curso, caminharemos para algo assim novamente. Veja o que aconteceu com

Jesus. Nada de mau Ele fez. Ao contrário, foi a bondade lúcida em todos os instantes de Sua inimitável trajetória. E o que foi feito a Ele?

— Nós O crucificamos.

— Continuamos a fazer isso com Jesus, meu irmão. Não mais à Sua pessoa, mas à Sua mensagem gloriosa. Quando alguém reflete em si mesmo a luz excelsa do bom exemplo e da virtude, incomoda-nos essa luminosidade, porque diante da grandeza e do valor alheio tomamos contato com nossa própria inferioridade, e dói-nos percebê-la.

Jesus incomodou e incomoda até hoje. Sua beleza espiritual é um espelho continuamente voltado para quem se interessa por Sua proposta de redenção.

O maior teste para nosso orgulho consiste em estar diante da superioridade alheia. A luz dos outros revela-nos a sombra interior. Os alegres assustam os mal-humorados. Os bons perturbam os mal-intencionados. Os destemidos são lembretes vivos para os acomodados nas teias do medo. Os empreendedores atiçam a impotência dos despreparados. Os inteligentes insultam os ignorantes. O virtuoso, sem desejar, desnuda as mazelas de quem pretendia mantê-las ocultas de si mesmo. As conquistas espirituais manifestadas na boa vontade e na capacidade de servir são um estorvo para almas como nós, ainda inseguras e vacilantes na caminhada de melhoria moral.

Por essa razão diz um velho ditado do tempo de meus avós, "mourão junto não faz cerca". Dois mourões juntos entram em tamanha disputa para saber quem é o maior, que terminam esquecendo sua função essencial, que é arrimar uma cerca.

Assim, atazanados pelos êxitos alheios, perdemos a autenticidade procurando parecer o que não somos para diminuir a luz que nos ofusca; sentindo-nos impotentes diante da agilidade e da destreza de outrem, não conseguimos conter os ímpetos da maledicência, com a qual procuramos empanar o brilho do próximo. E, em muitas ocasiões, não sabendo como reduzir a superioridade de outrem, adotamos a indiferença como único recurso de proteção contra nossa própria fragilidade.

— Que recomendação a senhora e nossos benfeitores teriam para semelhante tragédia das nossas relações, dona Modesta?

— Doutor, a recomendação é do Cristo que diante da disputa dos apóstolos para saber quem era o maior, enunciou a desafiante proposta educativa narrada em Mateus, capítulo 18, versículo 4: "Portanto, aquele que se tornar humilde como este menino, esse é o maior no reino dos céus." Jesus utilizou-se da criança para criar um modelo de exemplo cristão.

— Com que palavra a senhora resumiria esse ensino?

— Simplicidade.

— Ah, dona Modesta! Essa é a palavra sagrada que não sai da minha mente! Que bom ouvi-la da senhora. Até então acreditei que estava sendo ingênuo por acreditar nela. Acompanho essas situações lamentáveis que citei aqui em Uberaba, em algumas casas espíritas. Começa a surgir um rigor dispensável nas diretorias. Estamos perdendo a simplicidade da boa conversa e da amizade, que são substituídas por aparelhos organizacionais distantes do acolhimento afetivo. Teorias e iniciativas novas surgem para uma maior propagação da doutrina. Muito estudo, muita norma, pompa e escassa convivência cristã.

— Meu caro doutor Odilon, o conhecimento foi e continua sendo uma referência de aferição da importância pessoal em assuntos da alma. Em todos os tempos da história humana, ele foi o fundamento que definiu quem poderia ou não opinar nas questões espirituais. Sacerdotes e religiosos nas diversas ordens religiosas encontraram na cultura e na inteligência a insígnia pela qual se julgavam aptos ao serviço da redenção humana.

Esse hábito arraigado ainda está presente em nossa estrutura mental. Mesmo entre os adeptos da revelação espírita, fica evidente a influência de tal costume que, a meu ver, pouco a pouco vem consolidando uma cultura por demais perigosa à nossa causa, que poderá redundar, no futuro próximo, em uma nova elitização do Evangelho do Cristo. O Espiritismo, com apenas 90 anos de existência, já apresenta sinais de hierarquização.

Muitos companheiros, sem dúvida, têm estimulado ideias que poderão constituir efetivas soluções pelo bem da doutrina e sua propagação. Entretanto, guardo dúvidas sinceras sobre a possibilidade de união e fraternidade, caso as coisas continuem nesse rumo. Cuida-se da doutrina e descuida-se de uma convivência cristã. Que será do futuro?

— Parece-me, dona Modesta, que a simplicidade está sendo abandonada mesmo. Em meio ao trigo do trabalho e da tolerância surge o joio do separatismo fantasiado de formalidades e iniciativas inspiradas na unidade de propósitos. Ainda não consigo compreender essa tendência de acumular conhecimento em detrimento da vivência do amor. Por que motivo agimos assim? Aqui já não falo dos organismos institucionais, mas de mim mesmo, que adoro a cultura.

— Há um fator natural nessa questão. O pensamento é o campo de conquista sobre o qual mais temos domínio. Todas as operações que dizem respeito ao ato de mover a energia mental para criar, seja pelo raciocínio, seja pela reflexão, são realizadas com desenvoltura por todos nós. Todavia, os benfeitores espirituais nos sinalizam uma nova ordem de crescimento e ascensão. Dizem eles que o estágio de aprendizado na Terra apresenta urgentes lições ao homem na educação dos potenciais do sentimento. Chega o instante de desenvolver a sensibilidade, que será um avanço decisivo na edificação do homem renovado.

Somente quando iniciarmos o serviço redentor de investigar o reino subjetivo das operações do sentimento reuniremos condições efetivas de renovação das nossas atitudes. E apenas a poder de atitudes conseguiremos aplainar os caminhos para o amor legítimo.

Os milênios de experiências nos roteiros da inteligência fomentaram a secura emocional.

— De alguma forma, então, estaríamos apenas experimentando as vicissitudes do nosso estágio?

— Creio que sim, doutor Odilon, conquanto a vida esteja nos chamando para novas lições. Compete-nos agora o desenvolvimento moral. E moral significa costume, isto é, mudar comportamentos. É assim que têm me orientado os bondosos guias espirituais.

— Daremos conta disso, dona Modesta?

— Quem sabe, doutor? Quem sabe!

— Terminei a leitura de um excelente livro de Chico Xavier chamado *Voltei*. A senhora já o leu?

— Ainda não conhecemos, não é, Inácio? – dirigia-me sempre ao médico, que tinha uma memória ímpar.

— Não, não conhecemos!

— O livro narra a história de um excelente espírita, o irmão Frederico Figner, que assume o pseudônimo de irmão Jacob na obra. Ele foi presidente da nobre Federação Espírita Brasileira. Em resumo, com um linguajar ético e cristão, o irmão Figner deixa claro suas enormes dificuldades no mundo espiritual. Quem pensaria nisso, se ele não escrevesse sobre o assunto? Creio que está se formando uma ilusão severamente perigosa entre nós sobre uma importância que não possuímos. Uma supervalorização dos cargos além do conhecimento.

— Vamos ler o livro assim que pudermos. No entanto, não fica dúvida sobre nossa real condição espiritual, doutor Odilon. O espírito André Luiz escreveu também um livro oportuníssimo sobre o assunto, *Os mensageiros*, no qual deixa clara a situação infeliz de vários palestrantes, doutrinadores, médiuns e presidentes de centros na vida espiritual. Creio que o momento é de alerta e cuidados com nossa condição. Mais uma vez, acredito que, ao se afastar da simplicidade, valoriza-se mais o que impressiona do que o que genuinamente edifica.

— Irmãos queridos que conheci na simplicidade do Centro Espírita, ao assumirem cargos no organograma da unificação na seara, passaram, imediatamente, a adotar condutas presunçosas em relação às ideias doutrinárias. Mudaram seu modo de ser.

— A doutrina é importante, e nós nem tanto! – falei inspirada naquele instante.

— O que leva a nos afastar da simplicidade, dona Modesta?

— O que faz com que uma criança, doutor, ao entrar na fase juvenil, perca sua espontaneidade e ingenuidade?

— Sinceramente não saberia responder a essa questão.

— O jovem começa a ter uma percepção mais estruturada de si mesmo. A criança não se ocupa disso, ela não pensa muito sobre si mesma. Ela vive, não julga. O jovem inicia uma mudança psicológica significativa. Faz juízos contínuos, analisa, perquire. A partir desse movimento psíquico, desenvolve uma autopercepção. Esse conceito de si mesmo estará sujeito a três fatores: aptidões e tendências inatas de outras vidas, influência da socialização e nível de maturidade mental adquirida na evolução. Esse juízo pessoal será mais ou menos próximo da realidade conforme a trajetória do Espírito nesses três quesitos. É nessa fase que surgem as "deformações psicológicas"[38].

Essas deformações têm como efeito as ilusões ou autoilusões, aquilo que pensamos que somos. Normalmente tais miragens da vida psicológica nos induzem a assumir uma condição de importância pessoal ou superioridade. São as ações do orgulho que sustentam a loucura humana de se acreditar mais valoroso do que se é.

É a partir dessa percepção equivocada de nossa condição pessoal que surgem todas as ações complexas, seja em que campo for das atividades humanas, com o objetivo de atender aos interesses pessoais que estiverem presentes na vida de cada pessoa. É assim que perdemos a simplicidade, isto é, ao nos movermos para atender aos interesses ilusórios perdemos o foco essencial da vida e lutamos por aquilo que não é prioritário. Seguimos uma carreira de buscas intermináveis por conquistas que não correspondem à nossa intimidade profunda. Em outras palavras, perdemos a simplicidade toda vez que nos distanciamos da própria consciência, na qual estão escritas as Leis de Deus para nossa paz e equilíbrio.

A ausência da simplicidade é como se fosse um distanciamento do que é essencial, daquilo que clama a alma para ser feliz.

---

38 Mesmo já havendo terminologia técnica nesse tempo, com frequência usávamos essa expressão, que popularmente nos remete à ideia de neurose.

Ao nos apegarmos aos mecanismos exteriores que nos dão a sensação de segurança e progresso, abandonamos o contato com o real e nos agregamos ao imaginário.

Quando em grupo, essa atitude de tornar as coisas complexas se fortalece ainda mais. Forma-se, por assim dizer, uma cadeia de propósitos nos quais seus criadores se alimentam em permanente permuta de forças.

É assim que facilmente os valores institucionais se tornam mais importantes que os valores humanos. É assim que o transitório chega a ser mais valorizado que o imperecível.

Em resumo, abandonamos a simplicidade quando pensamos demais e amamos de menos.

— Tenho convivido com irmãos que fundaram obras de caridade ou Centros Espíritas que me passam, deliberadamente, a impressão de grandes missionários, com todos os seus problemas resolvidos com a consciência. Lá vai minha língua falar do que não deve!

— Doutor, o senhor fala da sua língua porque pouco sabe o que faz a minha – gracejou Inácio.

— É que me sinto desconfortável com esse assunto. E só tive coragem de conversar por se tratar de vocês, pessoas de minha confiança. Preciso do desabafo.

— Não podemos fugir desse tema.

— Eu sei, dona Modesta. Acho que ando meio solitário de amigos espíritas sinceros que estejam dispostos a compartilhar essas questões com fins educativos distantes da calúnia.

— Apenas para minha informação, doutor Odilon: qual o ponto básico dos desentendimentos entre os irmãos do movimento? – perguntei curiosa.

— Nunca chegam à conclusão se o Espiritismo é religião ou ciência. Criaram até um termo: pureza doutrinária. Com isso, nossos companheiros da unificação pretendem dirimir quaisquer dúvidas a esse respeito.

— Um novo cânone. Isso é o que querem os novos pensadores da doutrina – atalhou Inácio. — Já não chega o que a história mostrou a esse respeito, e lá vamos nós, outra vez, criar limites à mensagem do Evangelho. Não se lembra das orientações passadas por Cornelius? Ele disse que chegaria o dia em que teríamos mais amor pela doutrina que pelo próximo.

— Sou obrigado a concordar, doutor Inácio. Alguns amigos, aqui mesmo em Uberaba, já me procuraram dizendo coisas que, a princípio, não acreditei. Foram excluídos de suas tarefas por pensarem diversamente. O senhor acredita nisso?

— Doutor Odilon, isso é apenas o início de uma nova onda de acontecimentos que, infelizmente, ainda deverão causar muito furor nas décadas vindouras no seio da comunidade espírita – arrematou Inácio.

— Por que o senhor diz isso, doutor Inácio?

— Porque ainda vão renascer muitos espíritos no movimento com a mente totalmente moldada para o processo institucional. Assim como nós, mais pensam que amam. Colocam os valores institucionais acima dos valores humanos. A tal ponto isso acontece que doutor Bezerra nos deu notícias na sessão mediúnica sobre um avançado processo de preparação de alguns corações para contrabalançar as expressões de rigidez que deverão se aportar na seara nas próximas décadas.

— E isso se deve ao *pacto*?

— Não. Ao contrário, o *pacto* é apenas um efeito daquilo que está no íntimo dessas almas e que, na verdade, é a raiz das nossas lutas sectárias: o orgulho.

— Que faremos nós, dona Modesta, para não percorrermos o mesmo caminho? Nós também pertencemos a esse grupo de almas necessitadas? Pelo menos eu me sinto assim. Doutor Inácio me tocou profundamente com esta colocação: colocar os valores humanos abaixo dos valores institucionais. Como vencer esta batalha íntima?

— Largar os tronos, doutor Odilon, e servir, servir e servir. Para nós, que estamos aqui no sanatório, distantes emocionalmente desse tipo de insensatez, o trabalho não tem faltado. Talvez seja isso que falte a muitos de nossos companheiros que se enlouquecem com esse tipo de assunto. Somos, sim, integrantes desse grupo de enfermos e devemos agradecer a Deus por nos oferecer o serviço edificante do amparo social.

— Isso me apavora até certo ponto! O trabalho é uma bênção defensiva contra a loucura que ainda avassala nossa mente, mas e os ímpetos que assaltam nossas atitudes? Sinto que somente o trabalho, por si só, não renova a alma. Como largar esse passado sombrio e carregado de ímpetos tão insolentes em nossa intimidade, dona Modesta?

— Para largar esse trono de superioridade que teima em dominar nossos impulsos e inclinações, somente tomando contato e educando a raiz básica de nossos males morais, a arrogância. Conhecer as nuanças, radiografar suas expressões em nosso caráter. Após o que, resta-nos o exercício da atitude renovadora diante dos dados que iremos reunir acerca de suas formas de manifestação.

— E o movimento, como ficará?

— Ficará como tem de ficar! Uma enfermaria repleta de doentes que acreditam ser médicos, com todas as soluções para o bem do Evangelho de Jesus! É a luta de sempre! Até Pedro invejou a grandeza de Jesus.

— Dona Modesta!

— E o senhor não acredita nisso?

— Vindo da senhora, como posso duvidar?

— Diz o evangelista Mateus, no capítulo 16, versículo 22: "E Pedro, tomando-o de parte, começou a repreendê-lo, dizendo: Senhor, tem compaixão de ti; de modo nenhum te acontecerá isso." O apóstolo não queria que Jesus fosse a Jerusalém padecer as dores e os escândalos, e o Mestre, que um minuto atrás, na mesma passagem, o havia enaltecido, dizendo que ele era pedra e sobre ele edificaria sua igreja, repreende-o severamente dizendo no versículo 23: "Ele, porém, voltando-se, disse a Pedro: Para trás de mim, Satanás, que me serves de escândalo; porque não compreendes as coisas que são de Deus, mas só as que são dos homens."

Pedro recebe com orgulho a missão de ser a base da igreja do Cristo, mas assusta-se ao saber que o Mestre daria o exemplo de padecimentos a tal mister. Pedro sabia que Jesus conseguiria cumprir Sua missão e o invejava por isso, porque, no fundo, sentia receio de não dar conta da mesma tarefa, caso a ela fosse convocado. Jesus pronunciou Sua fala com muita serenidade. Demonstrava confiança, fé. Pedro queria ser igual a Jesus. Era um coração tocado pela grandeza espiritual do Mestre.

— Por que esse grupo espiritual de almas falidas tem de renascer como espíritas? Não seria mais interessante que o Espiritismo...

— Não, doutor! Perdoe-me a interferência. Lembra da promessa do Cristo acerca do Consolador? João, 14:16: "E eu rogarei ao Pai, e ele vos dará outro Consolador, para que fique convosco para sempre." E também Mateus, 15:24: E ele, respondendo, disse: "Eu não fui enviado senão às ovelhas perdidas da Casa de Israel." A beleza do Espiritismo será comprovada através da remição de almas adoecidas como nós. Para doenças graves, o remédio justo.

— Desculpe-me a réplica, dona Modesta: para quem será comprovada essa beleza e eficácia da doutrina?

— Para aqueles que querem assumir o lugar de Jesus na Terra. Se os prisioneiros falidos que seguiram a Jesus foram libertados das infectas prisões dos vales sombrios da maldade, com chances renovadas de recomeço e, mais ainda, com possibilidades de conquistar sua alforria interior, que prova mais eloquente poderá existir da vitória pacífica do amor sobre a face da humanidade? – nessa altura, desejei falar da história dos dragões, mas evitei.

— Perdoe-me perguntar novamente: conseguiremos?

— Vamos trabalhar doutor, e contar com muita misericórdia para que nas próximas décadas esse joio indesejável do personalismo possa ser, paulatinamente, erradicado até as raízes.

Creio que se não nos afastarmos da dor humana manteremos a simplicidade, e com ela o resto virá nas expressões da Bondade Celeste.

Que ambiente poderia ser melhor para espíritos com instintos tão primários no transporte da árvore? Coloque-os em outros locais onde a motivação seja outra e a piora seria inevitável. Regressaríamos à maldade confessa e ao orgulho sem freios.

A grande qualidade que nos assinala como integrantes desse grupo de doentes é o arrependimento. Estamos entediados do mal e asilamos um irrefreável desejo de amar e ser amados. Nisso residirá a grande luta de todos nós que padecemos nos domínios da consciência falida. Queremos novos rumos. Entretanto, contra nossas aspirações legítimas no bem temos uma farta plantação de espinhos a colher. Contra os anseios nobres, ainda tenros nos refolhos do ser, existe uma extensa força de atração para a queda.

A mais triste decepção que poderá ser experimentada por quantos se entregarem aos braços sórdidos dessa loucura pelo poder será perceber diante das revelações lúcidas do Espiritismo, que já não podem mais dominar sem reações imediatas, decidir sem ser questionado e agir sem a crítica livre e muitas vezes ferina. Sentirão que a liberdade, antes exercida para fazer o que queriam nos tempos medievais, agora deverá ser usada para fazer o que deve ser feito. Caso contrário, as sábias leis cósmicas infringirão a dor imediata como resposta aos descaminhos de outrora. Enfim, somos almas que não conseguem mais iludir a própria consciência. Vencemos o prazo divino, para consumar em nós mesmos o telefinalismo a que todos somos convocados: filhos do Pai Altíssimo, cocriadores na obra divina.

Doutor Odilon ficou impressionado com as revelações daquela conversa, conquanto tenhamos suprimido a maioria das informações mediúnicas que possuíamos.

Assim que terminei essa resposta ao amigo visitante, comecei a ter uma percepção mediúnica que desaguaria no segundo acontecimento inesquecível, envolvendo as questões do movimento espírita neste iniciar da década de 50.

12.
O EXEMPLO DE MISERICÓRDIA DE JOÃO CASTARDELLI

"E agora digo-vos: Dai de mão a estes homens, e deixai-os, porque, se este conselho ou esta obra é de homens, se desfará, mas, se é de Deus, não podereis desfazê-la; para que não aconteça serdes também achados combatendo contra Deus."

Gamaliel, Atos 5: 38 e 39.

— Um novo necessitado está chegando, dona Modesta, para ser auxiliado no sanatório – falou um amigo espiritual que percebi por minha audiência mediúnica.

— Ah, meu Deus! É ele! – exclamei naturalmente em meio à conversa com doutor Odilon e Inácio.

— O que foi dona Modesta? De quem fala? Temos visitas espirituais?

— Sim, doutor Odilon, uma grata visita que recebemos com muito carinho neste instante.

— De quem se trata?

— Matias e Eurípedes.

— Louvado seja Cristo! – expressou com alegria Manoel Roberto.

— Algum recado para nós? – indagou Inácio, que nunca perdeu a oportunidade de aguardar um recado ou fazer uma pergunta aos amigos espirituais.

— Sim, Inácio! Vejo Matias bem mais fortalecido. Ele me diz que a partir de agora estará mais presente em nossas atividades do sanatório e brinca, dizendo: "Fique tranquilo, doutor, desta vez venho para ajudar. Não haverá mais fogo nem perseguição." Diz também que receberemos alguém ligado ao movimento espírita no sanatório. Alguém que precisa muito de nosso apoio.

— Podemos saber quem é? – indagou Inácio.

— Ele pede que aguardemos, pois será breve. É um homem, e ainda hoje foi socorrido pela equipe do Hospital Esperança. Agora Eurípedes o saúda, doutor Odilon.

— É minha a alegria da ocasião. Que Deus nos proteja! – expressou visivelmente emocionado.

Outro episódio marcante me deixaria novas e profundas lições sobre como a nossa seara estava sendo alvo de depredações infelizes, levadas a efeito pelos dragões, em razão de nosso orgulho contumaz. No dia seguinte à visita do doutor Odilon, recebi, logo cedo, um telefonema no sanatório. Uma velha amiga de Uberaba, que se mudara para São Paulo, dirigiu-me um pedido:

— Dona Modesta, como vai a senhora? Aqui é Candinha, de São Paulo, lembra-se de mim?

— Dona Candinha! Estou ótima, e como vai a senhora? E o Atílio, como vai?

— Nada bem! É sobre isso que quero lhe falar.

— A senhora sinta-se à vontade.

— Dona Modesta, estou ligando para pedir-lhe uma caridade imensa. O Atílio entrou em uma situação lamentável. A senhora acredita que o retiraram do cargo na federação, sumariamente, por ele se declarar contra alguns pensamentos em voga!

Candinha não suportou e caiu em pranto incontrolável ao telefone.

— Perdoe-me, dona Modesta! Perdoe-me! É que estou muito ofendida e sofrida com tudo o que está acontecendo.

— Calma, minha irmã. E como está Atílio? – perguntei, já sabendo alguma coisa que o senhor Eurípedes falou-me aos ouvidos.

— A senhora acredita que ele, um homem bom e sensato, bom pai e trabalhador, entrou em uma crise de nervos! Hoje quebrou dois aparelhos em nossa residência – e recomeçou o descontrole emocional de Candinha ao telefone.

— Fique calma, minha irmã! Respire fundo, tenha forças!

— E para piorar, dona Modesta, consultamos o médico da família e ele acha que Atílio está louco – ela mal conseguia falar ao telefone —, e ainda recomendou uma internação no

Hospital Américo Bairral[39]. A senhora já imaginou como ficará nossa situação diante do movimento com uma internação dessa ordem?

— Candinha, venha com Atílio para cá ainda hoje – segui a recomendação do senhor Eurípedes, que naquele momento me orientava intuitivamente sobre as reais necessidades do irmão.

— Ainda hoje, dona Modesta?

— Aqui o colocaremos em um quarto especial e ninguém saberá de nada.

— Será mesmo preciso?

— Candinha, não tenha dúvidas.

— A senhora não acha que seria melhor, primeiramente, pegar uma orientação com os guias?

— Já peguei, ou melhor, já me deram!

— Compreendo – falou Candinha, como se esperasse outra solução que não a internação.

Já era bem tarde da noite naquele mesmo dia quando fui chamada às pressas em casa, pois havia chegado um paciente em péssimo estado e queria me ver.

Logo na entrada do sanatório estava uma balbúrdia. Gritos se misturavam a orações. E no chão, com camisa de força, rola-

---

[39] Fundado em 1937, o Instituto Bairral de Psiquiatria figura entre os primeiros hospitais psiquiátricos filantrópicos instalados em nosso país. Seu idealizador foi o líder espírita Américo Bairral, que infelizmente veio a falecer antes do início da obra, sendo esta levada a efeito por seus confrades e continuadores itapirenses.

va de um lado para o outro o nosso estimado Atílio, renomado advogado e espírita atuante dos quadros da federação espírita de seu estado. O medo tomou conta dos enfermeiros, que já estavam prestes a medicá-lo, quando cheguei e pedi licença a todos no saguão de entrada. Um quadro de obsessão completa se instalou, e a entidade disse com o médium de bruços e sem olhar para mim:

— Olha só quem chegou! A tal Modesta dos loucos! Eu te farejo de longe, mulher!

— Sou eu mesma. Com quem falo?

— Eu sou filho de Lúcifer, seu inimigo confesso e dessa casa maldita.

— Como devo chamá-lo?

— Chame-me de capeta.

— Seu nome, meu irmão – falei com firmeza.

— Sou Anaz, filho de Lúcifer!

— Qual o motivo de sua vinda, Anaz?

— Vai me dizer que não sabe, Modesta!

— Desconfio.

— Digamos que vim me internar em sua casa de loucos! – disse com toda a ironia e gargalhou estridentemente.

— Será um prazer recebê-lo aqui. A casa de loucos é também a casa do Cristo para o bem e a recuperação da saúde. É isso que deseja?

— Nem de longe! O que eu mais quero é te humilhar, sua orgulhosa sem limites. Se eu estivesse solto dessas amarras, eu furaria seus olhos para que você nunca mais visse a luz. Não foi isso que você fez, sua rainha amaldiçoada?

Percebendo a presença de doutor Bezerra, Eurípedes, Cornelius, Clarisse, Matias e outros amigos, solicitei que retirassem as vestes de contenção. Candinha, que a tudo assistia, apavorou-se. Os enfermeiros desaconselharam, e eu insisti. Logo que retiraram a camisa de força tomei um soco, dado sem piedade, na altura da testa, criando um hematoma. Fiquei meio zonza, mas, quando dei por mim, já era Cornelius quem falava pela minha boca:

— As sombras dos vales da morte estão sendo varridas. E você, Anaz, não tem para onde ir.

— Quem está falando? – indagou de pé e cambaleando com o médium, Atílio.

— Sou Cornelius, servidor das hostes do Hospital Esperança e condutor dos dragões empedernidos.

— Você! – falou surpreso o enfermo.

— Sim, Anaz.

— Quer dizer que mudou de lado! Largou seu alto posto no vale por isso aqui? Ser capataz dessa louca?

— Apenas mudei a estratégia. O Vale do Poder continua sendo meu lar por opção.

— E por que não me visitou?

— Eu o visito sempre, meu caro amigo. Entretanto, você não me percebe.

— Cresceu de posto, seu ambicioso?! – expressou às gargalhadas, mostrando cansaço e perda energética intensa.

— Cresci por dentro, Anaz.

— Você deve saber o que vim fazer aqui.

— Claro que sei. Você está mendigando ajuda de quem não pode te ajudar, isto é, das hostes que querem enlouquecer os espíritas em São Paulo.

— É, você sabe mesmo! – disse como um bêbado prestes a cair de tanto se embebedar. Anaz e Atílio estavam exaustos.

— E o que você não percebe é que, ao perseguir, também se tornou um infeliz escravo do objeto de sua perseguição.

— Faz parte da missão, não é mesmo?!

— Faz parte da loucura. Olhe bem! Não é só Atílio que está louco. Você também! Será que não percebeu que seus chefes te querem cada vez mais louco? Você está exausto e onde está a ajuda? Por que não te conferem apoio?

— É mesmo? Você acha isso?

— Não tenha dúvida. A filosofia desse vale é cada um por si, no mais tudo é exploração, comércio, interesse pessoal e traição. Se realmente preocupam-se com você, então, por que não mandaram outro para te acompanhar ao sanatório?

— Tem razão, vou lá reclamar isso!

— Lamento dizer, mas não poderá.

— E por que não? Acaso vai me impedir?

— Eu não! Você está preso ao seu perseguidor e aos limites dessa casa de Eurípedes Barsanulfo, em nome de Nosso Senhor Jesus Cristo. Veja por você mesmo!

Anaz tentou com todas suas forças desvencilhar-se de Atílio e, não conseguindo, entrou em uma pane mental gritando impropérios e palavrões. Exauridos, desfaleceram obsessor e obsedado. Atílio ficou quase sem pulso. A pressão caiu. Providências urgentes foram tomadas. Fui, então, com Candinha para a enfermaria cuidar de meu hematoma.

A agitação à porta do sanatório despertou a atenção dos internos e vizinhos. Ao terminar a agitação, abanei a mão para quem olhava pelas janelas e entrei sem pestanejar. Já havia me acostumado com a condição de louca varrida!

— Dona Modesta – falou Candinha envergonhada e chocada com tudo — perdoe-me mais uma vez. Venho pedir ajuda e veja só o que acontece! Espero que a senhora, como espírita, tenha piedade de Atílio e desse perseguidor invisível.

— Candinha, sossegue a alma e descanse o corpo. Amanhã pela manhã avaliaremos o caso com tranquilidade. Atílio recebeu uma boa dose de sedativo. Você já tem onde ficar em Uberaba?

— Não, dona Modesta. Nem me atinei com essa preocupação.

— Pois bem! Ficará, então, em minha casa. Há espaço de sobra.

Matias ficou de guarda permanente com Atílio e Anaz durante aquela noite. O sanatório foi sondado por diversos soldados das trevas. A guarda espiritual foi redobrada. Na medida em que as horas passavam, Anaz desligava-se, lenta e automaticamente, do corpo de Atílio, sem consciência do fenômeno.

Somente pela manhã ocorreu o total desligamento magnético, restringindo-se agora a laços de natureza mental e emocional.

O dia raiou e despertei com uma nítida sensação de estar sendo vigiada de fora do meu lar. Candinha acordou cedo. Dormiu muito mal. Durante o café matutino, ela esclareceu:

— Atílio tem um coração muito ingênuo, dona Modesta. Eu sempre o adverti que cargos e compromissos com instituições que crescem demasiadamente incham em quantidade e perdem em qualidade. Ele, porém, mais por bondade e pureza de alma que por teimosia, preferiu optar pelo ideal e aceitou responsabilidades para as quais, creio, não estava pronto.

O ambiente da federação vem passando por conflitos que se arrastam desde 1947. São mais de dois anos de intermináveis disputas e descaminhos. Atílio sempre acreditou na solução. Apesar disso, a cada dia que passa observa-se mais confusão e frieza no trato uns com os outros. Ofensas de todo lado. Atílio foi, então, obrigado a tomar partido, posição. Foi quando ocorreu o pior. Ele descobriu, da forma mais dolorosa, que o que foi criado para servir e orientar tornou-se um palco de vaidades e interesses particularistas.

Procurei o senhor Jaime Monteiro de Barros[40], homem sério e bem-intencionado, nosso amigo. Ele me pediu calma, mas deixou claro que também enfrentava obstá-

---

[40] Desencarnou em 10/11/1996, tendo nascido em São Paulo aos 25/10/1913. Tornou-se espírita ainda jovem, dedicando-se com muito ardor ao estudo e à divulgação da doutrina. Participou da fundação da Federação Espírita do Estado de São Paulo juntamente com seu irmão Luiz Monteiro de Barros.

culos quase intransponíveis. Aconselhou-me a dizer para Atílio que o tempo colocaria tudo em seu lugar. Quando fui levar o recado ao meu marido, dona Modesta, ele teve a primeira crise. Parecia odiar o irmão Jaime. Falou coisas horríveis a respeito dele. Não tive forças e me apavorei.

No dia seguinte, pelo horário do almoço, cuidava das arrumações na cozinha quando ouvi um estrondo em meu lar. Atílio atirava contra a parede da sala o seu rádio predileto. Daí para cá foram só perturbações. Passaram-se duas semanas nesse clima de fechamento e mutismo. Já há alguns dias não ouvia a sua voz como ontem à noite, na porta do sanatório.

— Atílio nunca teve nenhum episódio dessa natureza?

— Nunca. A senhora conhece o temperamento sereno dele.

— É verdade.

— Posso saber agora quem lhe deu aquela orientação pelo telefone, dona Modesta, de trazê-lo para cá?

— Foi o senhor Eurípedes Barsanulfo.

— Ai, meu Deus! Que bênção! Será que ele já estava a par do ocorrido?

— Mais do que imagina, Candinha. Não só ele, mas toda a equipe do Hospital Esperança, sob orientação do doutor Bezerra de Menezes, está desvelando com amor incondicional pelas lutas do movimento espírita. Nos últimos tempos, nossas sessões mediúnicas são muito voltadas a essa missão.

— Poderei ver Atílio hoje?

— Primeiramente vou me assegurar melhor da situação mental e espiritual dele. Fique aqui em casa, vá fazer algumas visitas.

— Essa é minha preocupação, dona Modesta. Como chegar aos parentes e explicar o que está acontecendo? Vão dizer que Atílio ficou louco por ser espírita.

— Candinha, para línguas ferinas ouvidos de cera.

Quando cheguei ao sanatório, Inácio já havia visitado Atílio.

— Como está o quadro, Inácio?

— Atílio está lúcido, mas muito sedado. Pedi que retirassem a camisa de força imediatamente e o observassem. Será levado ao pátio para tomar sol. Podíamos fazer uma avaliação, Modesta.

— Vamos lá!

O pátio estava repleto de pacientes. O dia claro tinha um sol convidativo. Localizamos Atílio e nos aproximamos.

— Bom dia, Atílio – cumprimentei com alegria.

— Dona Modesta?

— Sim, sou eu.

— Que faço aqui nessa casa de loucos? Enlouqueci também?

— Não, Atílio. Foi uma crise. Vai passar logo. Como se sente agora?

— Estou estranho. Confuso. E o senhor, quem é?

— Sou Inácio Ferreira, não se lembra de mim?

— Ah, sim, agora me lembro. Candinha falava muito do senhor.

O paciente fazia as perguntas olhando para nós e baixava a cabeça para escutar a resposta, como um ritual. Quadro típico de quem está lutando para sair de uma fixação mental.

— Por que se sente estranho, Atílio? – voltei à pergunta.

— É como se tivesse esquecido tudo. Alguma coisa muito grave aconteceu e eu não consigo me lembrar. Parece que estou sem rumo. Onde está Candinha?

— Em minha casa.

— O que ela faz lá?

— Ela o trouxe aqui.

— Por quê?

— Não se lembra?

— Não.

— Você teve um momento difícil, Atílio. Uma crise de nervos. Só isso.

Inegavelmente, o paciente estava perturbado. Preferimos mantê-lo recluso, sem visitas, até nossa próxima reunião mediúnica. Passaram-se três dias. Somente depois de trabalhos complexos conseguimos desvencilhar-lhe das malhas vibratórias da falange dos dragões. Depois de Anaz, ainda se aproximaram dezenas de outras entidades enfermas. Foi uma reunião inteira dedicada ao seu caso. No dia posterior à reunião conseguimos um progresso em seu quadro mental.

Novamente visitando Atílio no pátio, sempre acompanhando Inácio, em suas visitas matinais, assim expressou o paciente com um novo tom emocional:

— Até quando pretendem me manter trancado aqui?

— Vejo que teve melhoras – disse Inácio.

— Hoje me sinto muito bem, quero ver Candinha e ir embora. Agora me recordo de minhas obrigações lá fora.

— E o que tem a dizer sobre esse momento difícil pelo qual passou, Atílio? – foi minha vez de indagar.

— Só quero esquecer este instante, dona Modesta. Talvez um pouco de cansaço e nada mais. Voltarei com toda força para minhas atividades. Tenho muitos planos novos para a federação.

— Podemos saber quais são os referidos planos?

— Passamos um momento de alterações nas tarefas em São Paulo. Agora vejo claramente que terei de tomar algumas atitudes drásticas. Estava sendo muito pacífico.

— Ao que consta, já existe muito tumulto. Atitudes drásticas neste instante não será fator agravante?

— Dona Modesta, não se ocupe com esses problemas. Vocês aqui no sanatório não têm ideia do que seja um movimento espírita como o de São Paulo. Portanto, deixe comigo.

— O senhor está equivocado. Temos mais informações do que supõe sobre as manobras do orgulho humano em tais ambientes. Mesmo distantes fisicamente, nossas atividades espirituais nos últimos anos têm sido um polo de operações em favor da nossa seara. Sua vinda para cá é apenas o início de uma longa e árdua peregrinação de milhões de almas que se aportaram em condições espirituais paupérrimas no seio do movimento espírita no plano físico, e de milhões de outras tantas que ainda não regressaram ao corpo.

Ficamos pelo menos duas horas no pátio conversando com Atílio, explicando-lhe detalhes do *transporte da árvore evangélica*. Atílio ficou extremamente surpreso e sensibilizado. Quando estávamos prontos a encerrar a conversa, percebi a aproximação espiritual de um jovem muito bem-posto, que pediu para transmitir uma mensagem a nosso companheiro.

— Vejo um jovem caminhando em nossa direção. Ele diz conhecê-lo, Atílio.

— Quem é, dona Modesta?

— Ele diz se chamar João Castardelli[41]. O senhor o conheceu? – indaguei para confirmar.

— Sei muito bem quem é – respondeu Atílio, com os olhos marejados e a voz embargada.

— Irmão Atílio, sou eu mesmo que regresso. Tenho acompanhado tuas lutas recentes. Sob a tutela amorosa de Eurípedes Barsanulfo consegui essa intercessão abençoada para você chegar até aqui.

Desculpe-me pela forma, mas foi o que me restou fazer no deserto árido das provas a que submete-lhe.

Tenho ouvido teus apelos sentidos nos momentos de dor aguda. Entrei inúmeras vezes em seu aposento no lar e ouvi suas preces sofridas pelo bem do ideal.

---

41 Filho de José Castardelli que, após o desencarne prematuro de seu filho, homenageou sua memória com uma profícua obra social que deu origem à atual Casas André Luiz, em São Paulo.

Não existe desamparo, irmão querido. Especialmente aos que trazem na alma as intenções nobres de servir e aprender.

A casa de Jesus na capital paulista está sendo atacada pelas velhas armadilhas das sombras que se iniciam, invariavelmente, em nós mesmos. Os nossos costumes ancestrais de poder e vaidade atropelam novamente a ordem da mensagem evangélica.

O meu pai, José, que o irmão conhece bem, está desenvolvendo uma obra no bem e precisa de homens dispostos e seguros para o mister. Procure-o sem pestanejar. Uma farta obra de amor desabrochará e precisará de você, meu irmão.

Atende ao nosso apelo, irmão querido! A cada qual segundo suas obras. A vida te entrega uma semeadura de oportunidades que se encontram afinadas com seus méritos e necessidades.

No momento, a semente fértil do Evangelho carece mais de braços operosos que de administradores para ditar direções. Conquanto essa seja a preferência da maioria dos homens, acostumados ao destaque, Jesus o chama, meu irmão, ao serviço de erguimento do Seu reinado nas frentes de caridade ativa e santificadora.

Os honrosos compromissos da federação serão assistidos por Eurípedes Barsanulfo e sua equipe, e fazem parte de um complexo de iniciativas do mundo espiritual em favor do transporte da árvore sagrada do Evangelho vivido e aplicado.

Não se iluda quanto a soluções imediatas nesse terreno. Décadas de muito descuido e invigilância ainda vão coroar as ações humanas em torno do Espiritismo organizado.

Siga teu curso. Eu te abençoo os passos em nome de Jesus Cristo. Fique com Deus! João Castardelli.

Após a mensagem, Atílio não conseguiu pronunciar uma palavra sequer por vários minutos. Inácio, que sempre trazia um lenço em cada bolso, diante de tantas lágrimas que ali mesmo secamos, estendeu-lhe a peça de linho em apoio.

O ambiente espiritual do trabalhador renovou-se completamente. Candinha e ele ainda permaneceram em Uberaba mais duas semanas a nosso pedido, para prestarmos juntos o socorro a Anaz, que foi recolhido ao Hospital Esperança. Atílio passou de paciente a cooperador nos passes e em outras tarefas no sanatório durante aquele curto período, embora ainda internado e sob cuidados médicos.

No último dia de sua internação, depois que lhe demos alta médica, marcamos um café em meu lar. A conversa estava hospitaleira e radiante. A fisionomia de Atílio era outra. Candinha estava efusiva. Há muito não via o marido daquela forma.

— Sinto-me tão leve! – exclamou Atílio com alegria. — Desde a mensagem de João Castardelli, tenho a sensação de que me livrei de algo que não devia carregar. Renovei, sobretudo, meus planos para o futuro nas tarefas. Os ambientes estéreis do conflito improdutivo já não me motivam como antes. Além do que não possuo temperamento suficientemente burilado para ser útil em tais organizações. É muito desgaste!

— Alguém tem de fazer essa tarefa árdua. Não faltará quem a deseje – completei.

— Creio que, se não passasse por essa internação dolorosa, esqueceria definitivamente minhas reais necessidades. Em contato com a dor avaliamos melhor a extensão de nossas limitações e enfermidades espirituais.

— A dor educa e revela nossa intimidade profunda.

— É verdade, dona Modesta. É verdade! Além disso, confesso que não sentia esse clima de simplicidade e amor autêntico há muito tempo. O ambiente do sanatório tocou minha sensibilidade. Uma aura de paz indefinível tomou conta de mim, levando-me a ter muita saudade dos meus primeiros dias na doutrina. Nessa época, meu coração batia forte com a tarefa. A caridade, a amizade, o apoio fraterno constituíam nossas motivações básicas no grupo espírita. Que saudade!

— Caro irmão, devido ao nosso passado repleto de interesses particularistas, desviamos facilmente da tarefa essencial. A fraternidade real pode ser substituída por velhas ilusões de projeção pessoal quando deixamos de escutar os chamados da consciência.

— Fico me perguntando, dona Modesta, diante dos informes obtidos nessas semanas de convivência com vocês, por qual razão o mundo espiritual coloca tantos enfermos em um mesmo lugar. Refiro-me ao movimento espírita de modo geral, nele me incluindo, evidentemente. Tomando por base as lutas atuais do movimento espírita, que apenas engatinha em nosso país, fico imaginando o que será daqui a algumas décadas, quando contar com milhões de adeptos. Não seria mais prudente, ou mesmo útil, preservar certa distância ou a ausência de contato? Por que reunir tantas almas falidas em uma só estrada? Não retornariam às mesmas ações?

— Por afinidade de necessidades, busca comum de interesses e, acima de tudo, identidade com os princípios que fundamentam a nossa doutrina. Creio que se resume a isso, meu caro Atílio, os motivos desses reencontros.

— Se minha avaliação for sensata, situações antifraternais como as que vêm ocorrendo atualmente na capital paulista, não decorreriam da impulsiva necessidade de retomar o poder, como no tempo da Igreja? Até onde os dragões estão agindo em tais ocorrências? Ou não estão? Que caminho tomará nossa doutrina? Não sei se a senhora sabe, mas até mesmo o senhor Francisco Cândido Xavier têm sido alvo de reprimendas. Alguns estudiosos do Espiritismo asseveram que a obra *Nosso lar* jamais deveria ter sido publicada e, com isso, avançam em suas críticas também sobre a digna Federação Espírita Brasileira. Alguns chegam a dizer que em Pedro Leopoldo não há futuro para o médium e que seu trabalho não será reconhecido, caso não venha para São Paulo. O que nos espera, dona Modesta? Porventura, estou sendo descortês ou sensato?

— Atílio, seu coração bondoso apenas se espanta com tanto descuido. Não há descortesia em sua análise. Muito ao contrário, sua percepção é rica de juízo e equilíbrio. Pelo que sabemos, entretanto, tudo isso era esperado em nossa comunidade. É o efeito natural do estágio de enfermidades que ainda nos consomem.

— Será boa para o futuro de nossa causa essa preocupação, que cada dia mais ganha destaque e adesões, pela divulgação correta do Espiritismo? Terá tanto valor assim pelo bem de nossa causa divulgá-la e nos guiar pelo desamor uns aos outros em nossas casas? O que é mais importante: a casa enquanto instituição difusora da causa ou a própria causa aplicada a nós outros na convivência? Divulgar algo que ainda não vivemos não seria insensatez? Até onde a causa necessita realmente desse arrimo de nossa parte? Não seria melhor priorizar a qualidade em detrimento da quantidade?

— Suas indagações são muito sóbrias, irmão querido. As orientações que nos têm sido encaminhadas pelos amigos espirituais deixam claro que nossa causa maior é o amor. Entretanto, nesse segundo período de 70 anos do planejamento para o progresso do Espiritismo, no qual nos encontramos, a difusão dos princípios deverão ser, ao lado da caridade, os pilares desse projeto. Se continuarmos insistindo em excesso por essa fidelidade aos fundamentos da doutrina, priorizando-os em detrimento das relações sadias e fraternas, podemos entrar novamente nos velhos descuidos da intolerância e do sectarismo. A divulgação é fundamental, conquanto as interpretações possam variar ao sabor da riqueza contida no próprio corpo da doutrina. Teremos problemas se houver muita rigidez nesse particular.

— Já não estará havendo rigidez? Pureza doutrinária foi o ponto crucial de meu desequilíbrio na federação?

— Não confunda as coisas, Atílio. Seu momento infeliz foi causado por desafios íntimos que você mesmo ainda terá de vencer.

— Sim, concordo. Todavia, brotou dentro de mim a partir das lutas íntimas na federação!

— Ainda assim são suas lutas, antes de tudo.

— A senhora acha, então, que essa expressão pureza doutrinária é útil?

— A doutrina necessita de coerência, fidelidade e limites filosóficos para que seu corpo doutrinário preserve uma identidade cristalina, embasada no bom senso, na lógica e na razão. Todavia, se isso nos custar o retorno aos velhos hábitos da prepotência institucional, na qual uma só organização ou um só homem assuma a chancela de avalista da Verdade, tombaremos automaticamente nas malhas da obsessão coletiva, que nos conduzirá a tormentos fatigantes nos ambientes doutrinários.

Não temos papa, nem chefes e muito menos entidades que comandam no Espiritismo. A proposta original do Evangelho, que também é a da doutrina, é que existam servidores, servos do Evangelho e do amor. Essa palavra merece toda a atenção de nossa parte. Organizações que sirvam sem querer dominar. Homens que sirvam sem querer comandar. Servir, servir, servir e passar, recordando sempre que a obra não nos pertence.

— Seria melhor para nossa causa não existir esse esquema federativo de unificação?

— De forma alguma, Atílio.

— O problema não é o esquema, mas o abuso dos homens! – entrou Inácio na conversa. — A organização da doutrina e a coerência doutrinária sem intolerância são bem-vindas.

— Compreendo! Tem razão, doutor Inácio. Resta-me apenas uma dúvida. Vocês já leram a obra psicografada por Francisco Cândido Xavier, *Brasil, coração do mundo, pátria do Evangelho*?

— Sim. Inácio e vários companheiros de nossa casa teceram várias discussões em torno dos ensinos do referido livro – respondi enquanto Inácio acenava positivamente balançando a cabeça.

— Estão sabendo das polêmicas que surgiram em torno dele?

— Sim, sabemos.

— Por que o próprio plano espiritual apoia essa proposta de unificação? Por que deram tanto aval ao *pacto*? Não há uma ênfase exagerada do autor espiritual, Humberto de Campos, em colocar os órgãos unificadores como uma organização cuja missão é cuidar dos destinos da causa?

— Não creio. O que talvez nos falta é compreender que unificar é uma tarefa de todos nós. Não se restringe a uma organização. Perguntei ao doutor Bezerra sobre o assunto, e o benfeitor nos trouxe a recomendação de solidariedade aos caminhos da FEB, ressaltando que quem assume compromissos dessa envergadura deverá ser o exemplo vivo de união, e que nossos irmãos serão severamente cobrados nas responsabilidades a eles entregues. Portanto, cuidar dos destinos da causa na ótica evangélica significa muito mais que zelar por pureza doutrinária. A tarefa de nossos irmãos, extensiva a todos nós, é zelar pela pureza de nossa convivência. Sem união legítima de homens não teremos unificação no ideal. Unidade de sentimentos e diversidade de opiniões.

União, meu caro Atílio, à luz da mensagem evangélica, é a capacidade de amar a diversidade de nossa raça humana. Se repetirmos os velhos desvios da história, nos quais abdicamos dessa atitude de amor incondicional, formaremos novamente as comunidades de interesses pessoais cujo centro de atração foi a organização religiosa.

Nesse processo histórico de união tivemos erros clamorosos que nos afastaram das leis naturais ou divinas. Tais equívocos surgiram desse costume de massificar o pensamento das sociedades com objetivos hegemônicos.

Uma comunidade que se ergue em nome de Jesus é reconhecida pelo interesse cósmico, e seu centro de atração é a consciência.

O homem impediu a si mesmo de se conectar com a consciência. Mais ênfase foi dada à religião que aos fenômenos interiores da consciência – ponto elementar da ligação do ser humano com a Verdade, essência divina da vida.

A eleição de uma instituição que tenha uma postura de rigidez hierárquica no seio da comunidade, para ditar o que é ou não concebível em nome do Espiritismo, terá como consequência mais nociva à causa a formação de um movimento de massa, afastando o ser humano nela inserido do uso de sua capacidade individual de pensar e criticar. Isso seria extremamente lamentável em se tratando de uma doutrina cuja origem foi a postura iluminada de Allan Kardec na qual devemos nos espelhar, onde a razão é seguida pela tolerância e pela fraternidade.

— A senhora acredita na possibilidade de isso ocorrer?

— Deus queira que não, mas tenho todos os motivos atualmente para pensar que sim.

— De minha parte, depois de tudo que passei em São Paulo, quase não tenho mais dúvidas sobre esse infeliz descuido do movimento. Lamento muito pelos acontecimentos, mas tenho certeza de que essas instituições responderão no plano espiritual por esse desvio.

— Não só as instituições, Atílio!

— Os obsessores também. É claro!

— Não só os obsessores, Atílio!

— Quem mais responderia?

— Atílio, à luz das leis divinas, quem aceita ser guiado não deixará de responder por si próprio. Quem aceita ser massificado abdica do direito divino de escolher, refletir e crescer, e, por efeito, prejudica seu desenvolvimento pessoal.

— Realmente, eu mesmo sinto-me assim em relação a mim mesmo. Atentei contra minha própria consciência e, quando tive coragem para me expor e dizer o que penso, sofri um descaridoso processo de discriminação. A liberdade de pensar, nesses ambientes, é inaceitável. Por outro lado, começo a pensar na minha responsabilidade pessoal. Sentia-me como se fizesse parte de um grupo seleto e especial. Quando nos ambientes institucionais invadia-me uma sensação de grandeza e importância. Quando no lar... Ah!... Quando no lar era assaltado por um sentimento de pequenez. Graças à companheira querida, minha Candinha, creio que estou enxergando melhor minhas reais necessidades.

— É quase sempre assim, Atílio. Há milênios estamos encontrando na organização religiosa a capa perfeita para encobrir necessidades profundas na vida pessoal, esperando ganhar o céu por meio de genuflexão e ofícios sacramentados, quando Jesus nos convocou a uma peregrinação muito mais desafiante, que está bem delineada no Evangelho de Mateus, capítulo 10, *A missão dos doze*. Nessa passagem encontramos tudo de que necessitamos para cumprir nossa missão na condição de cristãos autênticos.

— Por que aceitamos fazer parte de processos massificadores, dona Modesta?

— Medo.

— Medo de quê?

— Medo de enfrentar nossa realidade pessoal. No nosso estágio evolutivo, com raríssimas exceções, as estruturas de grupo são atrativas para o nosso egoísmo. Os racistas, os religiosos, os militares, enfim, todo conjunto de pessoas que têm uma forma de pensar definida encontram nos grupos a força de que necessitam para sustentar suas ações.

Em grupo são mais fortes. De alguma forma, com isso, também atendem ao imperativo natural da Lei de Sociedade.

No que tange à proposta espírita-cristã, temos um grave desafio na construção de nossos grupos de serviços: colocar a consciência como núcleo central de nossas necessidades e aspirações.

Como já disse, hoje começa um movimento de massa na comunidade espírita que, ao contrário, da proposta da doutrina, conduz os adeptos a ter como referências as organizações institucionais que são falíveis, mesmo com seus muitos valores. Daqui a pouco teremos médiuns-referência, grupos-referência, oradores-referência, e vai adiante essa iniciativa.

Será um grave equívoco para nossa causa. Grupos, pessoas, médiuns, oradores, enfim, todos os tarefeiros deverão ser credores de respeito, carinho, mas jamais de idolatria ou autoridade para chancelar a verdade. Quando há massificação existe idolatria, ainda que neguemos.

Nossa única e mais confiável referência é Jesus, nosso Guia e Modelo.

Nosso problema, porém, meu caro Atílio, é mais pessoal que de comunidade. Traímos a consciência para atender a soluções e propostas da maioria. Não sabemos ainda como falar do mal-estar que sentimos diante de certas decisões e rumos nos grupamentos. E, por isso mesmo, agimos em desacordo com nossa aspiração mais profunda no campo íntimo. O mais grave disso tudo é que a tarefa ganha em proporção por fora utilizando as forças grupais, enquanto a tarefa intransferível do campo particular raramente é atendida a contento. A tarefa em grupo, nesse prisma, causa a sensação de realização, crescimento. Muitas vezes isso não passa de uma vertigem de nosso orgulho. Muito mais fácil assim do que ter de se olhar, ser contra, saber discordar sem amar menos, contrariar os rumos sem o medo de perder cargos e passar pelo que você passou.

É incrível dizer isto, mas acredito que tem muita gente trabalhando pela doutrina sem estar fazendo nada por si mesmo! No fundo, muitos grupos doutrinários nesses dias já caminham para uma autêntica hipnose coletiva. Não sei o que será da comunidade, caso optem por essa sequência infeliz de ações.

Doutor Bezerra, a quem sempre indagamos sobre o assunto, nos disse que para essa primeira leva do *transporte da árvore evangélica*, espíritas de primeira vez, não há muita chance de escapar dessa ocorrência.

Já no raiar do terceiro ciclo de 70 anos, que coincidirá com o amanhecer do terceiro milênio, teremos espíritas de segunda e terceira vezes na sua volta ao corpo. Mais maduros, depois de sofrerem alguns efeitos indesejáveis de sua recente desencarnação como espíritas, regressarão com intuitos novos, mais voltados ao campo pessoal. Os grupos, nessa ocasião, não serão a soma de muitas cabeças que pensam igual, mas de uma diversidade que aprende a convergir para um único ideal.

— E qual opinião a senhora e doutor Inácio têm sobre essas casas que crescem e ficam enormes? Já notei que, quanto maior, menos simplicidade. Quanto maior, mais problemas. Na medida em que crescem, desaparece a fraternidade. Essa motivação para divulgar a doutrina tem levado alguns companheiros à preocupação com números. Números de atendidos, merendas distribuídas, passes e até mesmo quantos frequentaram as sessões públicas.

— Atílio, meu caro irmão, Inácio e eu, por vezes, temos discutido esse assunto e cogitado que Jesus, em Sua augusta obra, convoca servidores para todos os gêneros de tarefa. Primeiro chamou 12 apóstolos[42], depois convocou os 70[43], e mais adiante, na Galileia, reuniu os 500[44], deixando claro que existem espécies diferentes de atividades e compromissos particulares. Tenho para mim, entretanto, que é o tamanho da tarefa que proporciona ou não os valores morais que devem norteá-la. Há casas pequenas com problemas severos de relacionamento.

— Então, como vocês enfocam o assunto?

— Pensamos, Atílio – interveio Inácio —, que quanto maior a tarefa, maior deverá ser a capacidade de conduzi-la. Portanto, quanto maior, mais responsabilidade. Tamanho, medido em números, não é uma referência que indique necessariamente a presença do espírito cristão nos ambientes de serviço da doutrina. Apesar disso, como destacou Modesta, há tarefas de todos os tamanhos, e o maior problema dentro delas continua sendo nós mesmos.

---

42 Mateus 10:1.
43 Lucas 10:1.
44 I, Coríntios 15:9.

— Mas vocês hão de convir que, quanto maior, mais problemas. Não é?

— Quanto maior, mais desafios, mais cobrança – retornei à conversa.

— Uma obra como o sanatório que vocês dirigem já não é grande demais?

— Sem dúvida! Mas Inácio e eu temos aplicado uma fórmula que parece estar sendo abençoada pelo Mais Alto.

— Que fórmula é essa? Indique-me, por caridade!

— Jesus chamou 12, depois 70 e mais tarde os 500, mas deixou claro que onde se reunissem dois ou três em Seu nome, Ele lá estaria. Portanto, acreditamos piamente que podemos ter muitos na tarefa, todavia, o que importa mesmo é estar reunidos em Seu nome. Se forem 12, 70 ou 500, o importante é que seja em Seu nome. Por experiências que já vivemos nos ambientes da doutrina, temos adotado a proposta do Cristo de ter dois para dirigir e um terceiro quando for necessário desempatar. Assim, ficamos Inácio e eu na condução, cada qual com seu parecer. Quando não concordamos, colocamos uma pessoa de nossa afinidade para desempatar. Como muitos de nossos companheiros não têm o comprometimento com a tarefa, pegamos o Manoel Roberto aqui dentro mesmo e resolvemos tudo. Assim as coisas andam e não emperram.

— Pobre de mim, se quiser aplicar isso na federação!

— Lá, como na maioria das casas doutrinárias, não existem condições para esse tipo de direção, Atílio.

— Não?

— Claro que não!

— E por quê?

— Eu e Modesta contamos com uma questão básica a nosso favor – intercedeu Inácio.

— E o que é, doutor?

— Dirigir um sanatório de loucos significa enfrentar problema atrás de problema.

— Por isso não! Na federação temos problemas atrás de problemas.

— Há uma diferença – falou Inácio e pegou seu cigarrinho num gesto típico de quem tinha resposta na ponta da língua.

— Que diferença?

— Dirigir loucos não conduz a nenhum destaque... – falou e deu uma baforada, deixando no ar aquele cheiro incômodo que tivemos de suportar.

— Entendi! – expressou Atílio. — Nisso o senhor tem razão. Eu mesmo adorava os problemas, porque depois vinham as compensações do destaque. E, para temperar a situação, creio que meu orgulho ainda me iludia com ideias fantasiosas de carma, como se os sofrimentos passados nesses testes decorressem de ações pretéritas.

— "O reino de Deus não vem com aparência exterior", afirmou Jesus, em Lucas, capítulo 17, versículo 20. Devemos, pois, nos cuidar com os desvios. Eurípedes Barsanulfo tem nos alertado com frequência sobre esse aspecto de nosso aprendizado. Os impulsos para obrarmos para fora de nós são muito intensos. O benfeitor assevera sempre que espíritos como nós, com essa carreira milenar de fascínio pela grandeza, com a qual buscamos dilatar a importância pessoal, facilmente podem se entregar aos braços da ilusão, fugindo dos verdadeiros compromissos conscienciais.

Por essa razão, a tarefa espírita deve ser analisada por nós como oportunidade. No início de nossa adesão ao Espiritismo, seguiremos as recomendações de participar e colaborar em qualquer campo de serviço. Com o tempo, todavia, compete-nos descobrir em qual quadro de atividades podemos ser mais úteis, tomando por base as próprias necessidades de aprimoramento. Até esse momento de maior maturidade, busquemos servir e aprender sem condições. Posteriormente, mantenhamos a mesma linha educativa de auxiliar incondicionalmente, mas, dotados de mais dilatado discernimento, igualmente vamos aferir se o serviço está sendo útil também para nosso crescimento.

É muito fácil nos envolvermos com a obra de fora e protelarmos a obra interna de libertação pessoal. Fácil encartarmos com quantidade e descuidarmos da qualidade. Muitas vezes o que chamamos de trabalho não passa de movimento. Reflitamos na pergunta do Mestre em Mateus, capítulo 16, versículo 23: "Pois que aproveita ao homem ganhar o mundo inteiro, se perder a sua alma?"

Os benfeitores de nossa casa têm lembrado com assiduidade a questão 1.000 de *O livro dos espíritos,* que diz: "Só por meio do bem se repara o mal, e a reparação nenhum mérito apresenta se não atinge o homem nem no seu orgulho, nem nos seus interesses materiais".

Será que aos edificarmos uma obra de tamanha grandeza, como o sanatório, Inácio e eu estamos reparando? Como temos tratado nosso interesse pessoal na Obra do Cristo? Você, Atílio, já se perguntou qual o motivo básico de sua presença nos trabalhos da federação? Qual sua intenção em ser um diretor? Já avaliou se está mais senhor de seu próprio orgulho? Já o consegue identificar com mais discernimento? Além disso, se o identifica, o que tem feito para redirecioná-lo? Depois do autoconhecimento vem a etapa mais desafiadora: a renovação das atitudes.

Nessa etapa, alguns parâmetros são convenientes à nossa autoavaliação, tais como: mantemos o espírito de desapego da obra que não nos pertence? Acolhemos com alegria aqueles que se aproximam para integrar o quadro de colaboradores? Estendemos a outros a chance que tivemos de conduzir as responsabilidades? Conseguimos ampliar o sentimento de humildade em reconhecer que precisamos mais da tarefa que ela de nós? Estamos dando ouvidos fraternos às opiniões que nos chegam acerca dos destinos do trabalho? Conduzimos a tarefa tendo como objetivo nos tornarmos dispensáveis a ela, caso seja necessário?

— Suas reflexões calam fundo em minha alma, dona Modesta. Elas me fazem pensar e repensar meus caminhos espirituais. Diante de sua inspirada fala, a senhora acha que tem havido uma tendência para a movimentação exterior sem trabalho efetivo no campo íntimo?

— Este é o traço principal de nossa rota evolutiva, meu caro irmão. Muito discurso, pouca ou nenhuma prática.

— E por que nós costumamos ver as tarefas como missão? Dentro da federação, inúmeras vezes, a tarefa é destacada como uma missão grandiosa e urgente. Estamos em missão? As obras de grande porte são missões? Seus condutores são missionários?

— Creio que tem havido um equívoco no conceito de missão. Todos temos uma missão, a princípio, conosco mesmo. Isso é fato. Nesse passo, a missão é a libertação de nossa consciência do jugo da ilusão. Na medida em que amadurecemos nessa tarefa essencial, tornamo-nos candidatos naturais a serviços mais amplos, de conformidade com as habilidades e os pendores amealhados ao longo do percurso das reencarnações. Entretanto, em nosso estágio de evolução, tem havido um fator que antecede a todas essas fases do crescimento: a reparação consciencial.

Já submetemos aos amigos espirituais essa questão, e eles nos orientaram a respeito. Doutor Bezerra, oportunamente, disse que raríssimos são os espíritos que reencarnam na Terra com missões coletivas que não sejam para reparar o passado. Portanto, diante desse cenário, acredito que, independentemente do tamanho da obra, a rigor, estamos fazendo o bem mais por motivos que atendem aos reclames de nossos registros de culpa que propriamente por amor legítimo.

Os Sábios Guias, na questão 893 de *O livro dos espíritos*, asseveram: "A sublimidade da virtude, porém, está no sacrifício do interesse pessoal, pelo bem do próximo, sem pensamento oculto. A mais meritória é a que assenta na mais desinteressada caridade."

Doutor Bezerra tem nos contado muitos casos de religiosos, incluindo espíritas, que chegam ao Hospital Esperança em situações íntimas clamorosas e que se supunham, quando encarnados, verdadeiros campeões da caridade cristã.

— Por conta do interesse pessoal?

— Isso que os Orientadores da Codificação chamam de "pensamento oculto" é o campo da vida mental que desconhecemos, e que muitos sequer desejam conhecer. Aí reside o interesse pessoal, que se disfarça dos modos mais sutis.

— É tão difícil se anular em favor da obra, meu Deus!

— Não creio que a questão seja se anular. O interesse pessoal faz parte da caminhada de ascensão. O problema é não saber radiografar suas formas subliminares de expressão. A desatenção total às suas armadilhas contínuas é que constitui o problema. Se anularmos o interesse, poderemos tombar no desânimo e na inconsequência em relação às responsabilidades a nós conferidas. Tudo tem de se situar na linha do equilíbrio. Hoje, infelizmente, para muitos de nós, uma realidade é patente: nem sequer admitimos que exista o interesse pessoal de nossa parte nas tarefas em que cooperamos. Isso, por si só, já é uma grave questão.

— Só sei, dona Modesta, que serei eternamente grato aos abençoados serviços do sanatório e a vocês, que me ampararam com tanto desvelo neste instante de testemunhos. Regresso a São Paulo com novas esperanças em meu coração. Se algo puder fazer pelo movimento, estarei sempre aberto, mas essa internação aqui me levou a perceber que, antes de tudo, preciso cuidar de minhas próprias necessidades, pelas quais nada ou quase nada tenho feito. Que alívio perceber isso a tempo! Muito obrigado a todos, especialmente à senhora e ao doutor Inácio.

— A alegria é nossa em cooperar, Atílio. Os méritos, porém, são dos amigos espirituais que aqui te trouxeram para uma pausa. Particularmente o nosso querido João Castardelli.

Atílio integrou-se em definitivamente às frentes de serviço das Casas André Luiz na capital paulista, vindo a se tornar um de seus mais ardorosos colaboradores. Candinha, sempre ao seu lado, assumiu o trabalho com as crianças.

O fim da década de 40 e o raiar dos anos 50 foram decisivos no processo de alicerçar as bases para o movimento espírita. De 1945 a 1955, vários acontecimentos definiram rumos institucionais que talharam caminhos irreversíveis.

Por várias vezes, Inácio e eu, relemos as orientações que recebemos por volta de 1936, quando doutor Bezerra, Isabel de Aragão e Eurípedes Barsanulfo concitaram-nos vigilância em relação aos serviços junto à causa, pedindo-nos oração, trabalho e convivência fraterna.

Nessa mesma década, em inúmeras ocasiões, foram realizados trabalhos específicos nas sessões de desobsessão e durante a noite fora do corpo em favor de irmão H. e diversos outros tarefeiros dos desafiantes serviços da unificação na seara.

Com o tempo, ficou mais claro que a característica básica do tronco judaico-cristão que reencarnava no seio do movimento era de um grupo pouco afeito ao senso crítico. Foram milênios de exploração hipnótica coletiva em nossa mente. O orgulho era a causa de tal paralisia mental. Um processo de alienação em razão da fuga do mundo íntimo. Portanto, a estrutura mais marcante de nossa personalidade constituía-se em um grupo com pouca experiência espiritual em pensar rumos pessoais e descobrir as respostas para os conflitos interiores.

Enquanto Maria de Nazaré e sua falange intercediam pelas sombras do Vale do Poder, Isabel de Aragão, atendendo ao pedido de Jesus, passou a ser a tutora compassiva e sábia da seara espírita, organizando e preparando equipes socorristas pelo bem dos Centros Espíritas. O pedido do Senhor foi por amparo incondicional às agremiações espíritas, para que o segundo ciclo de 70 anos não se consumasse em um quadro irremediável na obra da doutrina, assim como ocorreu com o cristianismo nascente. O interesse dos adversários, a esse tempo, era exterminar a simplicidade, fincar novamente os alicerces do formalismo religioso e fechar os postos de amparo e esclarecimento na erraticidade.

Para o mundo espiritual era claro um aspecto: espíritos como nós não poderiam fazer algo de melhor além do que estávamos dando conta de fazer! O que de melhor apresentamos em nossa alma é o desejo sincero de largar o mal intencional.

Por essa razão, os tutores espirituais da mensagem evangélica na Terra, mesmo conscientes das mais infantis distrações no seio da comunidade espírita, em tempo algum deixaram de estimular e endossar as realizações em torno da unificação e da caridade cristã, ainda que muitas delas nada mais fossem que expressões de personalismo individual ou institucional.

Para almas gravemente enfermas como nós, que outra condição nos permitiria a vida a não ser trabalhar e trabalhar para reparar nossos dramas conscienciais?

Somente assim – e disso sabiam os nossos benfeitores –, não apenas largaríamos o mal em definitivamente, mas igualmente, pouco a pouco, aprenderíamos como edificar o bem legítimo fora e dentro de nós mesmos.

Apesar da nossa ilusão com virtudes que ainda não possuímos, nossos tutores jamais nos abandonaram nos roteiros do trabalho espírita. Eles sempre tiveram plena consciência da nossa condição espiritual infantil. Por essa razão, abonaram nosso descuido na obra e mantiveram-se pacientes e acolhedores ante os nossos ensaios no bem. Quais pais diante de seus filhos inexperientes, eles nos socorreram e socorrem na certeza de que mais adiante seremos cooperadores mais conscientes. Os Bons Espíritos nos enxergam como diamantes no lodaçal e agem com base na proposta do amor: o diamante no lodo não deixa de ser diamante.

Por esse motivo, o exemplo de amor de João Castardelli e sua equipe vem intercedendo há décadas em favor de melhores dias, espalhando a misericórdia e a bondade na semeadura da seara bendita do Espiritismo.

13.
UMA ESTRANHA SOCIEDADE "ESPÍRITA" NOS ABISMOS

"Em que consistem os sofrimentos dos Espíritos inferiores?"

"São tão variados como as causas que os determinam, e proporcionados ao grau de inferioridade, como os gozos o são ao de superioridade. Podem resumir-se assim: invejarem o que lhes falta para ser felizes e não obterem; verem a felicidade e não na poderem alcançar; pesar, ciúme, raiva, desespero, motivados pelo que os impede de ser ditosos; remorsos, ansiedade moral indefinível. Desejam todos os gozos e não podem satisfazer: eis o que os tortura."

O livro dos espíritos. Questão 970.

Entramos na década de 50 com desdobramentos nos conflitos antifraternais que se espalharam pelo país como um odor insalubre e indigesto. Enquanto isso, ao lado do joio, o trigo vicejante multiplicava suas expressões de bondade e misericórdia.

Por várias vezes nesse decênio, Chico Xavier esteve em Uberaba a serviço. Nas ocasiões abençoadas, sempre que podia visitava nossa casa de orações e minha família. Em uma dessas oportunidades inesquecíveis, o médium participou de uma atividade voltada para os Centros Espíritas da região.

A tarefa começou tarde, porque Chico tinha inúmeros compromissos profissionais. Dessa feita, acompanhado pelo seu chefe, Rômulo Joviano[45], iniciamos a sessão com intuitos bem definidos segundo orientação de Eurípedes Barsanulfo.

Após oração e leitura, Chico começou a se remexer inquietantemente na cadeira. Logo a seguir, com a voz completamente alterada, em transe de incorporação, expressou:

— Essa terra nos pertence. Uberaba é nossa e jamais abriremos mão do desafio! Nosso templo já está erguido nas duas faces da vida. Muito antes dessa casa amaldiçoada de insanos, nós já tomávamos conta desse lugar, desde o início do século. Portanto, retirem-se ou vão experimentar a dor da impiedade ou... – fez uma pausa e continuou com ironia — vocês podem se render aos nossos propósitos, quem sabe?!

Mantive-me em oração e atenta. Pela visão percebia que, além da entidade comunicante, mais seis espíritos rodeavam o médium. Estavam com roupas de abades dominicanos na cor vermelha e traziam uma Cruz de Caravaca[46] estampada no tórax. Inácio iniciou o diálogo.

— A quem me dirijo?

---

45 Chefe de Francisco Cândido Xavier para o qual trabalhava no Ministério da Agricultura.

46 A Cruz de Caravaca, também conhecida como Cruz de Lorena e Cruz de Borgonha, é uma relíquia cristã de origem espanhola.

— Sou Torquemada[47], chefe supremo dos *domini canis*, os cães do senhor. Servimos a verdade absoluta.

— Tomás de Torquemada?!

— Surpreso, doutor?

— Não poderia deixar de estar, conquanto sempre sentisse sua presença entre nós.

— Somos da mesma laia.

— Desculpe decepcioná-lo, mas não me sinto mais assim.

— Mas traz por dentro o desejo incontido de cometer novas loucuras ou vai negar essa verdade?

— De jeito algum! Estou na condição de alguém que cuida de loucos para curar a minha própria loucura.

— Isso é uma balela, doutor. Somente os novos abades podem optar pelo caminho certo.

— Novos abades?!

— Fundamos uma nova casta. Os *abades espíritas dominicanos*. A revelação dada a Kardec foi fruto de uma traição política em nossa esfera de vida. Nós, os dominicanos, e somente nós, possuímos autorização para revelar os assuntos do Espiritismo.

— Pode clarear sua tese? – falou Inácio como um investigador, postura que sempre adotava nas conversas com os espíritos.

---

47 Tomás de Torquemada ou O Grande Inquisidor foi o inquisidor-geral espanhol, descendente de conversos dos reinos de Castela e Aragão no século XV e confessor da rainha Isabel, a Católica.

— Está mesmo interessado em nos ajudar? – falou a entidade de forma matreira.

— Fale e vou pensar – disse Inácio com certa sagacidade na palavra e demonstrando indisfarçável curiosidade.

— Desde séculos e séculos há uma guerra pela bandeira da verdade. Querem nos tomar o poder delegado pelo Cristo de Deus para espalhar o Evangelho. Diversas facções criminosas prepararam Kardec em surdina. Creio que tivemos uma infiltração em nossas hostes, até hoje não descoberta, que revelou ao inimigo todos os fundamentos do Espiritismo dominicano, que veio para conduzir o mundo aos seus destinos. Uma facção de padres católicos e protestantes vai pagar caro pelo que fez. Somos os verdadeiros espíritas. *Abades espíritas dominicanos.*

Inácio não se continha de interesse no assunto.

— Abade espírita dominicano?!

— O senhor não conhece esse título, como é natural. Estar na matéria tem essa desvantagem.

— Você fundou uma religião espírita, Torquemada?

— Foi um desígnio de Deus. Minha tarefa pelo Evangelho ainda não foi concluída. Enquanto o próprio Cristo não aparece, sigo as ordens sagradas de meus maiorais. Eles estão em permanente contato com Jesus. Logo, eu também me sentarei ao lado do senhor.

— Torquemada, não posso deixar de manifestar meu interesse de pesquisa em seu tema – falou Inácio, olhando para mim, pedindo um aval para a continuidade da entrevista.

— Estou aqui para isso, doutor. O senhor precisa mesmo ser bem esclarecido sobre o que vem ocorrendo para mudar seus rumos.

— Se vou mudar meu rumo não sei, mas diga-me: como esses maiorais fazem contato com o Cristo?

— Jesus mora longe, doutor. Somente por meio de viagens interplanetárias se pode chegar lá.

— E você acredita mesmo nisso?

— O senhor ainda tem dúvidas? Um dos nossos princípios não é a pluralidade dos mundos habitados? O que o senhor sabe sobre o degredo? Como acha que a raça adâmica chegou ao planeta? Quem o senhor acha que está trazendo o progresso para essa terra de expurgo? Nossa equipe é a mentora do Espiritismo, doutor. Fomos traídos e pagarão caro por isso.

— Então você se considera um espírita, Tomás?

— Claro que sim. Quem são os verdadeiros espíritas senão os abades *domini canis*?

Por fim, ingressei também no diálogo.

— Boa noite, Tomás!

— Boa noite, Catarina, meus respeitos ao seu nobre séquito!

— Você sabe que não sou mais quem diz que sou.

— Catarina está mais viva em sua alma que nunca.

— Isso é passado, Tomás.

— O passado nos reuniu, rainha.

— Por pouco tempo, Tomás! Por pouco tempo!

— O tempo não passa para almas como nós, mulher. Fui e quero continuar sendo seu tutor. Nas suas angústias de infância, eu te amparei daqui da vida imortal. Nos seus desafios de rainha, eu te protegi. Sua família me fez juras eternas que vão se cumprir agora. Os Valois são sangue de meu sangue, alma de minha alma.

— O passado ninguém muda, é bem verdade. Nosso modo de olhar para ele, porém, é uma questão de escolha.

— Eu tenho orgulho do meu!

— Nisso reside a causa de nossos equívocos, Tomás.

— Eu não me sinto em equívoco.

— Por enquanto, irmão querido! Por enquanto! Infelizmente, nossa condição é tão caótica sob o enfoque espiritual que nem sequer temos coragem para admitir nossa fragilidade. Admiti-la significa iniciar um ciclo de muita dor.

— Jamais admitirei a derrota.

— Admitir-se fraco não significa derrota, Tomás. Ao contrário, para almas falidas como nós, é indício de melhora e coragem.

— Cada dia mais nos fortalecemos e temos mais adeptos na nova seara. Kardec foi preso rainha, e agora está do nosso lado. Os acordos estão prontos.

— Preso?

— Sim. Esta foi nossa última vitória. Agora fica tudo mais fácil.

— Kardec está com vocês?

— Se duvidar, podemos trazê-lo aqui. Seus méritos me permitem essa medida. Você não é médium, rainha? Então o verá.

— De que acordo você fala?

— Ele mesmo já está convencido de que foi um erro propagar a doutrina sob orientação dos vilões de ideias. Corsários iludidos que dizem trabalhar por Jesus tiraram de nossa mesa os planos para evangelização espiritual do mundo. Todavia, agora temos acordos bilaterais. As facções estão em paz. O Espiritismo de Kardec passará também a ser o nosso Espiritismo. Pureza doutrinária integral. Fidelidade máxima sem subterfúgios. Uma nova cruzada pela doutrina pura e santificada. Kardec renunciará ao título de embaixador de Mais Alto e conferirá a nós, os dominicanos, a santa honra dos ensinos novos no mundo. Teremos de volta o que nos é de direito. Mais que nunca continua valendo a bula *"Licet ad capiendos"*[48]: "Onde quer que os ocorra pregar estais facultados, se os pecadores persistem em defender a heresia, apesar das advertências, a privá-los para sempre de seus benefícios espirituais e proceder contra eles e todos os outros, sem apelação, solicitando em caso necessário a ajuda das autoridades seculares e vencendo sua oposição, se isto for necessário, por meio de censuras eclesiásticas inapeláveis".

Novas fogueiras serão acesas, minha cara rainha-mãe.

---

48 Editada pelo papa Gregório IX, em 20 de abril de 1233. Marca o início da Inquisição.

— Foram vocês que criaram essa ideia de pureza?

— Baseados no santo Evangelho: bem-aventurada a pureza...

— Lá diz os "puros de coração".

— A pureza de coração só é possível quando formos fiéis. Nosso coração serve ao Cristo. Quem tem maior coragem que nós de enfrentar tantos obstáculos para que o Cristo impere nesse mundo? Se necessário, para que o amor tenha lugar, é preciso a força nesse mundo de degredo.

— Você está cego de fanatismo como outrora, Torquemada – retomou Inácio, claramente irritado com a entidade.

— Cego, doutor? A qual cegueira se refere? Aquela que o senhor possui em relação ao que se passa aqui em Uberaba? Garanto que lhe passo informações em primeira mão, não é mesmo?

Na medida em que a entidade falava, fomos percebendo a sua estratégia inteligente de desviar o assunto com informações que, àquele tempo, ainda desconhecíamos. Em alguns momentos da comunicação, Chico penetrava em tão profundo transe que o comunicante se manifestava em espanhol límpido.

— Preciso ter a humildade de me render aos seus informes, Torquemada. Estou na matéria e, de fato, pouco sei do que se passa no ambiente extrafísico de Uberaba. Porém, não expressam a Verdade. Suas informações são fruto da insanidade que te acometeu.

— Uberaba é nossa casa. Foi escolhida por nós para ser a nossa catedral. No plano físico, sabes de nosso movimento.

— É verdade. Os primeiros dominicanos do Brasil[49] chegaram à nossa terra, mas nada guardam dos vestígios de crueldade de sua proposta.

— Temos planos que desconheces. A seara espírita no corpo perceberá a tempo que a religião da verdade é a *abadia espírita* que aqui estamos construindo. Abadia de ideias que será a solução para o futuro. Peças à sua médium para olhar em volta. Veja quanta majestade possui nossa diocese. É a maior de todo o planeta. Somos unidos, e não és capaz de conceber a extensão de nossas fileiras. Os cães do senhor são a fatia nobre dos dragões!

— E você acha mesmo que os dragões servem a Jesus?

— Que pergunta infantil, meu caro doutor! Tens dúvidas?

— Você delira, Torquemada.

— O que é o delírio, doutor, senão a capacidade de enxergar mais profunda e originalmente as coisas?

O clima espiritual da reunião pesava. Os médiuns sentiam diversas reações desconfortáveis. Pedimos uma oração conjunta, enquanto a entidade permaneceu em absoluto silêncio. Terminada a prece, ele continuou:

— O Espiritismo é o último estágio das revelações. Somos seus condutores. Ninguém poderia trazer para a Terra essa novidade a não ser os servidores do Evangelho autorizados pelo senhor da vinha. O plano está se consumando, e

---

[49] Em 1881, os padres dominicanos se estabeleceram em Uberaba realizando sua catequese na Igreja de Santa Rita que se tornou pequena para tantos fiéis. Os ritos sagrados são transferidos para a imponente Igreja de São Domingos, inaugurada em 1904.

nós aqui viemos para recrutar mais servidores. Os dragões agora somos nós, que nos unimos para uma causa comum: tirar do caminho todos os que se opõem à pureza dos princípios. Precisamos desfazer o equívoco histórico e colocar os fatos nos trilhos da verdade, como eles são. Nós somos os legítimos autores das ideias espíritas. Ninguém mais tem o direito de expô-las. Somos os embaixadores do Cristo para tal mister.

— Jesus não confere exclusividade, Tomás.

— Só almas ingênuas podem pensar assim. Por que teria Ele escolhido 12 para continuar? Por que teria Ele colocado nos ombros de Pedro a missão gloriosa de nossa casa católica? Estamos com representantes na grande maioria das casas espíritas. Até o fim do século se consumará uma organização sólida capaz de erguer o tabernáculo eterno. O espaço, pouco a pouco, vai sendo resgatado. Queremos apenas o que nos pertence. A pureza dos princípios, o rigor à tábua da verdade contida nas obras básicas. O Evangelho renovado agora é o Espiritismo. O Pentateuco de Kardec é a nova esfinge do poder e da glória. A reencarnação e a mediunidade são nossos esteios. Nossos padres estão por todos os lugares. Temos a fórmula perfeita para que amanhã todos os homens se rendam aos princípios espíritas. Uma religião única. *Abades dominicanos espíritas,* eis o nosso sonho.

Homens de cultura no corpo físico e aqui no *país da morte* querem dominar por intermédio da ciência. O que será dos místicos de Deus, se a ciência pretensiosa quiser o seu lugar? Combateremos com todas as nossas virtudes quem se opuser aos destinos novos. A missão a mim entregue, de longa data, alcançará seu fim. As novas casas cristãs que se erguerem em nome do Espiritismo serão células operantes dos cristãos viris e com autoridade para determinar os caminhos do Evangelho. Seremos os místicos. Protegeremos a santa doutrina dos cientistas maculosos.

Faremos renascer na matéria milhares de nossos missionários. Serão pítons dos tempos modernos. Presidirão nossas casas de evangelização. Os velhos segredos que não podíamos revelar, agora serão descortinados a todos os povos. Varreremos o mundo com as concepções espíritas, a religião do futuro. Criaremos o Catolicismo espírita, que atenderá todas as necessidades de Deus nessa Terra de degredo.

Quero convidá-los a conhecer nossa *Catedral Espírita Domingos de Gusmão* para que avaliem melhor sobre o tamanho de nossa tarefa. Espero-os ainda esta noite em nossa esfera.

Nessa altura do diálogo, percebi a presença de Clarisse, Matias, Cornelius e doutor Bezerra unindo as mãos em oração. Chico teve um sobressalto na cadeira e Tomás, como fosse uma bala atirada de uma arma, partiu em alta velocidade a destinos por mim ignorados. Demos um copo de água ao Chico, que se mostrava sereno, embora com uma expressão de sofrimento no rosto devido ao desgaste da comunicação. Logo ele se recompôs.

A reunião estava prestes a se encerrar, quando o médium, percebendo a presença do benfeitor Emmanuel, entregou-se passivamente à psicofonia:

— Um modesto escorço da história faz entrever os laços eternos que ligam todas as gerações nos surtos evolutivos do planeta.

Muitas vezes, o palco das civilizações foi modificado, sofrendo profundas renovações nos seus cenários, mas os atores são os mesmos, caminhando, nas lutas purificadoras, para a perfeição Daquele que é a Luz do princípio.

Nos primórdios da humanidade, o homem terrestre foi naturalmente conduzido às atividades exteriores, desbravando o caminho da natureza para a solução do problema vital, mas houve um tempo em que a sua maioridade espiritual foi proclamada pela sabedoria da Grécia e pelas organizações romanas.

Nessa época, a vinda do Cristo ao planeta assinalaria o maior acontecimento para o mundo, de vez que o Evangelho seria a eterna mensagem do Céu, ligando a Terra ao reino luminoso de Jesus, na hipótese da assimilação do homem espiritual, com respeito aos ensinamentos divinos. Mas a pureza do Cristianismo não conseguiu se manter intacta, tão logo regressaram ao plano invisível os auxiliares do Senhor, reencarnados no globo terrestre para a glorificação dos tempos apostólicos.

O assédio das trevas avassalou o coração das criaturas. Decorridos três séculos da lição santificante de Jesus, surgiram a falsidade e a má-fé adaptando-se às conveniências dos poderes políticos do mundo, desvirtuando-se de todos os princípios, por favorecer doutrinas de violência oficializada.

Em vão enviou o Divino Mestre seus emissários e discípulos mais queridos ao ambiente das lutas planetárias. Quando não foram trucidados pelas multidões delinquentes ou pelos verdugos das consciências, foram obrigados a capitular diante da ignorância, esperando o juízo longínquo da posteridade.

Desde essa época, em que a mensagem evangélica dilatava a esfera da liberdade humana, em virtude da sua maturidade para o entendimento das grandes e consoladoras verdades da existência, estacionou o homem espiritual em seus surtos de progresso, impossibilitado de acompanhar o homem físico na sua marcha pelas estradas do conhecimento.

É por esse motivo que, ao lado dos aviões poderosos e da radiotelefonia, que ligam todos os continentes e países da atualidade, indicando os imperativos das leis da solidariedade humana, vemos o conceito de civilização insultado por todas as doutrinas de isolamento, enquanto os povos se preparam para o extermínio e para a destruição. É ainda por isso que, em nome do Evangelho, se perpetram todos os absurdos nos países ditos cristãos.

A realidade é que a civilização ocidental não chegou a se cristianizar. Na França temos a guilhotina, a forca na Inglaterra, o machado na Alemanha e a cadeira elétrica na própria América da fraternidade e da concórdia, isso para nos referirmos tão somente às nações superdesenvolvidas do planeta. A Itália não realizou sua agressão à Abissínia em nome da civilização cristã do Ocidente? Não foi em nome do Evangelho que os padres italianos abençoaram os canhões e as metralhadoras da conquista? Em nome do Cristo espalharam-se, nesses 20 séculos, todas as discórdias e todas as amarguras do mundo.

Mas é chegado o tempo de um reajustamento de todos os valores humanos. Se as dolorosas expiações coletivas preludiam a época dos últimos "ais" do Apocalipse, a espiritualidade tem de adentrar as realizações do homem físico, conduzindo-as para o bem de toda a humanidade.

O Espiritismo, na sua missão de Consolador, é o amparo do mundo nesse século de declives da sua história; só ele pode, na sua feição de Cristianismo redivivo, salvar as religiões que se apagam entre os choques da força e da ambição, do egoísmo e do domínio, apontando ao homem os seus verdadeiros caminhos. No seu manancial de esclarecimentos, poder-se-*á* beber a linfa cristalina das verdades consoladoras do Céu, preparando-se as almas para a nova era. São chegados os tempos em que as forças do mal serão compelidas a abandonar as suas derradeiras posições de domínio nos ambientes terrestres, e os seus últimos triunfos são o penhor de uma reação temerária e infeliz, apressando a realização dos vaticínios sombrios que pesam sobre o seu império perecível.

Ditadores, exércitos, hegemonias econômicas, massas versáteis e inconscientes, guerras inglórias, organizações seculares, passarão com a vertigem de um pesadelo.

A vitória da força é uma claridade de fogos de artifício.

Toda a realidade é a do Espírito e toda a paz é a do entendimento do reino de Deus e de sua justiça.

O século que passa efetuará a divisão das ovelhas do imenso rebanho. O cajado do pastor conduzirá o sofrimento na tarefa penosa da escolha e a dor se incumbirá do trabalho que os homens não aceitaram por amor.

Uma tempestade de amarguras varrerá toda a Terra. Os filhos da Jerusalém de todos os séculos devem chorar, contemplando essas chuvas de lágrimas e de sangue que rebentarão das nuvens pesadas de suas consciências enegrecidas.

Condenada pelas sentenças irrevogáveis de seus erros sociais e políticos, a superioridade europeia desaparecerá para sempre, como o Império Romano, entregando à América o fruto das suas experiências, com vistas à civilização do porvir.

Vive-se agora, na Terra, um crepúsculo, ao qual sucederá profunda noite; e ao século XX compete a missão do desfecho desses acontecimentos espantosos. Todavia, operários humildes do Cristo, ouçamos a sua voz no âmago de nossa alma:

"Bem-aventurados os pobres, porque o reino de Deus lhes pertence! Bem-aventurados os que têm fome de justiça, porque serão saciados! Bem-aventurados os aflitos, porque chegará o dia da consolação! Bem-aventurados os pacíficos, porque irão a Deus!"

Sim, porque depois da treva surgirá uma nova aurora. Luzes consoladoras envolverão todo o orbe regenerado no batismo do sofrimento. O homem espiritual estará unido ao homem físico para a sua marcha gloriosa no Ilimitado, e o Espiritismo terá retirado dos seus escombros materiais a alma divina das religiões, que os homens perverteram, ligando-as no abraço acolhedor do cristianismo restaurado.

Trabalhemos por Jesus, ainda que a nossa oficina esteja localizada no deserto das consciências.

Todos somos chamados ao grande labor, e o nosso mais sublime dever é responder aos apelos do Escolhido.

Revendo os quadros da história do mundo, sentimos um frio cortante nesse crepúsculo doloroso da civilização ocidental. Lembremos a misericórdia do Pai e façamos as nossas preces. A noite não tarda e, no bojo de suas sombras compactas, não nos esqueçamos de Jesus, cuja misericórdia infinita, como sempre, será a claridade imortal da alvorada futura, feita de paz, de fraternidade e de redenção.

Emmanuel[50].

Encerrada a atividade, fomos tomar um café com leite, predileção de Chico. Durante o repasto, o médium chamou o grupo para uma conversa e vaticinou:

— Dona Modesta, doutor Inácio e demais amigos, essa foi uma noite de bênçãos. As raízes espirituais do Sanatório Espírita de Uberaba estão nas noites sangrentas da Inquisição e no recesso sombrio das celas frias dos palácios de impiedade na França.

Homens e mulheres enlouquecidos em ambos os planos de vida regressam clamando contas e débitos. Raros são os espíritas que passam por outro gênero de provas e lições.

---

50 Mensagem extraída do livro *A caminho da luz*, de Emmanuel, psicografia de Francisco Cândido Xavier, Editora FEB.

Nossa comunidade é comparável a valorosa enfermaria na qual buscamos recuperação e paz na alma. Estamos cansados e oprimidos em busca do Cristo que dizemos amar.

Pesa sobre os celeiros espíritas uma nuvem escura de severos compromissos. Iludidos por nosso orgulho, haveremos de nos supor especiais. O tempo e o amadurecimento, todavia, deixarão expostas as chagas de nossas doenças espirituais e perceberemos que especial é somente a doutrina. A autossuficiência e a prepotência envernizada serão focos destrutivos dos mais caros sonhos de conciliação. Discórdias e intolerância ao lado de oportunidade e esclarecimento. Joio e trigo.

Urge o trabalho bendito de reeducação nos mais profundos fossos de dor, nos quais se alongam na vida extrafísica essas raízes enfermiças de nossas desditas.

Trabalhemos pelo asseio desses ambientes onde jazem corações estreitamente ligados aos nossos.

Cornelius, que me inspira nessa hora, diz que os levará a conhecer um dos mais recentes pátios de loucura coletiva edificado na erraticidade. Sirvamos com desvelo por eles. São nossa fonte de redenção consciencial.

Eu quero agradecer pela visita dessa noite. Somente aqui pude entender as razões de muitas ocorrências de nossa missão.

— A gratidão é nossa, Chico – falei emocionada. — Jesus nos tem sido muito compassivo com a extensão de nossos compromissos. Será que você poderia nos responder a uma pergunta?

— Se estiver ao meu alcance, dona Modesta!

— Torquemada é um dragão?

— Foi. Ele tem vínculos com os dragões, assim como muitos servidores das sombras que, mesmo não participando da organização, guardam interesses comuns.

— Ele já pertenceu a essa organização?

— Foi expulso. Atualmente formou seu próprio séquito, mas, como acontece com os mais fortes poderes constituídos na Terra, o sombrio Vale do Poder tem seus tentáculos estendidos por inúmeras ordens de interesses. Com isso, de alguma forma, a nova ordem por ele criada rende preito aos maiorais no Vale do Poder em identidade de propósitos por meio de parcerias de politicagem e invigilância.

— Chico – indagou Manoel Roberto —, como entender essa ligação entre dominicanos e espíritas feita por nosso irmão?

— Meu caro Manoel, nossa coletividade espírita tem uma história antropológica, cujo nascedouro se perde na esteira dos tempos. Fazemos parte do tronco judaico-cristão. Desde as revelações de Moisés, depois com a Boa Nova do Cristo e agora com o Consolador, temos um longo percurso de quedas e aprendizado que estrutura o alicerce moral do movimento espírita brasileiro.

Judeus, cristãos, espíritas, católicos ou dominicanos, independentemente da designação religiosa, somos almas aflitas à procura de Jesus, milênios a fora, na caminhada da evolução.

Antecedendo a obra da organização do Espiritismo em terras brasileiras, forças do Mais Alto se movimentaram em favor de melhores dias para a massa de almas adoecidas, como nós, nos roteiros da religião e da política.

Entretanto, como é natural, ao lado desse movimento de libertação e ascese, as furnas do mal, percebendo a intensidade da repercussão de tais ações pelo bem, uniram-se, entre os mais poderosos, para destruir a expansão das ideias espíritas, das quais se sentiam proprietários.

Uma das reações mais marcantes do surgimento da doutrina no mundo foi exatamente o ódio dos condutores da maldade ao saberem que a imortalidade estava sendo consagrada novamente na Terra sem sua permissão. Com o Espiritismo, a humanidade disporia de uma ideia poderosa para abandonar os braços do materialismo estéril.

Por outro lado, a obra inspirada de Jesus no Brasil não estava sendo erguida por almas missionárias, mas por corações doentes e necessitados do Médico Celeste. Diante de tanta fragilidade, como nos manter de pé sem a misericórdia do Mais Alto?

Esse o trabalho dessa noite. Na medida em que se desarticulam equipes como a de Tomás, centenas de casas espíritas e milhares de companheiros encontrarão forças para continuar na luta contra seus próprios compromissos e tendências.

Ao contrário, quantos se imantarem às forças da intolerância ou, simplesmente, conectarem seu estado mental ao destaque das faltas alheias, manterão laços sombrios com tais comunidades que, de alguma forma, são extensões espirituais da comunidade espírita. Somos uma família. No seio da comunidade espírita encontra-se no corpo físico somente a parcela de almas que já estão internadas e recebendo medicação e tratamento adequados às suas necessidades. Entretanto, as células mais adoecidas da comunidade espírita, capazes de degenerar todo um sistema de ideias, ainda se encontram na erraticidade. Nossos laços mais enfermos ainda estão no atoleiro da perversidade declarada. Renasceram somente quantos apresentaram as mínimas possibilidades de êxito no refazimento de caminhos.

Doutor Bezerra está me dizendo que vocês já sabem a que grupo pertencemos no tronco judaico-cristão. Somos os mentores das piores tragédias do cristianismo nos últimos 2 mil anos. Os mineiros têm compromissos graves com o Evangelho do Cristo.

Não há como caminhar sem carregarmos o peso dessa enorme família que somos. Sob a hipnose da matéria, facilmente podemos nos equivocar novamente e julgarmos especiais pelo que fazemos. Quando devolvermos o corpo ao celeiro da natureza, a vida nos revelará claramente a extensão desse grupo.

Por que, então, aguardar a morte para o serviço inadiável de remição de nossas faltas? Por que aguardar a morte para sofrermos o choque nefasto da desilusão tardia?

A hora é de trabalho e ação no bem. Sigamos avante com confiança e esperança em nossas almas. Deus nos guarde os caminhos.

Agora preciso regressar aos meus compromissos mediúnicos da escrita. Permitam que eu me retire.

— Não esqueceremos esta noite, Chico.

— Nem eu, dona Modesta! Nem eu!

Todos nos dirigimos aos nossos lares.

A noite avançava. Estava exausta pelas lutas daquele dia, todavia, feliz por receber, por intermédio do Chico, a confirmação clara de tudo que nossas práticas estavam nos instruindo.

Cornelius retirou-me do corpo com facilidade. Afastamo-nos alguns quilômetros de Uberaba em volitação. Em uma mata virgem encontramos Inácio e os demais companheiros de ambos os planos que sempre estavam presentes nos labores noturnos.

Começamos a "descer". Fomos até o umbral. Paramos. Fizemos uma prece e "descemos" ainda mais. Chegamos às fronteiras do abismo. Vimos, então, uma enorme igreja. Ficamos a distância, sem ser percebidos, mas era possível, de longe, ler o nome: *Ordem dos Abades Espíritas Domingos de Gusmão*.

Era, de fato, uma enorme catedral em estilo neogótico. Centenas de pessoas se aglomeravam à frente da igreja. Uns encarnados, outros não.

Em um tablado improvisado nas portas de entrada podia-se ver a pompa dos tronos bem talhados e Tomás assentado ao meio.

Alguém tocou um sino. Houve silêncio e Torquemada, agora de pé, assumiu a palavra.

— Amados! Amados! – expressou em tom de arrogância. — Meus servos queridos! Luz para todos!

A multidão manifestou alegria em ouvi-lo com gritos e palmas. Havia, pelo menos, 4 mil pessoas ali reunidas naquela noite.

— Eu agradeço a saudação e os consagro com minha bênção.

Todos se ajoelharam, fizeram o sinal da cruz e se levantaram novamente.

— Meus súditos fiéis e cristãos verdadeiros, tenho notícias que vão alegrar a todos. Nossas fileiras, essa noite, têm motivos especiais para se alegrar. Duas novidades extasiantes. A primeira delas é que meus maiorais me informaram que receberemos em breve a visita tão esperada do súdito redimido Allan Kardec.

A multidão enlouqueceu com a notícia. Pulavam como crianças felizes. Batiam palmas para o alto. Outros ajoelhavam como se agradecessem a Deus.

— Silêncio! Silêncio! Ainda não acabou! A novidade que mais alegrou aconteceu há poucas horas. Estamos prestes a recrutar Chico Xavier e os dirigentes do Sanatório Espírita de Uberaba para nossas tropas.

O povo perdeu o controle de tantas manifestações. E nós ficamos quietos e nos entreolhando. Somente Cornelius mantinha seus olhos atentos à cena, sem se mexer.

— Estivemos na casa deles e fui muito bem recebido. As coisas vão indo bem. Como podem ver, essa catedral – e apontou para as torres imponentes da igreja — será o futuro dessa humanidade sofrida e carente.

Leis menos severas para renascer no corpo serão implantadas. Vocês querem o corpo? Terão bons corpos. Eu prometo!

Mas que adianta a matéria para purgar culpas? Renascer para Deus. Somente a *Ordem dos Abades Espíritas* pode cumprir essa promessa.

Hoje quero presenteá-los! Além de boas notícias que devem ser espalhadas, quero lhes dar mais. Aqui está! – entraram diversos súditos com carrinhos trazendo pilhas e mais pilhas de livros.

Eis o verdadeiro *O livro dos espíritos* revisado pelo próprio Kardec. Evangelho e Espiritismo. Jesus e Kardec, fora dessa bandeira não há salvação.

Peguem, leiam e se deliciem com as novidades.

Faremos cursos completos sobre a verdade. Terão alimento farto. Atenderemos às suas saudades da matéria enquanto não renascerem. Faremos audiência para seus interesses de justiça e, se necessário, a vingança. Temos tecnologia cedida pelo Vale do Poder que nos coloca meio século à frente do mundo físico. Aqui somos deuses, assim como seremos no mundo. Repitam bem alto comigo: somos deuses e temos a verdade!

Todos, aos gritos, repetiam o mantra hipnótico.

— Nada é verdade neste mundo sem a Igreja Católica. Somos os únicos cristãos reconhecidos por Nosso Senhor Jesus Cristo.

Vocês amam a bíblia?

— Sim, sim, amamos muito!

— Amarão, então, esse livro também. Ele é o segredo pelo qual lutamos há séculos. Vamos colonizar os Centros Espíritas e fazer as adaptações necessárias. Nada de destruir. O plano é amoldar. Assim ganharemos tempo no alcance de nossos objetivos.

Queremos o controle absoluto sobre todo intercâmbio. Nada de mediunidade sem autorização prévia. Quem mais, além de nós, pode avaliar o que pode ser dito aos homens na matéria física?

Queremos controle para ninguém mais tomar posse daquilo que somente os embaixadores do Senhor podem expressar ao mundo. O cristianismo dominicano redivivo, custe o que nos custar, haverá de vicejar em todas as nações.

Quem lutar contra esse propósito será banido.

Teremos trabalho para todos. Já são alguns milhares de casas para cristianizar.

Nada de caridade e socorro. Quem nasceu para pagar, merece a prova que tem.

Cada Centro Espírita conquistado aos nossos propósitos significa uma promoção imediata. E, por cada ano de manutenção dessa conquista, mais fatia de poder em nossa catedral.

Façam como meus conselheiros, que foram todos agraciados pela sagacidade e inteligência.

E, então, Tomás, de pé, espalmou a mão à frente dos que se assentavam ao seu lado. Nesse instante, mesmo guardando distância, olhei com mais atenção os conselheiros e reconheci entre eles Anaz, o perseguidor de Atílio, que havia sido recém-recrutado por essa casta de espíritos. E o palestrante continuou sua palestra de forma imponente:

— Entrem nas dependências do centro como carentes. Questionem os frequentadores, sondem a mente dos palestrantes, participem das reuniões de diretorias e criem o falatório.

Quanto mais dúvidas, mais insegurança. Quanto mais insegurança, mais fácil a participação.

Nossos melhores servidores já ingressaram nas fileiras dos comandantes do Espiritismo nas frentes de unificação. Homens notáveis nas fileiras de liderança já sentiram nossa presença, e começam a despertar para a importância do que estamos realizando.

Aqui mesmo, entre vocês, encontram-se muitos que estão no corpo. Eu quero parabenizar-lhe pela capacidade de reagirem aos menos avisados. Vocês serão muito úteis a nossos propósitos.

Nossos cursos os orientarão com sabedoria. Considerem esse templo não só uma catedral, mas uma universidade preparatória. Teologia, psicologia, psicoeletrônica. Faremos cursos para que sejam os mentores intelectuais do Espiritismo verdadeiro. Levarão ao mundo a bandeira: *fora de Kardec não há salvação!*

Vocês sabem o que é um computador?[51] Já viram algum? É uma máquina impressionante usada pelos dragoneses.

---

51 Esses acontecimentos se dão na década de 50, época em que os computadores estavam surgindo.

Teremos cursos completos que nos ensinarão a esquadrinhar os campos energéticos dos encarnados usando essas máquinas dotadas de esplêndida tecnologia. Porém, dia virá em que alcançarão os recursos de nossa tropa de elite – e novamente espalmou a mão àqueles que o ladeavam. — Serão capazes, pela força de Jesus, de sondar o que está no íntimo de cada um usando apenas a força da vida mental.

Amados! Amados!

Somos escolhidos para uma missão gloriosa.

Eu vos pergunto: algum de vocês teve a vida melhorada depois que ingressou nessa catedral? Respondam!

— Sim! Sim! – o alarido era geral.

— E se sentem mal?

— Não! Não!

— E quem está comigo? – expressava aos berros o explanador.

— Eu! Eu! Todos nós!

Após a gritaria coletiva, Tomás, retomou estrategicamente, com a voz cândida e falando baixinho:

— Vocês estão comigo, eu estou com o Cristo!

— Viva o Cristo! Aleluia! Viva Jesus! – a multidão delirou de tanto gritar.

O ambiente virou uma anarquia por alguns segundos.

— Levaremos aos grupos espíritas a luz de nossa organização. Somos hoje mais de 10 mil sócios. Temos condições de colocar aproximadamente três de nós em cada Centro Espírita desse país. Naqueles locais onde houver resistência, cerraremos fileiras. Criaremos novas casas espíritas. Nas casas maiores e mais velhas, mais opositores.

Nosso objetivo é o sitiar totalmente. Somente os católicos têm a concepção correta das verdades espíritas. Ninguém mais!

Negar a Santa Madre é cometer pecado mortal! Punição espera quem resistir! Se necessário – e deu ênfase à palavra –, a guerra!

Se assim me manifesto, amados, é porque há traidores ferrenhos que querem continuar protegendo os espíritas no corpo físico como se fossem especiais. Uma velha guarda que traiu a Santa Igreja. Homens inteligentes, mas sagazes, corruptos, audaciosos.

Quem são esses espíritas? Vieram da mesma prisão de onde saíram vocês. São pessoas como vocês! Com uma diferença. Eles são traidores! Foram soltos sem permissão. Vocês não! Vocês tiveram acordos claros e escritos que estão aqui em minha mão, sob minha guarda. Eles são prisioneiros envolvidos com a traição ao Cristo. Vocês são prisioneiros libertos para a glória. Eles servem a Mamon. Vocês servem ao Cristo.

Por isso, a guerra, se preciso for. Nenhum outro livro deverá surgir na Terra em nome da verdade. Somente *O livro dos espíritos* a contém. Ele será proclamado como a nova bíblia dos cristãos. Com a verdade do Espiritismo conquistaremos o mundo.

Tudo tem seu preço!

Estamos em combate ativo. Será longa essa luta contra os opositores. Teremos estudos minuciosos sobre como tirar os espíritas das garras desses vilões da religião e convertê-los ao santo credo.

Amanhã mesmo começaremos com nossas iniciativas santas. Quero vos consagrar com minha bênção até o dia da vitória final. Glória a Jesus, amados! Salve os novos *abades espíritas dominicanos*!

— Glória! Glória!

Tomás se retirou para dentro da catedral imponente.

Eu me sentia mal. Sem ar e desvitalizada. Outros membros da equipe apresentavam os mesmos sintomas. Sob orientação de Cornelius, nos afastamos rapidamente do local onde estávamos. Logo chegamos a um posto socorrista, nas imediações de Uberaba. Matias, eu e outros servidores tomamos passes refazedores, enquanto Cornelius e Clarisse planejavam as tarefas da madrugada, antes de regressarmos ao Hospital Esperança.

Subitamente, após uma rápida melhora, Matias teve uma severa convulsão e tombou no chão. Enfermeiros diligentes prestaram-lhe socorro imediato. Cornelius foi chamado às pressas em sala próxima.

Matias espumava pela boca e se contorcia violentamente. Cornelius chegou, colocou a mão direita sobre a testa do enfermo, e disse:

— Regressão mnemônica! Tragam-me sedativos e vitalizadores energéticos injetáveis.

Aplicada uma dose de calmantes, Matias relaxou, embora permanecesse com os olhos fora de órbita e as mãos em garra. Sua pulsação foi a zero. As batidas cardíacas quase cessaram. Seus lábios estavam cianóticos e muito inchados. Passaram-se 30 minutos. Somente então ele relaxou em profundo sono.

— São recordações passadas. Ele terá de ficar em repouso absoluto por, pelo menos, dois dias. Pode ser que só venha a sair desse estado em 24 horas. Sugiro que o coloquem em soro revitalizante. Voltará à consciência com muita fraqueza.

— O que houve com ele, Cornelius? – perguntei preocupada.

— O discurso de Tomás é dotado de alto poder hipnótico, dona Modesta. Ouvir uma palestra desse teor é o mesmo que se envolver com faixas mentais de longo alcance, próprias dessa região onde se localiza a catedral. São forças vampirizantes. Além disso, os laços que unem os Valois a Torquemada se estendem nas reencarnações.

— Eu tive muita piedade durante o discurso.

— Matias, por sua vez, sentia raiva e ódio.

— Por quê?

— Lembrou-se de cenas cruéis provocadas pela falange dominicana envolvendo sua mãe biológica, Conceição.

— Foram eles que lhe provocaram a morte?

— Pura vingança por fazer renascer o filho, Matias.

— Meu Deus! Quanta crueldade!

— Conceição ressarciu compromissos de outrora. Foi membro influente da impiedosa Inquisição medieval.

— Matias não recebeu preparo para essa hora?

— Ao contrário, dona Modesta. Ele tem sido muito aplicado em nossas frentes de serviço e preparação. Contudo, não existe preparo suficiente que nos exima de colher os frutos de nossa própria sementeira. Episódios como esse são previsíveis em nossas ações no bem.

— Ele se lembrará de tudo?

— Acordará com recordações mais nítidas de seu passado e seus vínculos com tudo o que lhe acontece nos dias que se passam.

— Temo por sua loucura, diante de tanta verdade de uma só vez.

— Matias caminha para seus últimos anos por aqui, dona Modesta. A reencarnação será uma bênção incomparável ao seu progresso.

— Graças a Deus! Regressaremos aqui para buscá-lo?

— Temos aqui um servidor leal e que já esperava o momento de conhecer Matias e a senhora.

— A mim?

— Os vínculos que retornam na pessoa de Tomás trazem juntos também os amores.

— De quem se trata?

— Venha, vou lhe apresentar o amigo querido.

Alguns trabalhadores de nossa equipe permaneceram junto ao leito de Matias, enquanto eu e Cornelius percorremos alguns pequenos corredores até uma sala similar a um posto de enfermagem.

— Dona Modesta, esse é o professor Cícero Pereira[52], responsável por esse posto.

— Como vai o senhor? – expressei com certa timidez, mas ao mesmo tempo tocada por uma indefinível vibração ao ver aquele homem.

— Vou bem, dona Modesta, graças a Jesus. Satisfação fraterna nos traz sua presença.

— A alegria é minha, senhor Cícero.

— Chame-me de professor Cícero, é como todos me conhecem.

— O professor, dona Modesta, tem se empenhado sobremaneira no auxílio aos locais que acabamos de visitar – expressou Cornelius.

— Nossa equipe passou por algumas dificuldades por lá! — exclamei naturalmente.

— É um trabalho que exige muito amor e preparo. A falange de Tomás tem uma história sanguinária e cruel. Lidamos com almas muito sagazes e de raro poder mental – expressou com simplicidade o professor.

Percebendo meu estado íntimo diante de sua fala, asseverou Cícero:

— Nossos laços com Torquemada são muito intensos.

---
52 Vide nota de rodapé 7.

— Nossos?

— Por que acha que está se sentindo dessa forma, dona Modesta?

Bastou que o professor fizesse a pergunta para eu não conter mais a emoção que a custo continha. E colocando as mãos no rosto, como uma criança envergonhada, desabafei:

— Perdoe-me a emoção, professor! Sinceramente não sei o que está acontecendo comigo, eu... Estou sem nenhum controle... Eu sinto que o conheço... Que saudades, professor... – não aguentei o impulso e, como uma menina travessa, abracei-o em choro convulsivo.

O professor me retribuiu o abraço com carinho paternal. E, pegando minhas mãos, falou fixamente olhando-me com sentido amor:

— De fato, a vida nos reúne novamente, dona Modesta. Se Torquemada "inspirou-lhe" destinos infelizes na condição de Catarina, a rainha-mãe, Deus não a desamparou de companhias mais cristãs. Tive a felicidade de compor o grupo daqueles que zelaram por sua família. Pouco antes de seu retorno à vida física, tive uma experiência que até hoje considero a porta que se abriu para a minha redenção espiritual na condição de Gonzalo Jiménez de Cisneros ou, como fiquei mais conhecido, cardeal Cisneros[53].

---

53 Cardeal Francisco Jiménez Cisneros, nascido em 1436, foi fundador da universidade de Alcalá de Henares, em Toledo, Espanha, a primeira universidade renascentista, moderada, humanista e universal.

Naquela ocasião, sob meu aval na erraticidade, reencarnou seu filho Carlos IX, que hoje é o nosso Matias, que a vida me devolve novamente aos cuidados.

Todos, na verdade, lutamos por nossa redenção. Para ser sincero, Cornelius sempre me notifica sobre suas atividades e, desde essa noite, quando Tomás fez sua primeira aparição por intermédio de Chico Xavier, depois de séculos na penumbra da imortalidade, ali me encontrava na reunião orando para que este nosso instante de reencontro pudesse ocorrer conforme a misericórdia do Altíssimo.

Vejo que Deus tem pressa em relação a nós — e deu um sereno sorriso que jamais esqueci.

A perseguição de Torquemada à comunidade espírita data do início do século. Ele tentou de todas as formas abafar os ideais de Bezerra de Menezes e do Espiritismo nascente. Pode-se dizer, sem exageros, que ele e sua falange se tornaram um grave desafio a ser superado pelo bem da causa. Ele se autodenomina inimigo dos espíritas, entretanto, assim o faz por revolta. Sua inconformação é não ter sido o centro de tal revelação.

Aliás, essa é uma das "mágoas" mais profundas dos comandantes das organizações da maldade.

A história por ele contada no discurso dessa noite nada mais é que uma história para convencer aqueles infelizes membros que o acompanham cegamente. Seus verdadeiros propósitos são mais hostis do que hegemônicos em relação à seara. Faz seus seguidores acreditar que estão trabalhando por um ideal verdadeiro em nome de Jesus. Na verdade, pretende exterminar toda a organização da doutrina em terras brasileiras.

Quando ele diz que seus maiorais prenderam o Codificador, de fato, estão treinando alguns habilidosos mistificadores clonados que vão trabalhar para enganar espíritas daqui e de lá.

Associados com dragões do Vale do Poder, fazem de tudo para ludibriar. Poderá conquistar a cadeira maior da organização da maldade, caso consiga destruir a proliferação do Espiritismo no Brasil.

A *catedral dos abades dominicanos espíritas* é apenas uma das iniciativas por ele comandadas no intuito de sangrar de intolerância a comunidade espírita.

Pesará sobre o movimento espírita uma vibração de rigidez e intransigência que patrocinará muita dor e desistência, conflito e escassez, confusão e desentendimento.

Enquanto homens sinceros nas fileiras da proposta unificadora trabalham com esperança em dias de união e fraternidade, uma fatia de irmãos descuidados tem sintonizado com os propósitos desta estranha sociedade "espírita".

Essa é a Lei. No fundo, enquanto muitos podem fazer uma análise na qual só encontram perturbação e desordem em tais ocorrências, de nossa parte, nas esferas mais conscientes da vida, entendemos que nada poderia ser de outra forma. É a nossa família que criou laços e compromissos, recebendo de volta o fruto amargo da própria sementeira.

Torquemada é nosso irmão em franca loucura. Nós, que procuramos ser úteis fora do corpo, apenas temos uma visão mais dilatada das razões de nossos reencontros, e os irmãos na carne, semeadores da gleba espírita, nada mais são que aprendizes nas suas disposições sinceras de recomeço ante os milênios de trevas nas trilhas da conduta e das escolhas.

Dias sombrios aguardam a comunidade espírita, caso não pratiquemos muita oração e jejum. Recebemos do Mais Alto apelos de urgência e ação. Nossa tarefa é retirar o diamante do lodo. Nada de severidade ou cobrança. As ordens dos Planos Maiores são de misericórdia incondicional.

Quando o professor terminou sua fala, eu me encontrava literalmente, engasgada. A emoção tomou-me por completo. Com muito esforço retomei o curso do raciocínio e indaguei:

— Professor, enquanto o ouço, tenho a sensação de vagar no tempo. Invade-me um forte sentimento de gratidão e reconhecimento por sua pessoa. Sou-lhe uma devedora.

— Somos devedores do Cristo, dona Modesta. O que melhor pudermos oferecer uns aos outros em nome do amor legítimo é apenas oportunidade e bênção da existência em favor de nós mesmos.

— O que será do nosso movimento, professor?

— Aquilo que dele fizerem os homens.

— Fracassaremos?

— Essa possibilidade não é de todo descartada. Ao final do século, teremos completado mais uma etapa de 70 anos no planejamento do Espírito Verdade para o progresso das ideias espíritas no mundo. Os efeitos dos acontecimentos de agora se prolongarão para daqui a 50 ou 60 anos.

— E Matias, vai sarar?

— Ele ficará aqui por um tempo. Cornelius já havia me feito esta solicitação. Creio ter chegado o instante. Aqui, em nosso humilde posto de socorro, ele encontrará motivações diferentes para servir no plano físico, intensificando seu desejo de renascer.

— Então ele realmente... – e deixei o professor continuar a frase, tomada pela dúvida.

— Sim, ele voltará ao corpo em nome de Nosso Senhor Jesus Cristo.

— O senhor, naturalmente, deve saber de nossos laços. Essa notícia me deixa um tanto saudosa. Causa-me uma sensação de separação.

— O tempo une quem se liberta, dona Modesta. Fique tranquila. Nossos destinos estão de tal forma entrelaçados que dificilmente nos separaremos nos próximos 200 anos.

O encontro com professor Cícero foi repleto de ensinamentos e especial para o meu coração.

Matias passou, desde então, a manter presença contínua naquele posto em tarefas socorristas ao lado do professor.

Há quem imagine que revelar aspectos sombrios da vida é uma iniciativa aterrorizante. Entretanto, Jesus, em Sua Boa Nova evangélica, jamais descuidou de citar esta relação entre luz e trevas, assim como Ele jamais deixou órfãos os filhos das sombras.

Como trabalhar pela luz na humanidade terrena sem antes iluminar as faces mais sombrias do planeta?

Existe amor nos pântanos. Há quem ame nos infernos da vida. O tempo e a maturidade ensinaram-me que viemos de locais similares à catedral erguida por Tomás. Julgamo-nos muitas vezes um grupo de eleitos pela luz, todavia, desconhecemos nossos elos consistentes com as trevas.

Essa é nossa verdadeira família espiritual. O abismo, por assim dizer, é o outro lado da face moral de nossa trajetória espiritual. Reencarnamos, mas trazemos o abismo dentro de nós em forma de impulsos, tendências, sentimentos e intenções.

Aqueles frágeis corações sob o domínio dos abades dominicanos surgiram de uma proposta ferina dos dragões que, ao descobrirem, no início século XX, a ação do Mais Alto trazendo para reencarnar no Brasil aquelas criaturas aprisionadas no Vale do Poder, deliberaram então oferecer carta de alforria em troca de serviços. Foi assim que milhares de cristãos falidos, aprisionados nas furnas do Vale do Poder, ingressaram nas frentes da catedral de Torquemada, em terras uberabenses.

Uma vez descoberto o movimento de *transporte da árvore evangélica*, os dragões criaram as "missões cristãs". Obtendo "sucesso" durante a reencarnação, regressariam com promoções e "liberdade" para fazer o que quisessem.

Foi nesse ambiente espiritual enfermiço que os pioneiros de nossa comunidade doutrinária, homens muito bem-intencionados, mas ingênuos, cometeram um dos mais clamorosos equívocos pela instauração do cristianismo restaurado. Em suas origens, a inspirada proposta de unificação adotou o velho desvio religioso de unir homens por conceitos, e não por sentimentos, unir por ideias institucionalizadas e não por valores morais. Unir casas e não fomentar relações fraternas. Nessa ação pelo bem do Espiritismo, as relações humanas foram desprezadas. Amor pelo Espiritismo, desprezo pelo próximo. Uma incoerência de todos os segmentos religiosos nascidos na Terra em nome do Cristo. Tivemos, portanto, um vício de origem ou uma origem viciada.

Nessa conjuntura moral uniram-se e reuniram-se as sociedades espíritas de ambas as esferas de vida criando metamorfoses infinitas nas fileiras do Espiritismo brasileiro.

Por não atender aos nossos objetivos nesse texto, evitamos os detalhes sobre a carnificina que se tornou a *catedral dos abades*, na qual até fogueira para queimar pessoas em praça pública foram reativadas, sob as ordens de Tomás. O grupo liderado por Torquemada era corresponsável pelas agruras daqueles anos no seio do movimento espírita. Entretanto, assumamos com humildade; a causa estava em cada um de nós. A ação dos abades nada mais era que uma soma de interesses, os deles e os nossos.

Aquelas seis entidades ao lado de Torquemada, durante o discurso, eram os autores dos ataques a irmão H., a Atílio e a muitos outros devotados da causa que alimentavam a simplicidade de coração ao invés do verniz do destaque. A maior revolta de Torquemada era Chico Xavier e sua obra mediúnica, que ele tentou por todos os meios possíveis exterminar, criando as mais geniosas maquinações para humilhar e atormentar a vida de Chico.

Alguns anos depois da convocação do inquisidor naquela catedral, os benfeitores maiores agiram em favor de sua reencarnação[54].

O que será de nós senão nos informarmos melhor sobre o mapa de ação dos mentores do mal no mundo? Que utilidade terá para a Obra Eterna do Cristo a clausura? Quais benefícios estenderemos para o futuro das sociedades, adotando a conduta pudica?

Espíritas, meus irmãos queridos, perguntemos a cada dia: somos um fermento que leveda a massa? Temos criado um movimento religioso exclusivista, com discurso na salvação, ou estamos usando o poder de renovação das ideias espíritas para construir uma sociedade melhor?

As sociedades "espíritas" na erraticidade cresceram em número e características. A catedral de Torquemada foi apenas o início de um novelo de acontecimentos.

Qual é a natureza de nossas ações perante o mundo: religiosismo ou educação libertadora?

A vinda do Cristo à Terra foi como um farol de luz resplandecente, cujo propósito foi nos mostrar a extensão das trevas nas quais vivemos. Ele passou e, depois Dele, vivemos um incômodo infindável perante a própria consciência. Seu Evangelho funciona como um espelho a nos revelar, continuamente, as sombras interiores, ao mesmo tempo que nos conclama a despertar Deus na intimidade.

---

54 Para mais detalhes, leia as obras *Sob as cinzas do tempo* e *Do outro lado do espelho*, psicografadas pelo médium Carlos Baccelli, de autoria espiritual de Inácio Ferreira, Editora LEEPP.

Por que nos surpreender com a catedral de Tomás quando, na verdade, ela é apenas o reflexo de nosso orgulho doentio que nos aprisiona no exclusivismo, na inveja, na vaidade e na arrogância?

Conhecendo melhor nossas trevas, motivamos para o serviço do bem. Revelando as sombras é natural que trabalhemos ainda mais pela luz.

Sigamos avante na certeza de que esquadrinhar os pátios da loucura humana nos dolorosos fossos de amargura nos infernos nada mais é que descobrir os efeitos possíveis de nossas doenças morais milenares.

Em vez de nos apavorar ou preocupar, ocupemo-nos em estudar nossos laços comuns. Decerto, isso em muito nos auxiliará no maior dos objetivos: o desenvolvimento de nosso potencial de luz e talentos entregues pelo Pai para nossa ascensão.

A misericórdia jamais nos faltará até que tenhamos, um dia, os recursos defensivos na própria alma. Entretanto, um pouco mais é esperado dos *trabalhadores da última hora*. Pelo menos se espera que admitamos no coração o quanto existe de nós nessas sociedades das sombras e o quanto delas ainda está vivo em nós.

14.
O RESGATE DO IRMÃO FERREIRA, O CANGACEIRO DO CRISTO

> "Digo-vos que assim haverá alegria no céu por um pecador que se arrepende, mais do que por noventa e nove justos que não necessitam de arrependimento."
>
> *Lucas* 15:7.

Mais de dez anos passaram-se desde que Matias fora socorrido no Hospital Esperança. Nossos vínculos reencarnatórios ficaram nítidos nos vários encontros e reencontros nas noites de emancipação pelo sono. O Hospital Esperança tornou-se a casa protetora de nossos ideais de melhoria e ascensão.

Chegamos, por vezes inúmeras, a consultar em conjunto as fichas reencarnatórias de ambos no hospital. Tivemos acesso aos mais minuciosos registros de tempos longínquos, e ficavam sempre mais claros quantos laços em comum nos uniam, fora e dentro da matéria carnal. Quem era Inácio Ferreira e por que nosso coração estava todo voltado ao sanatório.

O que sempre me perguntei ficava mais claro nesse tempo. Consegui, de forma mais lúcida, a percepção do quanto também eu fazia parte do *transporte dá árvore evangélica*. Enfim, agora estava mais consciente da extensão de minhas próprias necessidades e das razões que nos uniam a tantas pessoas em Uberaba e no Hospital Esperança. Minhas ligações com o Vale do Poder eram mais estreitas que se podia imaginar.

Matias, depois de anos em tratamento, iniciou, pelos idos de 1955, suas primeiras atividades de labor mais independente na condução de equipes socorristas. Desde a sua presença na conversa com doutor Odilon, e depois em estágios com o professor Cícero, assumiu compromissos diários na equipe de Cornelius, que fazia nossa defesa junto às atividades do sanatório em Uberaba.

Embora ainda se mostrasse frágil psicologicamente, guardava mais disposição emocional. Tinha, ainda, os traços psicológicos de Carlos IX, frágil e confuso. Sua força mental, no entanto, obedecia a velhas experiências de líder ativo e viril que fora em séculos anteriores na escalada das reencarnações. Pediu seu perdão legítimo ao meu coração, em razão das perseguições descabidas ao sanatório e a mim. Tratava-me agora com o carinho de um filho disposto ao recomeço. Quando tinha ímpetos de buscar nossa convivência incestuosa de outros tempos, continha-os. Passou, para isso, em diversos tratamentos psicoterapêuticos sob tutela do doutor Bezerra.

Por reconhecimento do quanto foi beneficiado, tornou-se, espontaneamente, um protetor de nossa casa, conquanto sempre assumisse sua condição de aprendiz e necessitado. Devido aos vínculos afetivos, passei a perceber a presença de Eurípedes sempre acompanhado de Matias, qual fosse seu serviçal incondicional. O carinho de Matias para com o benfeitor era justificado pelo socorro prestado anos antes.

Os anos se passaram pródigos em trabalho e aprendizado. Certa noite, participamos de uma atividade, que não poderia deixar de mencionar, na qual Matias deixava clara sua nova condição de cooperador atuante nas fileiras do bem.

Saímos do corpo físico e rumamos ao Hospital Esperança. Inácio já se encontrava por lá. Nos portais de saída, inúmeras equipes se organizavam para as tarefas noturnas. Apesar do grande contingente de trabalhadores, o ambiente estava calmo. Pouca luz no ambiente. Camas de alumínio recordando as salas de autopsia corporal na Terra estavam preparadas e asseadas. Havia farto material higiênico em pequenas bandejas ao lado de cada uma delas. Passavam de 200 acomodações. Enquanto nos dirigíamos à nossa equipe, observei uma transpiração e taquicardia intensa. Sentia a gravidade do que me esperava. Algumas equipes se aprontavam com vestes especiais de cor verde claro, bem similar às usadas nas câmaras de cirurgia no mundo físico.

Odores diversos de medicações, padiolas, aparatos. Parecia que os grupos se preparavam para uma grande batalha. Em um dos cantos do imenso salão, avistei Matias, Clarisse, Cornelius e doutor Bezerra, que me chamou com gesto amigável. Excedendo em minha conduta, dei-lhe um abraço incontido e fui recebida com carinho pelo amorável benfeitor.

Em certo momento, Matias chamou-me até um armário, o abriu e perguntou-me:

— Essas vestes lhe trazem alguma recordação, dona Modesta?

Busquei na memória algo que sabia conhecer e respondi:

— São vestes de dragões graduados.

— Exatamente. São os paramentos dos justiceiros.

— Por que as guarda? Você vai usá-las?

— A tarefa dessa hora exige cautela nos detalhes. O local que vamos entrar é tomado por dragões cruéis.

— Posso saber aonde iremos?

— Resgatar um coração querido nos *lagos de enxofre* do Vale do Poder.

— Alguém conhecido?

— Há um coração querido em penúrias nos regimes infernais de escravidão. É irmão Ferreira, o Rei do Cangaço!

— O famoso...

— Sim, ele mesmo!

— Como ele se encontra?

— Uma trama traidora, própria desses sítios de dor, fez com que o encarcerassem. E muito rapidamente vem perdendo a consciência a caminho do ovoidismo, na condição de um vibrião.

— De ovoides já ouvi falar, e os vibriões, o que são?

— Vibrião é o nome usado no vale para criaturas com larga soma de culpa consciencial. São largadas em açudes fétidos, únicos locais onde conseguem uma réstia de vida, até que seja decidido como serão usados. São vigiados e mantidos lá por longo tempo. Habitualmente, são manipulados para ações de vampirismo nos planos enfermiços dos comandantes do mal junto aos encarnados. Não tendo nenhuma capacidade de reação, servem como predadores inconscientes.

— Ele foi tão mau assim? É verdade o que dele falavam?

— Maldade circunstancial desse mundo de provas e expiações. É um espírito cansado do mal. Chamamos esse processo de *saturação psíquica*. Ele não é mau por opção. Pelo contrário, só não sabe como materializar o bem que gostaria. Sua condição, portanto, não é muito diversa da nossa. Suas intenções são pela justiça e pelo amor.

Espíritos como ele, destemidos e com tanto tempo em regiões abissais, acumulou extenso conhecimento de vivência. É necessário os resgatar para o serviço de aprimoramento. Depois serão discípulos corajosos do Cristo.

— Compreendo – falei sensibilizada pela clareza com que Matias me esclareceu. Ficava nítida sua melhora em todos os aspectos.

Já passava de meia-noite quando partimos. Um deslocamento rápido e chegamos a um lugar escuro. Respirávamos com dificuldade. Doutor Bezerra pediu-nos a oração e solicitou um instante de concentração. Uivos e urros estridentes podiam ser ouvidos a distância. O cheiro de enxofre exalava, agravando ainda mais a absorção de oxigênio. Andávamos devagar e vimos Clarisse vindo em direção contrária, acompanhada de Isabel de Aragão. Cumprimentamo-nos em voz baixa e nos separamos. Por um lado, fomos Matias, doutor Bezerra e eu. Os demais seguiram na direção oposta.

Avistei, então, o açude. Era um lugar pútrido. Aves de estranho formato faziam voos rasantes sobre aquele líquido efervescente, o odor era sufocante. Matias ensinou-me uma técnica e melhorei minha respiração. De repente, vi raios e trovões na outra ponta do lago. Percebi que eram provocados por nossa equipe, que se tornou visível ante o clarão das rajadas de luz. Notei que muitos vigias correram para o local, desguarnecendo o ponto em que nos encontrávamos. Escondíamo-nos atrás de uma pedra repleta de gumes e lodo repugnante. Doutor Bezerra, com uma voz paternal e meiga, ordenou:

— Mantenham-se no clima da coragem e da confiança em Jesus! Podem se aproximar do local.

Doutor Bezerra, por meio de um fenômeno de ordem mental desapareceu aos nossos olhos. Tornou-se invisível. Matias convidou-me e seguimos juntos. Começamos a nos deslocar na direção do açude. Gritos estridentes e melancólicos machucavam meus tímpanos. Vinham carregados de angústia e dor. Eram vozes humanas intercaladas com grunhidos.

Em alguns lugares, o líquido mexia à semelhança do que ocorre nas pescarias, quando da presença de um cardume. Andávamos cautelosamente rente às margens. Uma névoa amarelada fumegava a alguns centímetros do solo.

Inesperadamente, um braço saiu de dentro e agarrou-me o pé. Desejei gritar, mas apenas olhei para Matias, que levou o indicador ao nariz pedindo silêncio. Recordei a cena que vivi nos campos de concentração da Alemanha e, repentinamente, a mão escorregadia soltou-me, deixando uma porção de substância aquecida e esverdeada em meu pé. Passei a experimentar contrações abdominais seguidas de vômitos. Percebi pela vidência que doutor Bezerra espalmou a mão direita sobre minha cabeça, aliviando-me.

Seguimos adiante. Matias procurava alguém. Um homem alto e paramentado surgiu à nossa frente:

— Alto lá! Que querem por aqui?

— Não me conhece, Zenon? – disse Matias com intimidade.

— Matias! Seu crápula! Que bom que voltou!

— É sempre bom rever os amigos, Zenon!

Após algumas palavras pouco éticas que traduziam a "alegria" do vigia, ele indagou:

— E esses? São seus amigos?

— São.

— Por onde você andou? Ouvi contar muitas mentiras sobre você.

— Estou no trabalho, como sempre.

Em meio à conversa dos dois, na outra ponta do açude, novos raios de intensidade maior chamaram a atenção de Zenon. Ele perguntou:

— A equipe dos raios na outra margem está com você?

— Sim!

O vigia tomou de um apito pendurado no pescoço autorizando a visita.

— E o que te traz aqui, velho justiceiro?

— Negócios!

— Não vá me dizer que tem alguém que te interessa nesta latrina.

— Tem!

— Procura alguma vadia?

— Não se trata disso, Zenon.

— Quem se interessaria por esses restos de gente senão os seguidores do famigerado Jesus? Porventura se tornou religioso, Matias? – e deu uma irônica gargalhada.

— Zenon, sem lengalenga. Vamos negociar ou não?

— Depende! – e deu outra desagradável gargalhada. — Ouvi dizer que você debandou! Será que agora seus negócios envolvem... — Matias, não o deixou completar a frase.

— Com essas vestes de dragão que estou usando, você tem coragem de acreditar nisso? – Matias falou com voz firme, quase ordenando.

— Não sei! – titubeou o infeliz.

— Só espero que não tenhamos de rinhar.

— Isso não, Matias. Não foi...

— Mas parece ser o que você quer! Ou não?

— Espere aí, Matias, vamos com calma. Vejo que continua o mesmo! O que você quer levar? Pode escolher, se algo lhe agrada nesse monte de estrume, leve!

— Não terá problemas com os "superiores"?

— Problema?! Eles nem perdem tempo com essa traça aqui. Os açudes de preferência deles ficam distantes, como você deve saber.

— Não mudaram muito o gosto, não é mesmo?

— Nem um pouco – e fez um sinal de desprezo aos seus "superiores".

— Em que ponto do açude está Ferreira?

— O velho bandoleiro?

— Ele mesmo.

— Que vai fazer com aquele verme traidor? Vingança particular?

— Isso é problema meu.

— Tudo bem! Tudo bem! Sem rinha. Terei alguma recompensa? Qual o negócio?

— Tenho informações de Zara, sua filha.

— Zara? – a informação de Matias despertou enorme interesse em Zenon e também em mim.

— Veja essa foto – e tirou do bolso o retrato de uma jovem. — Ela está com 18 anos no corpo, na cidade de Florianópolis. Passo-lhe depois o endereço, caso me ajude no que preciso.

— É ela ou quer abusar de mim?

— Tenho informação segura. Confie em mim. Seu velho amigo não te decepcionará.

— Veja aquela pedra de ponta aguda – e apontou para um local no meio do lago. — Lá costuma ficar o Ferreira. Agora me dê a foto.

— Tome, é toda sua. E respeite minha acompanhante enquanto o procuro.

Não acreditei no que vi. Matias mergulhou naquele poço nauseante. Desapareceu. O vigia, depois disso, calado e soturno, olhava-me com desconfiança, fazendo uma cara feia de dar medo. Não conseguia fixar-lhe no olhar. Estava muito apreensiva com todas as ocorrências. Sem a presença de Matias senti-me insegura. Entretanto, podia sentir a mão de doutor Bezerra, que permanecia invisível aos olhos e presente no campo mental. Zenon, um tanto inconveniente, não perdeu a ocasião:

— A senhora é mulher de Matias?

— Não. Sou mãe dele – falei com firmeza na voz.

— Tão conservada! – e me deu um olhar lascivo de cima abaixo.

— A senhora parece ser boa nisso!

— Boa em que, Zenon? – disse sem tirar os olhos do açude lamacento.

— Tem olhos de serpente! Daria uma ótima companheira-vigia aqui no lago.

— Companheira para que, Zenon?

— Sinto-me muito sozinho nessa tarefa. Quem sabe não desejaria vir aqui passar as noites e...

— Cale a boca, vigia! Pensa que sou tola? – ríspida e direta, desconcertei o homem.

— Não quis ofender! É que poucas mulheres aparecem por aqui, e...

— Engana-se quanto a mim. Mantenha sua tarefa e eu a minha. Aproveite para pensar em sua filha, que precisa muito de você.

Zenon sossegou a língua ante minha determinação e rispidez. Passaram-se cinco minutos até que a outra parcela de nosso grupo chegou andando até onde estávamos. Estavam Inácio, Cornelius, Clarisse e alguns auxiliares. Subitamente, quando todos estavam reunidos, faltando apenas Matias e Isabel, doutor Bezerra ficou novamente visível a todos.

— Então é o velho Bezerra que está por trás desta visita? Eu sabia que Matias tinha debandado!

— Matias lhe trouxe notícias de Zara, e nós a socorremos ainda hoje – expressou doutor Bezerra, procurando um curso útil para o encontro.

— Alegro-me por isso. O que sabem sobre ela?

— Ela se chama Rosália no novo corpo. Estará em Uberaba logo pela manhã. Vai se internar no sanatório espírita de dona Modesta.

— Sanatório? A tal Modesta dos espíritas? Aquela louca de Uberaba? Não acredito! Qual a razão?

— Rosália está envolvida com criminosos confessos.

— Está louca?

— A caminho disso, caso nada façamos.

— Vou procurar por ela agora mesmo. Não preciso de vocês. Tenho meus contatos.

— Calma, meu bom Zenon! Você poderá ser muito útil.

— O velho golpe do "venha para o meu lado", não é "doutor"?

— Quando foi que te enganei, meu filho?

Zenon emudeceu e repentinamente vimos o líquido viscoso do açude se agitar perto de nós. Num salto, Matias saiu daquele lamaçal trazendo nos braços um trapo humano. Os padioleiros aproximaram-se e começaram a limpar as narinas daquele homem magérrimo, escalpelado pelos componentes químicos daquele líquido efervescente. Sem veste e com pele totalmente acinzentada, nem sequer abriu os olhos. Balbuciava sons estranhos e sem sentido. Era irmão Ferreira.

— Tarefa cumprida! – disse Matias.

— Cumprida, não, seu traidor de uma figa! Disse para mim que não tinha debandado!

— Eu não lhe devo satisfações, Zenon!

— Na minha área você me deve tudo.

— E Zara não significa tudo para você? Eu não vim aqui sem algo de seu interesse. Sei como funciona o "negócio".

— Como saberei se essa tal Rosália é mesmo Zara?

— Tome o endereço, Zenon. Certifique-se você mesmo.

— Se não for ela, juro que os denuncio...

Todos saíram sem nenhum incidente digno de nota. Matias, no entanto, pediu ao amorável Bezerra para ficarmos um pouco mais, ele e eu. Zenon foi cumprir sua rotina, apreensivo com as informações.

Matias, então, me disse:

— Olhe bem, dona Modesta! Agache-se aqui comigo à beira do açude.

— Sim, Matias.

— Pegue um pouco dessa substância pútrida, feche os olhos, esfregue-a nos braços e depois a aproxime das narinas.

Nada poderia ser tão real. Imagens claras se formavam no meu campo mental. Abri os olhos para espantá-las. Tudo em vão! Estavam vivas e em movimento à minha frente, como uma nuvem contendo ao centro as cenas de meu passado. Vi-me na mesma condição da criatura recém-resgatada dos lagos fétidos. Tive medo. Comecei a perder o controle. Lembrei-me das crises durante a passagem pelos vales.

Repentinamente, Matias bateu fortes palmas sobre minha cabeça, seguidas vezes, e voltei a mim. Regressamos ao hospital. Já passava das duas horas da madrugada. Amigos carinhosos cuidaram de meu regresso para perto do corpo, em favor do descanso físico. Novas e imorredouras lições se arquivavam em minha alma.

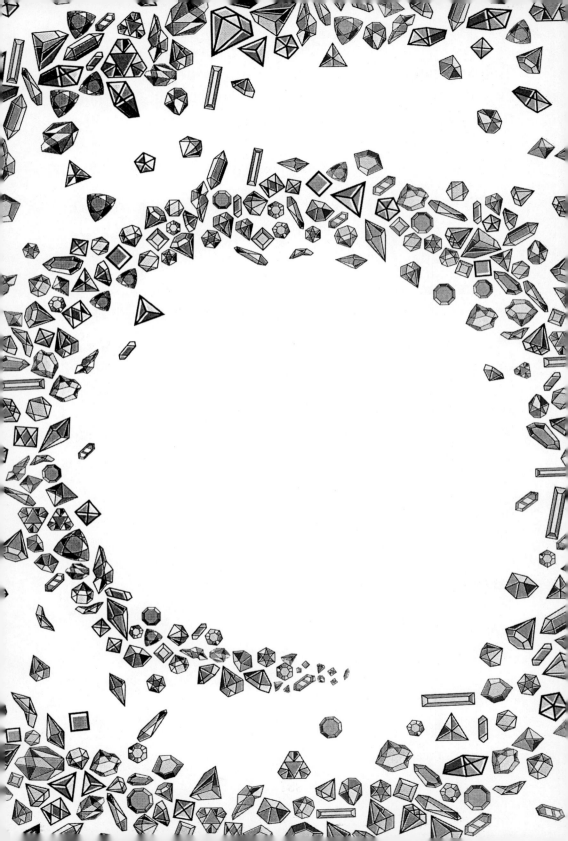

15.
OS LAÇOS ENTRE O TEMPLO DE LUXOR E O HOSPITAL ESPERANÇA

"E, vendo isso, Simão Pedro prostrou-se aos pés de Jesus, dizendo: Senhor, ausenta-te de mim, que sou um homem pecador. (...) E, de igual modo, de Tiago e João, filho de Zebedeu, que eram companheiros de Simão. E disse Jesus a Simão: Não temas; de agora em diante serás pescador de homens."

Lucas 5: 8 e 10.

O resgate de irmão Ferreira foi a última ação coletiva da qual participou Matias, porque alguns meses depois chegavam notícias novas.

Em uma noite de atividades fora do corpo, ele veio me confidenciar:

— Dona Modesta, tenho boas notícias!

— Quais são, Matias?

— Fui avaliado para o renascimento.

— Que bela notícia, meu filho! Vejo que a vida vai nos trocar de posição. Eu estou quase vindo para cá, e você vai regressar.

— Como será isso, dona Modesta? Como ficará a proteção ao sanatório?

— Matias, desocupe sua mente. Não ficaremos à míngua em uma tarefa que não nos pertence. Acalme-se.

— Eu sinto um misto de alegria e medo. Cornelius, marcou uma entrevista para amanhã cedo a fim de me relatar pormenores do meu projeto de reencarnação.

— Tenho certeza de que você receberá todo o preparo necessário. Agradeça a Deus pela bênção do recomeço.

Matias mostrava-se muito apreensivo. Sabia que o corpo seria a única alternativa para aliviar as tormentas mentais que o assaltavam periodicamente. Porém, o desafio de vencer a si próprio, o perturbava.

No dia seguinte, nas dependências do Hospital Esperança, Cornelius o aguardava para a entrevista. O seareiro de Jesus, tão logo chegou Matias, disse-lhe:

— Reencarnar, meu filho, é o mesmo que se submeter a uma cirurgia de risco. Sem ela, no entanto, nossas chances de manter a saúde são escassas ou, até, inexistentes.

— A sensação que trago comigo é como se fosse entrar para um lugar no qual estarei sozinho, sem ninguém para ouvir ou pedir amparo. Sinto-me como se fosse para uma prisão.

— Se pensarmos no agora, de modo imediato, realmente você não tem ninguém para o recomeço, a não ser os pais. Não se esqueça de que o tempo, o novo lugar e as novas companhias, trarão perspectivas inimagináveis e ricas de esperança. Você terá professores, vizinhos, escola...

— A propósito, Cornelius, meu bom amigo, eu posso saber algo sobre quem serão meus pais?

— Essa é uma das principais razões de marcar essa entrevista, meu amigo. Fazem-se necessários alguns esclarecimentos para sua melhor orientação emocional e mental. Seus futuros pais são duas pessoas comuns. Trabalhadores honestos em seus deveres. São pais neutros.

— Pais neutros?! – expressou Matias em dúvida.

— Eles não guardam elos pretéritos, portanto, há possibilidades de serem, ou não, tecidos laços afetivos consistentes para o futuro.

— Por que foram escolhidos pais neutros?

— Para sua segurança. Com eles, aumentam as chances de que as experiências da dependência emocional ou dos abusos afetivos não venham a fazer parte do histórico de sua educação. Isso terá uma influência decisiva em favor de seu reerguimento consciencial.

— Em que sentido?

— Na construção da sua autonomia, da sua capacidade pessoal em identificar as reais necessidades conscienciais em detrimento das escolhas alheias. As relações com larga carga emocional poderiam constituir prejuízos à sua estrutura mental, em face da fragilidade de suas recém-findadas vivências corporais em regime de enfermidades psíquicas.

As relações familiares na Terra, conquanto tenham progredido sob o enfoque da proteção social e na consolidação de laços afetivos abnegados e valorosos, com raras exceções educam para o exercício da singularidade. Quase sempre são tecidas com os fios da expectativa exacerbada, gerando controle, posse e sofrimento.

As famílias do futuro terão concepções mais nobres acerca do ato de educar e amar, não confundindo educação com desrespeito à individualidade ou o amor com possessividade. A grande maioria das relações familiares, mesmo enriquecidas de afeto e bondade, ainda palmilha os lamentáveis caminhos do egoísmo, que constrói algemas de ciúme e prisões de apego no recesso dos lares.

— Compreendo. Serei amado?

— Seus pais farão o melhor possível. Sua tarefa, no entanto, ao longo da primeira metade de seu trajeto reencarnatório, está planejada para dar sem ter e fazer sem medir obstáculos. Não te faltará o necessário, o básico, esteja convicto disto.

— Sinto-me como se fosse morrer, Cornelius. Não fossem o carinho e as orientações recebidas de vocês, no Hospital Esperança, e meu estado íntimo, ainda carente, grita para não voltar à matéria.

— Você estará muito ligado a nós, meu caro Matias. Mais do que imagina.

— Como?

— Eurípedes recebeu a incumbência superior de formar um plantel de médiuns com intuitos específicos junto a algumas comunidades religiosas. Sua reencarnação, amigo, integrando essa multidão de homens e mulheres, obedece a essa iniciativa de levar uma luz que retalie o preconceito e engrandeça as fileiras religiosas com o espírito renovador da liberdade e da fraternidade legítima.

— Serei médium?

— Será.

— Em Uberaba?

— Não, Matias. Será médium na comunidade espírita em cidade próspera. Manterá seus laços conosco no decorrer da caminhada e terá uma tarefa árdua.

— Posso saber algo a respeito da tarefa que me aguarda como médium?

— As vozes dos céus querem falar com os homens. Núcleos religiosos diversos, incluindo a seara espírita, na qual abundam os médiuns, recebem manifestações no intuito de ampliar a visão dos homens acerca das paisagens da vida espiritual.

Observa-se na Terra, nesses últimos anos, desde a Segunda Guerra, que as sociedades se organizam para largas passadas no progresso. Um sopro de humanismo tomará conta de todas as nações nos próximos 50 anos. Apronta-se uma ampla mudança social na virada do século. Os padrões mais conservadores sofrerão lufadas impiedosas nos hábitos, conceitos e ideias. A ciência avançará, a religião reexaminará suas teorias, a escola repensará seus métodos. Novas e mais adequadas noções vão orientar as relações sociais no futuro, a partir dessa próxima década de 1960. Nessa prova transformadora, surgirá a necessidade de referências seguras sobre como se conduzir sem se perder no emaranhado dos conflitos.

A religião terá papel muito valoroso nesse tempo. O Espiritismo, como alavanca social, cooperará com a noção ampliada da imortalidade. Para isso, a comunidade que se inspira nos princípios doutrinários deverá dispor de uma noção plural, a fim de que possam se estabelecer pontes com todos os ramos do conhecimento humano.

No caso dos médiuns espíritas, na virada do milênio compete-lhes dissecar o mundo dos espíritos com noções mais exatas do que aguarda o homem no trajeto da Terra para cá.

Conscientes de que o conjunto das almas renascidas no seio da comunidade carrega larga soma de dogmatismo no pensamento e sectarismo nas atitudes, será imperioso romper com conceitos estagnados.

— Mas eu tenho condições de ajudar nessa missão?

— Quem não tem condições de ajudar, meu caro irmão, quando o coração se apaixona pelo bem?

— Sendo um pedido superior feito ao benfeitor Eurípedes, fico intrigado com a ideia de fazer parte disso.

— Deus conta com todos.

— Eu sei.

— É natural que você se sinta temeroso. Entretanto, o aval para tarefas específicas não dispensa o socorro preciso e a força necessária. As mudanças sociais planejadas para o planeta nos próximos 50 anos são decisivas para o futuro da humanidade. Os cuidadores do orbe deliberaram transformações inadiáveis. Veio do templo de Luxor a tarefa a você designada.

— Luxor?

— Será que nunca ouviu nada sobre Luxor aqui no hospital?

— Muitas vezes. Nunca, porém, me interessei pelos detalhes.

— Pois chega o momento de aprofundar seus conhecimentos. Luxor, um dos mais importantes templos da margem oriental do Nilo, é uma das antenas transceptoras de energia e contato entre nosso planeta e os orbes de onde se originaram as raízes das raças humanas.

Seu tutor é Seraphis Bey, cuja missão é ser o orientador das religiões humanas. Uma alma com larga soma de bagagem reencarnatória.

Os laços entre Eurípedes Barsanulfo e Seraphis Bey transcendem o tempo terreno.

Desde o início da construção do Hospital Esperança, sob tutela de Agostinho de Hipona, João Evangelista e outros tutores, veio de Luxor o aval para erguer mais essa tenda de amor para iluminar as furnas da maldade e cooperar com a expansão do bem em nossa casa planetária.

— Seria Luxor um posto avançado do Cristo?

— Sem dúvida. A humanidade conta com esses plantéis de serviço ativo e consagrado ao bem em todos os continentes. Postos de abastecimento com funções muito específicas e bem próximas do solo terreno. Digamos que são eles os vigias maiores do planeta, sem os quais talvez já não mais houvessem vida entre nós.

— Como funciona um caso como o meu? O mestre de Luxor tem algum documento no qual está incluído meu nome?

— Irmão querido, vamos mais longe. O nome de cada habitante da Terra está na "mesa" de Jesus. A educação religiosa deficiente talhou noções muito distantes da extensão da misericórdia divina. Há mais interesse pelos habitantes terrenos nos planos superiores do que se pode imaginar.

— Eu realmente me surpreendo com a grandeza da bondade do Mais Alto.

— Como avançar sem isso, Matias?

— Sim, é verdade. Sem o estímulo da luz, não daria conta de minhas sombras pessoais. Entretanto, chego a asilar um sentimento de dúvida sobre tamanha expressão de bondade do Mais Alto.

— Essa é a lei. Há uma organização do bem muito mais completa, sábia e amorosa que se pode imaginar neste planeta. Quem se espanta com a organização da maldade nem de longe imagina o que fazem e podem os semeadores do bem. Não há uma frente de serviço nos continentes humanos sem assistência, disciplina e amor.

Você talvez não imagine, mas veio de Seraphis a autorização para erguer os sanatórios espíritas para tratamento da loucura, que se organizaram em pleno início do século XX no Brasil, assim como ocorreu com o Hospital Espírita de Porto Alegre, o Hospital Américo Bairral, em Itapira, e diversos outros pelo país. Com funções sociais divergentes do sistema público, primavam pelo caráter humanista e espiritual.

A loucura coletiva pesava muito sobre o campo energético da Terra naquele tempo, criando a poderosa corrente magnética da guerra que viria a estourar em duas etapas, em 1917 e, mais tarde, em 1945.

Seria necessário dilatar o número das reencarnações depois de um longo caminho de desatinos no Velho Mundo, desde a Idade Média, que continuava criando reflexos até aos primeiros tempos do século XX em ambas as esferas da vida. Era como uma panela de pressão. Era necessário abrir um canal para desobstruir os "tumores vibratórios" que se adensavam.

Na mesma ordem, os Centros Espíritas, com as reuniões socorristas, prestaram enorme contribuição, acolhendo sofredores de toda classe. Em todos os recantos foram tomadas providências preventivas contra as grandes guerras e todos os morticínios do século. Não fossem tais medidas, a humanidade estaria dizimada.

Nunca faltou ordem, preparo e trabalho nas hostes mais elevadas na hierarquia espiritual da Terra.

Luxor é, por assim dizer, a fonte energética abundante e poderosa que protege a nossa casa planetária contra o campo energético da magia negra e das forças elementais criadas pela maldade no intuito de escravizar e destruir. É o centro essencial da queima do poder destrutivo. Seraphis é o mestre do raio branco, mantenedor da saúde e da ordem, da disciplina e da pureza.

Todos os servidores ativos nas mais diversas colônias e cidades, postos e plantéis de ação no bem, encontram nesse polo fecundante as vibrações indispensáveis ao suporte, reposição e aplicação de forças sadias e curativas.

— Poderia visitar esse lugar antes de meu renascimento – perguntou Matias, com certa amargura na voz.

— Torna-se necessário que conheça Luxor, meu caro irmão.

— Conhecerei Seraphis?

— Talvez amigo. Talvez!

— Quando será?

— Breve, muito breve. Na próxima caravana de limpeza astral incluiremos seu nome.

— O que são tais caravanas?

— São atividades desenvolvidas por um dos departamentos do hospital que se incumbe de conduzir grupos de médiuns encarnados, em desdobramento, para a limpeza dos corpos energéticos profundos.

Em Luxor, no templo de Karnak, a engenharia sideral dos deportados construiu, ao longo de milênios, um dos mais avançados postos de magia e tecnologia na erradicação dos efeitos da doença e da prática predatória do vampirismo sombrio.

Quando homens na Terra, em luta pela construção interior dos valores nobres, ou mesmo em condições excepcionais, não apresentam as expressões da melhora moral, são levados para os leitos de recuperação através de operações que transcendem os mais vastos conhecimentos da sabedoria humana. Cirurgias em corpos mentais, desobstrução de canais entre a matéria densa e o corpo mental superior, transplante de chacras, transfusão de fluido mental mediúnico para o exercício temporário de mediunidade, limpeza e proteção do corpo mental inferior, destruição de núcleos sustentadores de ideoplastia das reencarnações anteriores, ação no mapa genético do corpo mental superior para supressão de doenças, injeção de antídotos para os sete grupos elementais de doenças da Terra, enfim, são muitas as iniciativas da medicina magística de Luxor e seus ascensionados.

Você passará por uma cirurgia de integração do inconsciente e terá aplicação do elemental fogo em seu mapa genético.

— Integração do inconsciente?

— Para almas como nós, que trafegamos da insanidade para a recuperação da consciência lúcida, tal medida se torna fundamental no estágio de vida que você vai experimentar na matéria.

A doença mental, no seu caso, vai entrar na fase de conclusão. Já será a oitava reencarnação em que a perturbação mental lhe acarreta dores sem conta. As três últimas foram recuperativas, embora seus fracassos conscienciais. Se você se conduzir com acerto na sua atual reencarnação com o uso correto da mediunidade, sairá com sua sanidade retomada em nível de saúde e libertação das velhas angústias que ainda o atormentam.

Para que tenha chances mínimas de êxito, a mediunidade te será conferida como medida de cautela e misericórdia, que será como um escafandro seguro para que possa fazer as necessárias incursões no mar de seu inconsciente sem perturbações de vulto.

Em seu favor, serão fortalecidas as defesas de seu corpo mental superior no elemental sadio correspondente à chama prânica, isto é, o fogo astral, com larga capacidade de eliminar automaticamente a matéria mental da angústia e da depressão, limpando todo o campo energético de bacilos, crostas de infecção e quaisquer componentes agressivos ao equilíbrio da sua ecologia energética sistêmica.

— Você falou que em Luxor são tratados sete grupos elementais de doenças.

— Sim. Ao longo da trajetória da maldade organizada no mundo, os cientistas das trevas criaram elementais artificiais para a destruição do planeta. O plano era manter toda a humanidade em cativeiro fora da matéria e desonrar os planos de Cristo, como você já sabe. Para isso, foram criando grupos de desordens, ora provocadas por bacilos, ora por vírus ou outra forma de contágio. Nos últimos 3 mil anos, conseguiram inseminar do astral para o corpo físico as mais grotescas formas de patologia, que, a rigor, são classificadas, por eles, em sete grupos principais. O câncer é uma delas.

— Somente doentes como eu, em etapa de fechamento, podem submeter-se a experiências desse porte?

— Se tal iniciativa fosse conferida a quem estivesse em fase inicial de desarmonia mental, certamente seria uma porta aberta para a loucura declarada. Não será exagero dizer que os médiuns, especialmente aqui na Terra, em sua maioria, quanto mais ostensivos, mais indícios de terem trafegado pela prova da loucura. Tendo o inconsciente invadido pela perturbação em estágios enfermiços de remorsos e dor, o espírito, paulatinamente, vai desenvolvendo resistência e poder mental, quesitos indispensáveis para possuir forças mediúnicas ativas e sensibilidade para níveis diferenciados de energia.

— É bem o meu caso, Cornelius.

— O nosso, meu irmão! O nosso! Aliás, das experiências que conheço de reencarnação de corações que serviram aos dragões, desconheço uma que não tenha regressado como médium.

— Temos muito que esquecer. É uma tormenta mental. É meu único alento ao pensar que regressarei à carne.

— Você triunfará, Matias. Sua alma anseia ardentemente o bem. Isso basta para um bom recomeço. Apenas não nutra ilusões de vitória fácil ou êxito pleno. A acomodação e o perfeccionismo nos afastam do esforço imprescindível. Além disso, conte com seus anos de serviço nessa casa, que aliviaram, sobremaneira, seu campo psíquico.

— Isto é uma verdade! Sinto-me muito melhor diante da sensação de arrependimento e fracasso. Essa limpeza energética de médiuns só pode ser feita em Luxor?

— Não, Matias. Mas lá, por agora, ainda é insubstituível.

— Quer dizer que o homem reencarnado que for a Luxor passará por essas experiências psíquicas?

— Os médiuns na matéria poderão perceber nuanças da Luxor astral. Os demais sentirão a aura contagiante do lugar. Porém, prepare seu coração para uma vivência inesquecível. Entrar a Luxor dos antepassados egípcios é uma experiência surpreendente para nós, fora do corpo físico.

O benfeitor Eurípedes trabalha arduamente para conseguir implantar aqui em nossa casa de amor, até o ano de 1970, uma réplica da câmara de limpeza dos magos de Karnak, a exemplo da réplica da Casa do Caminho que existe na entrada do hospital[55].

Dessa forma, com o tempo, as limpezas astralinas nos médiuns poderão ser feitas aqui mesmo com uso de matéria produzida em Luxor, que será teletransportada.

A conversa entre Cornelius e Matias se repetiu por longos meses. Matias necessitou de muito arrimo para seu retorno à matéria. A última cena que tenho em minha recordação mental, antes de seu regresso ao corpo físico, foi o abraço terno e filial de Clarisse, que lhe segurava as mãos diante do pranto incontido do reencarnante. No dia seguinte, Matias entrou em hipnose profunda ligado ao novo corpo em formação.

Irmão Ferreira, presente nesse momento, não conseguiu conter a emoção, mesmo com sua típica rudez. Guardava enorme gratidão pelos esforços do mergulhador Matias em seu resgate. O sanatório, em Uberaba, passou a receber vigília de irmão Ferreira em substituição a Matias e seu grupo, a partir de 1960.

No dia 8 de agosto de 1964 eu também deixei a matéria, exatamente no dia de São Domingos de Gusmão[56], espírito que

---

[55] Mais detalhes podem ser lidos na obra *Lírios de esperança*, de Ermance Dufaux, Editora Dufaux.

[56] Vide informações de Irmão X, através do médium Francisco Cândido Xavier, na obra *Reportagens do além túmulo*, capítulo "Amarguras de um santo".

ainda hoje luta para se desvencilhar de suas experiências na comunidade dos dragões.

Luxor e o Hospital Esperança, até os dias de hoje, fazem parte de uma rede solidária de misericórdia e bondade que se estende pelo planeta no serviço incansável de reerguer almas para o bem de todos. Uma fraternidade astralina que ultrapassa qualquer conceito concebido na vida terrena sobre segurança, proteção e atividade socorrista.

Graças a essa frente de benesses, o mundo avança, pouco a pouco, para melhores destinos, garimpando diamantes atolados no lodo da maldade e da ignorância.

A exemplo do que afiançou Jesus a Pedro: "Não temas; de agora em diante serás pescador de homens", em Lucas, capítulo 5, versículo 10, os planos de Deus são de salvação e amparo, visando à glória do trabalho e da redenção coletiva.

Graças a essa luz de esperança emanada de Luxor, Matias regressou ao corpo como Demétrius, o médium dos ensinos de Clarisse no GEF – Grupo Espírita Fraternidade.

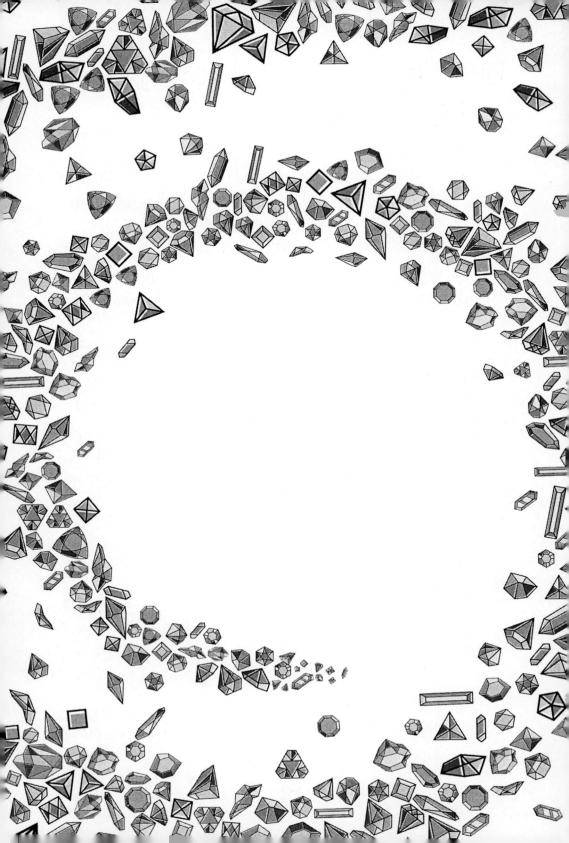

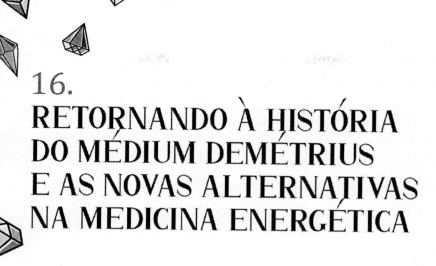

16.
RETORNANDO À HISTÓRIA DO MÉDIUM DEMÉTRIUS E AS NOVAS ALTERNATIVAS NA MEDICINA ENERGÉTICA

"O homem que sofre assemelha-se a um devedor de avultada soma, a quem o credor diz: 'Se me pagares hoje mesmo a centésima parte do teu débito, quitar-te-ei do restante e ficarás livre; se o não fizeres, atormentar-te-ei, até que pagues a última parcela.' Não se sentiria feliz o devedor por suportar toda espécie de privações para se libertar, pagando apenas a centésima parte do que deve? Em vez de se queixar do seu credor, não lhe ficará agradecido?"

O Evangelho segundo o Espiritismo. Capítulo 5, item 12.

Após contar a longa história dos dragões para as equipes ainda presentes durante aquela semana de lições junto ao GEF todos estavam muito pensativos sobre a teia das reencarnações e sua influência sobre a vida de cada um de nós.

Passamos cinco dias envolvidos no clima astral do GEF, contando, discutindo e recontando lances da história das legiões da maldade e os laços que guardamos com todas elas.

Aqueles caravaneiros, agora mais bem esclarecidos sobre as lutas de Demétrius e do GEF, guardavam maior soma de compreensão e bondade.

Demétrius passou a ser visto como um exemplo de coragem e persistência. Suas mágoas e fragilidades tomaram novas perspectivas aos olhos dos mais rigorosos. Não havia agora quem, entre os grupos visitantes, lhe endereçasse um olhar de repriminenda, embora ainda mantivessem muitas dúvidas justas e também alguns preconceitos.

Foram dias muito proveitosos de estudo e trabalho. Centenas de perguntas e muitos debates foram levados a efeito ao longo de novos acontecimentos que se desenrolaram após o evento de congraçamento promovido pelo GEF.

Preparamos um dia de despedidas antes do retorno de todos aqueles grupos de desencarnados aos seus ambientes de trabalho em diversas cidades e estados brasileiros.

Na ocasião, trouxemos Demétrius ao Hospital Esperança, a fim de que pudessem, os aprendizes, senti-lo mais de perto de nossa faixa de ação. Era uma sexta-feira, por volta das 23 horas. Demétrius, em desdobramento, chegou acompanhado por Clarisse.

Logo que me viu, abraçou-me ternamente como uma criança, e lhe falei:

— Demétrius, atendendo a vários pedidos, quero apresentar-lhe o grupo de amigos que nesses últimos dias visitam o GEF com intuitos de aprendizado.

Sentindo-se um tanto inibido, cumprimentou a todos, dizendo:

— Sejam bem-vindos, amigos queridos. Espero que possam ter aprendido algo de útil. Creio que não é novidade para vocês as lutas que temos passado no grupo, mas confio em dona Modesta, porque se ela lhes permitiu a presença em momento de tanta desarmonia entre nós, no plano físico, deve haver um motivo sadio.

Todos olhavam para Demétrius com admiração. Nem ele podia imaginar a natureza dos sentimentos que povoavam os corações presentes. Quem lhe havia, dias antes, endereçado olhares de repreensão e julgamento por sua condição enfermiça, agora alimentava a nobreza do respeito e da complacência ao recebê-lo pessoalmente. O médium recebia abraços de legítimo reconhecimento de todos refazendo-lhe as energias ante as lutas terrenas.

— Sim, Demétrius – expressei procurando descontraí-lo. – Durante esses dias, após o evento, estivemos estudando assuntos relacionados à nossa trajetória reencarnatória e à natureza dos ímpetos que ainda carregamos, mesmo tendo o pensamento iluminado com os ensinos benfazejos do Espiritismo cristão.

— Então, devo ter lhe dado motivos de sobra para falarem de mim – falou em tom de humor, provocando risos em todos.

— Sim, meu filho. É verdade que não podemos negar. Fomos além, eu contei sua história recente junto às fileiras dos *dragões*.

— Nossa! É mesmo, dona Modesta! Então acho bom ir saindo de fininho... – repetiu Demétrius com bom humor.

— Nada disso, meu filho. Trouxemos você até aqui para que possa responder a algumas perguntas que os nossos irmãos querem te formular.

— Muito bem! Se eu puder ajudar, estou à disposição.

Ninguém tirava o olhar do médium. Foi uma experiência verdadeira e emocionalmente muito forte para todos.

Para quebrar um pouco aquele clima, que logo poderia raiar para o campo da vaidade, dirigi-me ao grupo pedindo que se sentissem à vontade para fazer suas colocações. Apenas solicitei que focassem aspectos da história do médium no âmbito da mediunidade, preferencialmente. Um senhor tomou a palavra.

— Demétrius, é um prazer estarmos juntos e tão próximos.

— A alegria é minha.

— Chamo-me Juarez, sou da cidade de Palmelo. E na matéria exerci a função de dirigente. Passei mais de 20 longos anos em serviços assistenciais com médiuns curadores. Percebo como essa faceta da mediunidade vem sendo abortada das fileiras espíritas e, no entanto, vocês no GEF pagam um alto preço por tentar resgatá-la. Quero dar meu incentivo aos esforços de vocês. Continuem firmes, porque eu sei o quanto é importante esse tipo de tarefa, meu irmão.

— Temos feito com carinho a nossa tarefa de assistência mediúnica, mas nós mesmos, no plano físico, guardamos dúvidas angustiantes sobre o que estamos fazendo.

— Por que Demétrius? – indagou Juarez.

— Porque depois de longo tempo nos educando para controlar nossas manifestações mediúnicas, agora somos convocados a um novo gênero de tarefas que não sabemos como ajuizar sobre seu formato ideal. Não fossem o apoio que temos recebido dos amigos espirituais e os resultados em favor do próximo, encarnado e desencarnado, já teríamos desistido.

— O que você considera mais difícil nessa atividade?

— A angústia que sentimos ao ter de assistir dores tão profundas pertinentes aos irmãos do submundo astral.

— Os médiuns sofrem muito!

— Demais! É algo que não dá para descrever. Além disso, é preciso convir que a assistência a essas criaturas não pode ser concedida em reuniões padronizadas, conforme fomos orientados nas bases da doutrina sob o aspecto da prática em si mesmo. É aí que somos convocados ao discernimento.

— Mas isso não significa romper com o padrão doutrinário?

— Significa romper com os modelos habituais e experimentar novas formas de fazer essa relação com o mundo espiritual. Isso é um desafio para nós. É daí que nasce a angústia de saber os limites entre os excessos e o necessário.

Percebendo o rumo que tomava a conversa, outro senhor indagou:

— Vejo que vocês usam apometria nos trabalhos, mas isso não é Espiritismo! – falou em tom respeitoso.

— Confesso ao senhor que não sei se o que usamos é ou não apometria. Só posso dizer que é algo não convencional para uma necessidade não convencional. Segundo fomos orientados, o serviço socorrista da mediunidade no movimento espírita tomou a direção da acomodação. Criaram-se cadeados dogmáticos que entravam a espontaneidade dos médiuns e não se formam grupos de investigação para dialogar com o mundo espiritual.

Professor Cícero Pereira costuma chamar as nossas reuniões de *laboratório de investigação fraterna*. Eu gosto disso, porque acho que é isso que fazemos. Fazemos caridade, fazemos pesquisa. Para isso, precisamos experimentar, testar, conhecer novas alternativas. O mais importante é que não nos distanciemos do amor.

Eu, sinceramente, não sei se o que usamos é apometria. Creio que vai muito além. Talvez a dona Modesta queira dizer algo.

— Sim, eu quero. A apometria merece uma análise mais respeitosa por parte dos espíritas. Conceitos que foram exarados por trabalhadores respeitáveis da seara desvalorizando a técnica não passam de manifestações de preconceitos que todos ainda carregamos no roteiro de nossa própria evangelização.

Nos dias atuais existem necessidades novas que clamam por novas medidas de solução.

A chamada fluidoterapia espírita, composta da aplicação do passe, da água fluida e da desobsessão, continua extremamente atualizada como recurso terapêutico indispensável na recuperação das dores humanas. Todavia, quem acredite que somente com ela poderemos atuar satisfatoriamente nos casos graves e complexos que têm surgido na sociedade atual está, no mínimo, querendo fazer uma cirurgia do coração tendo em mãos apenas uma maca e uma pequena pinça.

— A senhora deve estar brincando! – falou uma dama com ar de preconceito.

— Por que brincando?

— No decorrer desses dias prestei muita atenção em tudo o que a senhora nos contou sobre os dragões e sinceramente...

— Diga o que pensa, minha senhora!

— Eu não estou acreditando em muita coisa por aqui.

— Pois veja bem! Se nem desencarnada a senhora consegue enxergar o que está claro, que mais teremos que fazer para a senhora acreditar?

— Eu passei uma encarnação inteira usando passes e água fluidificada e não me consta um caso sem solução.

— Pois bem! O que a senhora chama de solução?

— Todos melhoraram.

— A senhora acompanhou algum caso de perto, ou apenas tem fé em que melhoraram?

— Eu tenho certeza de que Deus não falta a ninguém.

— Essa certeza eu também tenho, mas a pergunta é: a senhora viu o resultado da técnica?

— Isso não é tarefa nossa. Ficar anotando o bem que fazemos é descaridade.

— Descaridade, minha irmã, é não ter a coragem de saber se o que estamos dando ao próximo é realmente o que ele precisa, ou ainda, se é o nosso melhor que podemos dar.

— O que a senhora quer dizer, dona Modesta?

— Eu não quero dizer nada, eu estou afirmando.

— Afirmando?!

— Afirmando que juntamente com a fé temos de usar a inteligência para saber se a nossa fé é fanatismo ou lucidez.

— A senhora, então, acredita que ao usar a terapêutica espírita podemos ser fanáticos?

— Não só acredito, como é o que tenho constatado com frequência. Existe muita fé no meio espírita que não passa de falta de juízo e acomodação em rituais.

— A senhora está querendo me ofender?

— A senhora acha que estou?

— Eu quem fiz a pergunta.

— Pois bem, ouça, então, minha resposta. Eu não quero ofender a ninguém, mas parece que seguir a Jesus, de verdade, ofende muita gente. Os irmãos aqui no GEF, entre eles o médium que nos visita, estão tendo a coragem de experimentar novos métodos, e o que têm recebido? Desprezo, ataques e perseguição. E por quê? Simplesmente porque não seguem convenções.

Em vez de nos ocuparmos em diminuir ou aumentar o valor das técnicas, deveríamos observar com mais cuidado o preceito de amarmos uns aos outros, independentemente de condições.

Apesar do preconceito de organizações e de algumas "estrelas" do Espiritismo, a apometria é uma técnica séria e completamente embasada nos preceitos de nosso Mestre Jesus.

— Eu não concordo com isso, dona Modesta.

— A senhora já fez alguma pesquisa sobre a técnica aqui no mundo espiritual?

— Não, senhora.

— Já visitou grupos que aplicam a técnica para avaliar a natureza dos sentimentos e os resultados obtidos?

— Não, senhora.

— Já perguntou aos seus tutores, aqui no além, sobre o assunto?

— Não senhora.

— Gostaria de tomar todas essas iniciativas?

— Não, senhora!

— Então, minha irmã, não me resta alternativa a não ser reconhecer sua ignorância e indisposição com relação ao assunto. Sendo assim, sugiro que se mantenha em silêncio e permita que outros formulem suas questões, porque suas observações são fruto do seu próprio preconceito.

Como não poderia ser diferente, ela se calou a contragosto. Era mais uma dessas dirigentes que nunca foram contestadas como deveriam no plano físico, por achar que todos são obrigados a concordar com seus pontos de vista. Após o silêncio que se estabeleceu, um cavalheiro se dirigiu a Demétrius.

— Senhor Demétrius, permita-me uma questão. Ouvimos sua história por meio dos relatos de dona Maria Modesto Cravo. Eu gostaria de saber se o trabalho com o submundo astral não interfere nocivamente em seu campo psíquico, sendo que, depois de várias existências, o senhor lutou com a doença mental. Como se sente em relação a essas interferências?

— Não é fácil, meu irmão!

Para realizar o trabalho de socorro às furnas dos abismos, por lidar com o psiquismo adoecido desses locais, via de regra, os médiuns também adoecem mentalmente até adquirirem resistência e habilidade de defesa. Daí o cuidado com a sanidade dos socorristas. Parece-me que uma das condições é possuir uma larga resistência mental a pressões.

O contato com tais locais nos faz sentir estados desconhecidos e indecifráveis. A dor desses lugares é tão intensa que pode mesmo nos fazer sentir não humanos ou mesmo extinguir, temporariamente, por completo, o sentimento de nosso coração.

Se o médium em tarefas comuns de socorro aos desencarnados passa por alterações significativas no seu psiquismo, nem queira saber das transformações operadas em nível de submundo astral.

Não fossem as aparelhagens e técnicas desenvolvidas pelos amigos espirituais que nos assessoram, não teríamos a menor chance de sanidade na prestação de socorro a tais entidades.

— O senhor aprendeu também a se defender desses ataques?

— Sim. Em parte nós somos adestrados nessa iniciativa. Nesse sentido, a apometria nos oferece fundamentos e leis bastante elásticos para o uso de mecanismos de proteção contra a magia e os implantes que, cada dia mais, se diversificam.

— Implantes? – mostrou-se surpreso o cavalheiro.

— São pequenos aparelhos da biotecnologia das trevas cujo propósito é adoecer e maltratar nosso corpos físico e os corpos energéticos.

— Demétrius! – chamou em alta voz um homem maduro que estava bem atrás no grupo.

— Pois não!

— Você disse que sabe se defender, então por que teve de chegar cercado por cangaceiros ao evento promovido por seu grupo? Perdoe-me a sinceridade, mas conheço muitos apômetras e os acho muito arrogantes na aplicação da técnica.

— Meu amigo, ai de mim se não fosse a proteção dos cangaceiros naqueles dias, porque mesmo usando tudo que sei, adoeci de verdade nos braços da mágoa.

Quanto à sua visão sobre os apômetras, não posso contestar. Eles são, quase sempre, velhos magos no uso das forças mentais e vários ainda não se educaram nos roteiros do Evangelho de Jesus.

Sem generalizações, eu realmente já ouvi coisas muito fantasiosas e destituídas de total fundamento, uma expressão de megalomania e orgulho. Isso, porém, nada tem a ver com apometria enquanto conteúdo e técnica ou com as conquistas dos grupos sérios e dispostos a pesquisar com lógica e amor a natureza de seus experimentos.

O que dona Modesta tem me ensinado sobre o assunto é que a técnica, desacompanhada de moralização e domínio interior, é instrumento perigoso na mão de quem não sabe manejar.

— E para os grupos à luz da Doutrina Espírita – entrei no assunto —, essa moralização é testemunhada na rede dos relacionamentos. Onde há afeto e respeito mútuo, há proteção natural e defesa satisfatória. Não é, Demétrius?

— Sim, dona Modesta. E nós, no GEF, infelizmente não temos tirado boas notas neste quesito.

— Qual de nós tem boas notas em convivência, meu filho?

— Eu sei, dona Modesta.

Notei a tristeza do médium e mudei o assunto. A conversa ainda durou mais alguns minutos. Demétrius tinha outros afazeres em suas necessidades pessoais. Saímos, pois, ambos, em busca de alguns acertos relativos às atividades mediúnicas programadas para as próximas semanas e Clarisse ainda ficaria mais algum tempo com os nossos visitantes para responder-lhes algumas questões.

Após as despedidas ao médium, o diálogo continuou. Durante todo o evento do GEF, e mesmo naquela semana de visitações, a benfeitora Clarisse estava absorvida por suas responsabilidades. Ciente de que nossos visitantes iriam partir, reservou-lhes alguns instantes de prosa educativa, que posteriormente tomei conhecimento para minhas anotações.

Foi ela quem instigou a conversa:

— Amigos, creio ter sido uma semana de muitas lições. Quando regressarem ao convívio de suas atividades, recordem sempre da compaixão como virtude essencial a quaisquer propósitos de serviço e convivência. Sem misericórdia nas atitudes, tombaremos nos julgamentos arrogantes e na maledicência destruidora.

O afeto cristão é um estado interior de amor incondicional. Brota das profundezas da alma e derrama sua energia benfazeja nos mantendo no clima da compreensão e do otimismo, da aceitação e da pacificação.

Sob a luz da misericórdia, a advertência é embalada na doçura. Sob a luz da misericórdia, o erro alheio é avaliado como lição para o futuro.

Sob a luz da misericórdia, a tolerância ganha a armadura da afetividade.

Sem misericórdia a convivência padece. Ela é a alma das relações construtivas porque estimula a concórdia.

E sem concórdia, amigos, a técnica se torna instrumento perigoso em mãos sem perícia para manejá-lo.

Fiquem à vontade para nosso diálogo.

— Clarisse, desde que a vi no evento promovido pelo GEF, desejei esse momento de convívio – falou uma jovem.

— Fico feliz por isso, amiga querida.

— Eu gostaria de saber se os *dragões* continuam reencarnando e como se sentem no mundo físico.

— Eles continuam reencarnando, sim. Em levas maiores até do que há 50 anos e com traços mais específicos. A realidade mudou bastante em relação ao tempo da história contada a vocês por dona Modesta.

Muitos espíritos têm regressado ao corpo físico com enorme sentimento de inutilidade e tristeza. São quase sempre resquícios da dolorosa angústia que viveram nos dramas da erraticidade. Trazem em comum, depois de algum ajustamento mental, dificuldade de conviver em grupo e acentuado personalismo devido à agressividade das hipnoses dirigidas ao ego, alimentando um profundo sentimento de inutilidade e desprezo social.

Alguns traços adquiridos na vida mental nos submundos astrais nos interessam para o exame dessa hora. São eles: a morte psicológica pelo remorso geratriz de auto-obsessão, o processo de hipnose exploradora por meio da expansão do inconsciente primitivo (regressão a estágios primários da evolução), o monoideísmo ou cristalização, a insônia induzida pelos processos de fragilização da lucidez, os pavores da vampirização pela sucção de energia vital, as sevícias do prazer, a perda da noção de tempo, o traumatismo decorrente da convivência inóspita e antissocial.

No corpo físico, tais desajustes ganham expressões enfermiças, como: neuroses e psicoses, desvalorização pessoal, ostracismo, alucinações, estado de apatia, pesadelos noturnos, negação do corpo, inadequação social, sons terrificantes na acústica da memória, odores desagradáveis e inexplicáveis, asfixia da angústia, fantasias de vingança, sono de fuga, bloqueio sinestésico, estado contínuo de desassossego, poliqueixosos que tombam na hipocondria e, em alguns casos, o suinismo, a dificuldade com o prazer sexual e outros efeitos.

Milhões de almas saindo desse quadro de dores da erraticidade trazem cenários novos para a medicina sanitária do mundo. Um novo espectro de doenças convoca a ingentes desafios de pesquisa. Micro-organismos alojados no psiquismo ganham expressões de vida quando em contato com a matéria por meio de metamorfoses múltiplas, criando vírus, bacilos e bactérias ainda não catalogados pela ciência atual.

— A doença mental seria um traço comum de todos eles?

— Raramente tombam na doença mental clássica. Trazem quadros de doenças variadas, que desafiam a psiquiatria do mundo, porque, devido ao seu poder mental, necessariamente não entram em dissociação ou fragmentação mental que poderia levá-los aos quadros conhecidos da esquizofrenia e das psicoses diversas.

São portadores de doenças mentais que poderíamos classificar como "loucura controlada". Por isso, quase sempre são médiuns, a fim de que tenham uma mobilidade maior no trânsito do inconsciente para o superconsciente, e vice-versa, sem maiores prejuízos à sua estrutura de sanidade, cujo ego, muito fortalecido, faz o papel de um eixo defensivo.

Entretanto, o uso desordenado dessa concessão pode levá-los à total perda de controle da vida mental, encerrando-os nas provas da perturbação da conduta.

— Clarisse, posso perguntar? – levantou-se a mesma senhora que fez os questionamentos sobre apometria.

— Claro que sim!

— Você acredita que o médium Demétrius dará conta da prova diante de um passado tão complicado?

— Temos farta esperança nisso, amiga querida.

— Eu confesso, depois da história contada por dona Modesta, que entendo melhor porque ele ainda experimenta sentimentos tão confusos e antievangélicos, todavia, não consigo acreditar, diante de suas obsessões em relação ao passado, que desse jeito vá se livrar de seus perseguidores.

— E por que não, amiga?

— Por uma questão de sintonia.

— Sua colocação seria correta se não fosse a extensão da misericórdia celeste, que nunca nos abandona e tem meios infindáveis de realizar o bem onde o mal tenta se afirmar.

Demétrius não fugirá à lei inderrogável da sintonia. Suas obsessões são construções de outrora que encontram ressonância em sua intimidade. A lei divina, porém, estabelece que o amor cubra uma multidão de pecados. Por isso, depois de mais de duas décadas devotando-se ao bem alheio e disciplinando suas forças na arte da melhoria pessoal, ele se fez alvo de atenções prestimosas de nosso plano. Sua bravura em se superar e, sobretudo, sua persistência independente de condições foram avais de créditos decisivos para sua caminhada através da *obsessão controlada*, isto é, a interferência protetora que alivia as pressões e permite maior liberdade para agir e transformar.

Demétrius tem se pautado pela higiene mental e pelo esforço autoeducativo, construindo valores que, por mérito próprio, defendem sua sanidade e seu equilíbrio mental. Nessas condições, tornou-se receptivo ao "escudo psíquico", uma armadura em forma de fino anel desenvolvida em planos superiores e colocada em volta do centro coronário, no perispírito, que lhe garante maior poder de resistência às forças sombrias que procuram envolvê-lo.

Nosso medianeiro tem o *escudo psíquico* formado. Não é mais virtuoso, nem o preferido, nem o melhor, mas adquiriu uma proteção espontânea, fruto de suas refregas, que lhe permite a condição da *armadura de Deus*, o poder mental. Isso o isenta de tornar o fenômeno mediúnico apenas um pasto de alívio de dores, mas elevá-lo à condição de canal de educação e libertação de almas, e, ainda, permite trabalhar com o animismo construtivo, dando vazão somente aos seus valores e tendo maior condição de filtragem, evitando o emergir de seus conflitos e problemas durante o transe.

Costumamos chamar esse aporte de "limpeza de área astral" ou, ainda, "imunidade psíquica conferida".

A imunidade natural dos campos psíquicos dos médiuns se conquista por quatro fatores: persistência no autoconhecimento (domínio sobre si mesmo), desapego da imagem personalista (filtragem mediúnica fluente), desenvolvimento de valores morais nobres (facilitação da sintonia elevada), e vivência mental apurada (resistência e força mental).

Compreendeu? – indagou Clarisse.

— Compreendi em parte, mas ainda me salta à mente a seguinte questão: para um homem que está no mal há tanto tempo, bastam duas décadas para resolver seus problemas íntimos?

— Talvez a amiga não tenha entendido apenas uma questão.

Obsessão controlada não significa obsessão resolvida. Significa trégua para trabalhar mais. Ela pode ser gradativa, apesar de controlada, quando os incursos na trama não buscam a erradicação das causas de sintonia e perturbação. Podemos controlar a ação dos espíritos, mas os efeitos da obsessão são com cada um, no reino de sua consciência.

Para Demétrius, que apenas inicia sua redenção consciencial, quanto para nós outros, semelhante recurso é uma motivação adicional que tem sido recebida por ele como reforço para servir mais.

Para os planos mais altos, o arrependimento sincero de uma alma, comprovado por ações exemplares, tem enorme repercussão e valor. É como uma plantinha que tivesse se recuperado em terreno inóspito e necessitasse de todo o apoio possível para continuar a crescer e florescer. O médium Demétrius é visto pelos planos maiores como um doente em convalescença, exigindo todo tipo de apoio que não o exonere do seu esforço pessoal de ascensão.

Essa "virada da evolução", sair do mal para o bem, é um período de muita dor e fragilidade. Mais que nunca, o

Mais Alto tende a estimular quem nele se encontra, ciente dos desafios que ainda terá de superar pela sua própria recuperação.

— Clarisse – solicitou atenção um dirigente de casa espírita.

— Pois não!

— Existem casos de obsessão controlada em grupos? Por exemplo, uma casa espírita poderia estar em obsessão coletiva e ter a proteção deste anel psíquico?

— Amigo querido, é claro que sim!

Em casos coletivos, obsessão controlada significa o aval de uma alma nobre em favor da sustentação do ideal mantido por uma organização. Somente casas que se abrem para o amor coletivo possibilitam essa iniciativa.

Duas posturas são fundamentais: desprendimento da obra e capacidade de inclusão.

É uma intercessão da misericórdia divina na justiça, por conta dos serviços de amor.

— Deduzo, então, de sua resposta, que existem Centros Espíritas em obsessão coletiva, estou certo?

— Uma obsessão se torna coletiva quando envolve um conjunto de pessoas que defendem uma mesma ideia em regime de coação por desencarnados.

— Não seria mais difícil enganar várias pessoas do que uma só?

— É verdade. A obsessão coletiva se faz pouco a pouco. Raros casos acontecem de sobressalto.

Para se enganar um grupo inteiro, é necessário que existam algumas ideias pilares que vão constituir as bases dessa obsessão. Por isso, a obsessão coletiva se instala com mais facilidade onde não haja clima para reavaliar ideias e coragem para romper com tradições. Em outras palavras, onde o preconceito estaciona existe um campo para a desarmonia obsessiva.

Preconceito é o apego apaixonado a convicções pessoais. É a zona de conforto adotada pela mente para transitar com relativa segurança. O que sai desse limite é ameaçador, impuro, descartável.

O preconceito enrijece a inteligência e sufoca os sentimentos, enfeitando-se com formalismos que nada mais são que a projeção daquilo que alimenta.

Nesse sentido, lamentavelmente, como vimos na própria história contada nesses dias por dona Modesta, os dragões incendiaram a comunidade espírita com as chamas do preconceito, estabelecendo padrões e conceitos engessados.

A rigidez intelectual quase sempre esconde uma frustração emotiva. Por detrás dos preconceitos, habitualmente, se asilam as mais enfermiças doenças emocionais.

E assim fica fácil dominar, sem destruir. Tomar conta, sem exterminar.

Como vimos na história de Matias, a ideia das falanges do mal não é acabar com os Centros Espíritas, mas afogá-los na mordacidade e na acomodação doentia.

Por isso, a ideia atual de unidade na comunidade espírita, pautada em ideias, e não em sentimentos, é um erro grave que tem conduzido milhares de agremiações espíritas a destinos perigosos.

— Mas ainda neste caso o centro não fica desamparado, não é mesmo?

— Vejo em sua tela mental que o senhor se preocupa com a casa espírita que deixou no mundo físico, correto?

— Sim, Clarisse. Preocupo-me porque venho descobrindo com muita dor e aflição, durante essa semana de visita ao GEF, que fui muito descuidado em assuntos de unificação e mediunidade.

— Jamais falta amparo, meu irmão, mesmo para os grupos mais rigorosos. Fique tranquilo quanto a isso. Entretanto, grupos assim nem sempre se fazem alvo das concessões que poderiam lograr, caso mantivessem postura diversa.

Por essa razão, mesmo com as lutas da convivência, o GEF é alvo de uma assistência especial.

Nossos irmãos, lamentavelmente, estão em litígio, mas são corajosos, abertos, dispostos a testar os limites convencionais.

Em verdade, examinamos o litígio deste grupo como prova de honestidade emocional. Não conseguem se entender não por interesse pessoal, e sim por pura falta de habilidade interpessoal. Eles não escondem o que pensam, não elegem uma unidade, um padrão a seguir. Ao contrário de muitos grupos que, quando alguém questiona ou tem uma ação diferente, é tachado de obsediado ou perturbado.

O GEF não está isento de uma obsessão coletiva. Aliás, as relações em conflito também são vasto campo de obsessão.

No entanto, os "mentores intelectuais" das obsessões do grupo constituem um campo de experiência que dependerá de quesitos pertinentes a cada individualidade. Nesse terreno os encarnados serão compelidos ao cadinho educativo dos pendores e à edificação dos valores nobres para a solução definitiva de seus problemas de companhia espiritual.

Controle sobre obsessão, para nós, significa parceria solidária e consciente, e não medida facilitadora para livrá-los de lições necessárias.

Esse princípio divino está bem ilustrado por Jesus na passagem do senhor compassivo, que pode ser lida no Evangelho de Lucas, capítulo 7, versículo 41 e seguintes.

Obsessão controlada só é possível para quem ama o bem coletivo, e a permissão de controle só é facultada a quem age com alegria e desinteresse pessoal, porfiando a trilha do sacrifício.

***

A conversa prosseguia rica de ensinos quando, repentinamente, um chamado de urgência do benfeitor Cornelius foi dirigido a Clarisse em um aparelho próximo no posto de enfermagem.

— Clarisse!

— Sim, sou eu.

— Minha filha, convoque todas as nossas equipes de socorro e prepare-as para descer à Terra.

— Chegou o dia?

— Sim, vai ser amanhã o ataque dos *dragões*...

Era uma madrugada de dezembro de 2008 e todos fomos convocados a rumar para a Faixa de Gaza, onde se iniciaria um novo episódio de insanidade sob patrocínio das falanges do submundo.

O bem precisava agir rápido para evitar que a sombra não tomasse a mente dos ignorantes a serviço da maldade, porque mesmo confusos e alucinados, sob severa coação de mentes perversas, cada coração ali presente era como um diamante no lodo, que não perde, em tempo algum, sua característica insofismável de filho de Deus.

APÊNDICE

Entrevista do médium Wanderley Oliveira com a autora espiritual

— Dona Modesta, o que aconteceu com Matias?

— Está na luta educativa para vencer suas velhas tendências.

— Ele está sofrendo?

— Está trabalhando.

— A senhora não quer falar sobre isso?

— Prefiro que falemos do Matias que está dentro de cada um de nós.

— Por que falar tanto de trevas nos livros mediúnicos mais recentes?

— Porque devassar as sombras do inferno significa resgatar a parcela mais desconhecida de nós mesmos.

— Pode me explicar melhor?

— As raízes de nossos sentimentos mais arraigados na *sombra* íntima tiveram origem nesses pátios de dor e loucura. A relação com esse universo pouco conhecido não só nos levará a mensurar melhor a amplitude da erraticidade, mas, sobretudo, a desvendar com mais clareza quem somos nós próprios.

A estrutura tenebrosa de fora é apenas um reflexo da construção milenar do inconsciente da humanidade. Os vales da maldade e suas manifestações destrutivas nada mais são que uma imagem das sombras interiores, que guardam largo ascendente no psiquismo humano. O entorno do inferno é o retrato fiel da vida mental do planeta. A dor que campeia por fora resulta da aflição íntima do ser diante de suas próprias escolhas egoísticas.

Conhecer e reconhecer os ardis das legiões da cultura maligna deve servir apenas para nortear a natureza dos nossos esforços em promover uma célere campanha educativa por nossa melhoria moral. Conhecendo as artimanhas das trevas, compete-nos maior soma de devoção na aplicação da medicação apropriada. Aprendendo os roteiros da maldade calculada, espera-nos o desafio de disseminar e educar o homem na construção das defesas interiores.

— A senhora não acha que conhecer essa cultura das trevas nos leva a movimentar poderes que ainda não sabemos como usar?

— Depende da intenção.

Minha recomendação aos servidores das tarefas junto aos campos sombrios do submundo circunscreve-se a recomendar cautela com o orgulho, que pode incendiar a mente com pensamentos de grandeza. Descuidar dessa iniciativa diante da clareza com a qual o mundo dos espíritos libertos da matéria vos orienta, poderá trazer de volta os mais nocivos vícios das filosóficas iniciáticas de outrora.

Entender o que se passa por fora sem foco na educação interior, pode constituir distração obsedante nas fileiras santificadas do *Espiritismo com espíritos*. Mensurar como nossas raízes interiores são capazes de se alongar aos reinos da inferioridade será a grande ceifa de luz de quantos se entrincheirarem nas equipes missionárias dos serviços de implantação da Nova Era.

A mais elementar magia que precisamos aprender é a que diz respeito ao mundo íntimo. Se aprendermos a movimentar energias por fora sem saber como lidar com as forças de dentro, na certa, será prejuízo e distração, obsessão e tormenta.

Falemos em alquimia da mente, alquimia dos sentimentos. Nisso reside a magia da redenção consciencial.

— Vemos muitas pessoas que não conseguem ler livros cujo conteúdo versa sobre as trevas. Nesse sentido, a senhora teria algo a dizer sobre *Os Dragões*, o trabalho que terminamos há pouco tempo?

— Nossa reflexão nessa obra é apenas uma pequena fresta para que o homem, iluminado com o conhecimento espírita, perceba a natureza de nossos desafios e compromissos com as esferas subcrostais.

Falamos menos das trevas de fora que daquelas que trazemos por dentro.

Para quem deseja implantar a luz e o bem, é no mínimo uma obrigação conhecer nossos laços com as comunidades dos *dragões*.

— Para quem se interessa em estudar tais assuntos, a senhora teria alguma sugestão?

— A minha sugestão é que tenham coragem de tratar os temas necessários sem as melifluosidades típicas de quem está muito preocupado com a opinião pública ou com a pureza dos princípios espíritas.

— O que a senhora me diria sobre a previsão feita no livro *Os Dragões* acerca dos descuidos do movimento espírita na década de 40 e seus reflexos nos dias atuais?

— Que os tarefeiros e idealistas da unificação alcançaram êxito no objetivo da unidade de pensamento em torno dos princípios da doutrina. Trabalho meritório e indiscutivelmente favorável à expansão do Espiritismo.

Falta-nos agora, a todos nós espíritas, trabalharmos arduamente pela unidade no terreno dos sentimentos. Sem isso, a unificação se manterá restrita ao conceito estagnado de padrão religioso inspirador de sectarismo, exclusão e antifraternidade.

O melhor conceito de fidelidade ao Espiritismo continua sendo o exemplo, a atitude.

Convenhamos: nesse assunto estamos acentuadamente carentes.

— Como conceituar unidade dos sentimentos?

— Assim como adotamos uma linguagem para intercambiar conceitos culturais e intelectivos, urge construir também uma linguagem que permita uma comunicação mais afetuosa, autêntica e desprovida de tendências sectaristas nas relações entre nós, que seguimos os ideais da doutrina.

Somente o verniz da educação social de fachada, por meio de tratamentos polidos, não garantirá a fraternidade.

Unidade dos sentimentos significa maior consciência emocional, isto é, o desenvolvimento de noções mais lúcidas sobre vários assuntos da relação humana que se tornam os promotores do revanchismo e da indiferença.

— Quais seriam esses pontos promotores de revanchismo e indiferença?

— Todos aqueles que se escondem por trás das atitudes que apenas sustentam a aparência de bondade.

— Pode nos dar alguns exemplos?

— O julgamento que fazemos quando alguém não concorda conosco é um bom exemplo. Não aprendemos a discordar sem gostar menos. Habitualmente, riscamos de nossa atenção as pessoas que nos questionam ou não concordam conosco.

A maledicência que espalhamos a título de corrigir situações e pessoas. Um dos lugares em que a ilusão mais se exterioriza é na língua. Denegrimos os outros com ares de sabedoria e bondade, buscando convencer pessoas acerca de nossos pontos de vista sobre alguém ou algum acontecimento.

Não conseguimos sustentar bons sentimentos quando alguém age fora das crenças e dos padrões a que nos acomodamos, inclusive padrões e crenças sustentadas com conteúdo espírita.

É de impressionar, nesse sentido, o desprezo íntimo nutrido por muitos homens de bem em relação a pessoas ou organizações que não se alinham com sua forma de trabalhar ou de pensar.

— Que sugestão mais urgente nos daria sobre esse assunto?

— Que se inicie uma campanha pelas atitudes de amor. Sem isso, continuaremos digladiando em pontos de vista totalmente sem utilidade para nossa paz.

— Como fazer isso, dona Modesta?

— Colocando como prioridade a palavra educação, o traço fundamental do terceiro período de 70 anos do planejamento superior, elaborado pelo Espírito Verdade para alcançarmos a maioridade do Espiritismo.

Sem educação emocional, a comunidade espírita se manterá no enfermiço cativeiro dos preconceitos, das discórdias e do vazio interior.

Entretanto, essa é uma atitude que pedirá coragem de quem decida vivenciar.

— Por que coragem?

— É preciso coragem para se desvencilhar do atraente trono da imagem que fazemos de nós mesmos. Será preciso muita coragem para assumirmos, perante nós mesmos, o que verdadeiramente sentimos pelos outros. Depois disso, ainda precisaremos de coragem para saber o que fazer com o que sentimos. E ainda, mais adiante, precisaremos de coragem para ter atitude de amor incondicional.

Sem atitude de amor incondicional, não teremos unidade nos sentimentos, a verdadeira trilha da unificação com Jesus.

Quem não tiver muita coragem para abraçar com afeto os diferentes e acolhê-los como irmãos de caminhada, com lutas iguais às nossas mesmas, não estará nesse espírito da unidade cristã.

A ilusão da verdade pessoal, infelizmente, impedirá muitos oradores, médiuns, dirigentes, escritores e comunicadores da doutrina, que foram consagrados pela comunidade espírita, de acordar para essa realidade, a pretexto de zelar pela pureza dos princípios da nossa abençoada doutrina. Que equívoco!

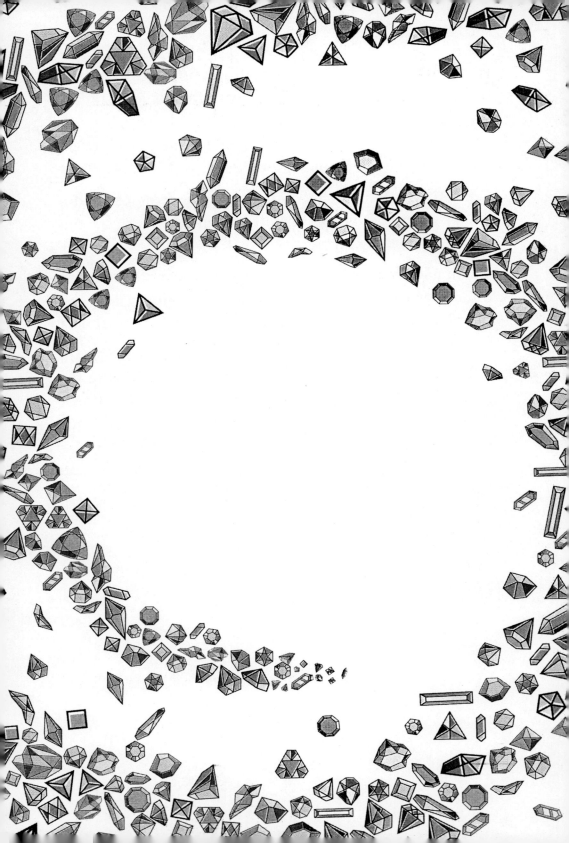

FICHA TÉCNICA

Título: Os Dragões

Autor: Espírito Maria Modesto Cravo
Psicografia de Wanderley Oliveira

Edição: 2ª

ISBN: 978-85-63365-01-9

Capa: Renan Assumpção

Projeto gráfico e diagramação:
Renan Assumpção

Revisão da diagramação:
Irene Stubber

Preparação de originais:
Maria José

Revisão ortográfica:
Mariana Frungilo

Composição: Adobe Indesign 2022 (plataforma Windows 10)

Páginas: 464

Tamanho: Miolo: 16 x 23 cm
Capa: 16 x 23 cm com orelhas

Tipografia:
Texto principal: Chronicle Text G1, 13pt
Diálogo: Chronicle Text G1, 13pt
Título: ROMANTICE
Notas de rodapé: Chronicle Text G1, 11pt

Margens:
20mm:25mm:28mm:20mm
(superior:inferior:interna:externa)

Papel: Miolo em Polem 70g/m²
Capa em Supremo Alta Alvura 250 g/m²

Cores: Miolo: 1x1 cor
Capa: 4x0 CMYK

Acabamento:
Miolo: Brochura
Capa: Laminação Fosca

NOSSAS PUBLICAÇÕES

SÉRIE AUTOCONHECIMENTO

DEPRESSÃO E AUTOCONHECIMENTO - COMO EXTRAIR PRECIOSAS LIÇÕES DESSA DOR

A proposta de tratamento complementar da depressão aqui abordada tem como foco a educação para lidar com nossa dor, que muito antes de ser mental, é moral.

Wanderley Oliveira
16 x 23 cm
235 páginas

ebook

FALA, PRETO VELHO

Um roteiro de autoproteção energética através do autoamor. Os textos aqui desenvolvidos permitem construir nossa proteção interior por meio de condutas amorosas e posturas mentais positivas, para criação de um ambiente energético protetor ao redor de nossas vidas.

Wanderley Oliveira | Pai João de Angola
16 x 23 cm
291 páginas

ebook

QUAL A MEDIDA DO SEU AMOR?

Propõe revermos nossa forma de amar, pois estamos mais próximos de uma visão particularista do que de uma vivência autêntica desse sentimento. Superar limites, cultivar relações saudáveis e vencer barreiras emocionais são alguns dos exercícios na construção desse novo olhar.

Wanderley Oliveira | Ermance Dufaux
16 x 23 cm
208 páginas

ebook

APAIXONE-SE POR VOCÊ

Você já ouviu alguém dizer para outra pessoa: "minha vida é você"?
Enquanto o eixo de sua sustentação psicológica for outra pessoa, a sua vida estará sempre ameaçada, pois o medo da perda vai rondar seus passos a cada minuto.

Wanderley Oliveira
16 x 23 cm
152 páginas

A VERDADE ALÉM DAS APARÊNCIAS - O UNIVERSO INTERIOR

Liberte-se da ansiedade e da angústia, direcionando o seu espírito para o único tempo que realmente importa: o presente. Nele você pode construir um novo olhar, amplo e consciente, que levará você a enxergar a verdade além das aparências.

Samuel Gomes
16 x 23 cm
272 páginas

DESCOMPLIQUE, SEJA LEVE

Um livro de mensagens para apoiar sua caminhada na aquisição de uma vida mais suave e rica de alegrias na convivência.

Wanderley Oliveira
16 x 23 cm
238 páginas

7 CAMINHOS PARA O AUTOAMOR

O tema central dessa obra é o autoamor que, na concepção dos educadores espirituais, tem na autoestima o campo elementar para seu desenvolvimento. O autoamor é algo inato, herança divina, enquanto a autoestima é o serviço laborioso e paciente de resgatar essa força interior, ao longo do caminho de volta à casa do Pai.

Wanderley Oliveira | Pai João de Angola
16 x 23 cm
272 páginas

A REDENÇÃO DE UM EXILADO

A obra traz informações sobre a formação da civilização, nos primórdios da Terra, que contou com a ajuda do exílio de milhões de espíritos mandados para cá para conquistar sua recuperação moral e auxiliar no desenvolvimento das raças e da civilização. É uma narrativa do Apóstolo Lucas, que foi um desses enviados, e que venceu suas dificuldades íntimas para seguir no trabalho orientado pelo Cristo.

Samuel Gomes | Lucas
16 x 23 cm
368 páginas

AMOROSIDADE - A CURA DA FERIDA DO ABANDONO

Uma das mais conhecidas prisões emocionais na atualidade é a dor do abandono, a sensação de desamparo. Essa lesão na alma responde por larga soma de aflições em todos os continentes do mundo. Não há quem não esteja carente de ser protegido e acolhido, amado e incentivado nas lutas de cada dia.

Wanderley Oliveira | Ermance Dufaux
16 x 23 cm
300 páginas

MEDIUNIDADE - A CURA DA FERIDA DA FRAGILIDADE

Ermance Dufaux vem tratando sobre as feridas evolutivas da humanidade. A ferida da fragilidade é um dos traços mais marcantes dos aprendizes da escola terrena. Uma acentuada desconexão com o patrimônio da fé e do autoamor, os verdadeiros poderes da alma.

Wanderley Oliveira | Ermance Dufaux
16 x 23 cm
235 páginas

CONECTE-SE A VOCÊ - O ENCONTRO DE UMA NOVA MENTALIDADE QUE TRANSFORMARÁ A SUA VIDA

Este livro vai te estimular na busca de quem você é verdadeiramente. Com leitura de fácil assimilação, ele é uma viagem a um país desconhecido que, pouco a pouco, revela características e peculiaridades que o ajudarão a encontrar novos caminhos. Para esta viagem, você deve estar conectado a sua essência. A partir daí, tudo que você fizer o levará ao encontro do propósito que Deus estabeleceu para sua vida espiritual.

Rodrigo Ferretti
16 x 23 cm
256 páginas

APOCALIPSE SEGUNDO A ESPIRITUALIDADE - O DESPERTAR DE UMA NOVA CONSCIÊNCIA

Num curso realizado em uma colônia do plano espiritual, o livro Apocalipse, de João Evangelista, é estudado de forma dinâmica e de fácil entendimento, desvendando a simbologia das figuras místicas sob o enfoque do autoconhecimento.

Samuel Gomes
16 x 23 cm
313 páginas

SÉRIE CONSCIÊNCIA DESPERTA

SAIA DO CONTROLE - UM DIÁLOGO TERAPEUTICO E LIBERTADOR ENTRE A MENTE E A CONSCIÊNCIA

Agimos de forma instintiva por não saber observar os pensamentos e emoções que direcionam nossas ações de forma condicionada. Por meio de uma observação atenta e consciente, identificando o domínio da mente em nossas vidas, passamos a viver conscientes das forças internas que nos regem.

Rossano Sobrinho
16 x 23 cm
268 páginas

SÉRIE CULTO NO LAR

VIBRAÇÕES DE PAZ EM FAMÍLIA

Quando a família se reúne para orar, ou mesmo um de seus componetes, o ambiente do lar melhora muito. As preces são emissões poderosas de energia que promovem a iluminação interior. A oração em família traz paz e fortalece, protege e ampara a cada um que se prepara para a jornada terrena rumo à superação de todos os desafios.

Wanderley Oliveira | Ermance Dufaux
16 x 23 cm
212 páginas

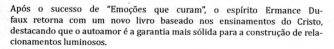

JESUS - A INSPIRAÇÃO DAS RELAÇÕES LUMINOSAS

Após o sucesso de "Emoções que curam", o espírito Ermance Dufaux retorna com um novo livro baseado nos ensinamentos do Cristo, destacando que o autoamor é a garantia mais sólida para a construção de relacionamentos luminosos.

Wanderley Oliveira | Ermance Dufaux
16 x 23 cm
304 páginas

REGENERAÇÃO - EM HARMONIA COM O PAI

Nos dias em que a Terra passa por transformações fundamentais, ampliando suas condições na direção de se tornar um mundo regenerado, é necessário desenvolvermos uma harmonia inabalável para aproveitar as lições que esses dias nos proporcionam por meio das nossas decisões e das nossas escolhas, [...].

Samuel Gomes | Diversos Espíritos
16 x 23 cm
223 páginas

PRECES ESPÍRITAS

Porque e como orar?
O modo como oramos influi no resultado de nossas preces?
Existe um jeito certo de fazer a oração?
Allan Kardec nos afirma que *"não há fórmula absoluta para a prece"*, mas o próprio Evangelho nos orienta que *"quando oramos, devemos entrar no nosso aposento interno do coração e, fechando a porta, busquemos Deus que habita em nós; e Ele, que vê nossa mais secreta realidade espiritual, nos amparará em todas as necessidades. Ao orarmos, evitemos as repetições de orações realizadas da boca para fora, como muitos que pensam que por muito falarem serão ouvidos. Oremos a Deus em espírito e verdade porque nosso Pai sabe o que nos é necessário, antes mesmo de pedirmos".*
(Mateus 6:5 a 8)

Allan Kardec
16 x 23 cm
145 páginas

SÉRIE DESAFIOS DA CONVIVÊNCIA

QUEM SABE PODE MUITO. QUEM AMA PODE MAIS

A lição central desta obra é mostrar que o conhecimento nem sempre é suficiente para garantir a presença do amor nas relações. "Estar informado é a primeira etapa. Ser transformado é a etapa da maioridade." - Eurípedes Barsanulfo.

Wanderley Oliveira | José Mário
16 x 23 cm
312 páginas

QUEM PERDOA LIBERTA - ROMPER OS FIOS DA MÁGOA ATRAVÉS DA MISERICÓRDIA

Continuação do livro "QUEM SABE PODE MUITO. QUEM AMA PODE MAIS" dando sequência à trilogia "Desafios da Convivência".

Wanderley Oliveira | José Mário
16 x 23 cm
320 páginas

SERVIDORES DA LUZ NA TRANSIÇÃO PLANETÁRIA

Nesta obra recebemos o convite para nos integrar nas fileiras dos Servidores da Luz, atuando de forma consciente diante dos desafios da transição planetária. Brilhante fechamento da trilogia.

Wanderley Oliveira | José Mário
14x21 cm
298 páginas

SÉRIE ESPÍRITOS DO BEM

GUARDIÕES DO CARMA - A MISSÃO DOS EXUS NA TERRA

Pai João de Angola quebra com o preconceito criado em torno dos exus e mostra que a missão deles na Terra vai além do que conhecemos. Na verdade, eles atuam como guardiões do carma, nos ajudando nos principais aspectos de nossas vidas.

Wanderley Oliveira | Pai João de Angola
16 x 23 cm
288 páginas

GUARDIÃS DO AMOR - A MISSÃO DAS POMBAGIRAS NA TERRA

"São um exemplo de amor incondicional e de grandeza da alma. São mães dos deserdados e angustiados. São educadoras e desenvolvedoras do sagrado feminino, e nesse aspecto são capazes de ampliar, nos homens e nas mulheres, muitas conquistas que abrem portas para um mundo mais humanizado, [...]".

Wanderley Oliveira | Pai João de Angola
16 x 23 cm
232 páginas

GUARDIÕES DA VERDADE - NADA FICARÁ OCULTO

Neste momento de batalhas decisivas rumo aos tempos da regeneração, esta obra é um alerta que destaca a importância da autenticidade nas relações humanas e da conduta ética como bases para uma forma transparente de viver. A partir de agora, nada ficará oculto, pois a Verdade é o único caminho que aguarda a humanidade para diluir o mal e se estabelecer na realidade que rege o universo.

Wanderley Oliveira | Pai João de Angola
16 x 23 cm
236 páginas

SÉRIE ESTUDOS DOUTRINÁRIOS

ATITUDE DE AMOR

Opúsculo contendo a palestra "Atitude de Amor" de Bezerra de Menezes, o debate com Eurípedes Barsanulfo sobre o período da maioridade do Espiritismo e as orientações sobre o "movimento atitude de amor". Por uma efetiva renovação pela educação moral.

Wanderley Oliveira | Ermance Dufaux e Cícero Pereira
14 x 21 cm
94 páginas

SEARA BENDITA

Um convite à reflexão sobre a urgência de novas posturas e conceitos. As mudanças a adotar em favor da construção de um movimento social capaz de cooperar com eficácia na espiritualização da humanidade.

Wanderley Oliveira e Maria José Costa | Diversos Espíritos
14 x 21 cm
284 páginas

Gratuito em nosso site, somente em:

NOTÍCIAS DE CHICO

"Nesta obra, Chico Xavier afirma com seu otimismo natural que a Terra caminha para uma regeneração de acordo com os projetos de Jesus, a caracterizar-se pela tolerância humana recíproca e que precisamos fazer a nossa parte no concerto projetado pelo Orientador Maior, principalmente porque ainda não assumimos responsabilidades mais expressivas na sustentação das propostas elevadas que dizem respeito ao futuro do nosso planeta."

Samuel Gomes | Chico Xavier
16 x 23 cm
181 páginas

 SÉRIE FAMÍLIA E ESPIRITUALIDADE

UM JOVEM OBSESSOR - A FORÇA DO AMOR NA REDENÇÃO ESPIRITUAL

Um jovem conta sua história, compartilhando seus problemas após a morte, falando sobre relacionamentos, sexo, drogas e, sobretudo, da força do amor na redenção espiritual.

Adriana Machado | Jefferson
16 x 23 cm
392 páginas

UM JOVEM MÉDIUM - CORAGEM E SUPERAÇÃO PELA FORÇA DA FÉ

A mediunidade é um canal de acesso às questões de vidas passadas que ainda precisam ser resolvidas. O livro conta a história do jovem Alexandre que, com sua mediunidade, se torna o intermediário entre as histórias de vidas passadas daqueles que o rodeiam tanto no plano físico quanto no plano espiritual. Surpresos com o dom mediúnico do menino, os pais, de formação Católica, se veem às voltas com as questões espirituais que o filho querido traz para o seio da família.

Adriana Machado | Ezequiel
16 x 23 cm
365 páginas

RECONSTRUA SUA FAMÍLIA - CONSIDERAÇÕES PARA O PÓS-PANDEMIA

Vivemos dias de definição, onde nada mais será como antes. Necessário redefinir e ampliar o conceito de família. Isso pode evitar muitos conflitos nas interações pessoais. O autoconhecimento seguido de reforma íntima será o único caminho para transformação do ser humano, das famílias, das sociedades e da humanidade.

Dr. Américo Canhoto
16 x 23 cm
237 páginas

SÉRIE HARMONIA INTERIOR

LAÇOS DE AFETO - CAMINHOS DO AMOR NA CONVIVÊNCIA

Uma abordagem sobre a importância do afeto em nossos relacionamentos para o crescimento espiritual. São textos baseados no dia a dia de nossas experiências. Um estímulo ao aprendizado mais proveitoso e harmonioso na convivência humana.

Wanderley Oliveira | Ermance Dufaux
16 x 23 cm
312 páginas

ebook | ESPANHOL

MEREÇA SER FELIZ - SUPERANDO AS ILUSÕES DO ORGULHO

Um estudo psicológico sobre o orgulho e sua influência em nossa caminhada espiritual. Ermance Dufaux considera essa doença moral como um dos mais fortes obstáculos à nossa felicidade, porque nos leva à ilusão.

Wanderley Oliveira | Ermance Dufaux
16 x 23 cm
296 páginas

ebook | ESPANHOL

REFORMA ÍNTIMA SEM MARTÍRIO - AUTOTRANSFORMAÇÃO COM LEVEZA E ESPERANÇA

As ações em favor do aperfeiçoamento espiritual dependem de uma relação pacífica com nossas imperfeições. Como gerenciar a vida íntima sem adicionar o sofrimento e sem entrar em conflito consigo mesmo?

Wanderley Oliveira | Ermance Dufaux
16 x 23 cm
288 páginas

ebook | ESPANHOL | INGLÊS

PRAZER DE VIVER - CONQUISTA DE QUEM CULTIVA A FÉ E A ESPERANÇA

Neste livro, Ermance Dufaux, com seus ensinos, nos auxilia a pensar caminhos para alcançar nossas metas existenciais, a fim de que as nossas reencarnações sejam melhor vividas e aproveitadas.

Wanderley Oliveira | Ermance Dufaux
16 x 23 cm
248 páginas

ESCUTANDO SENTIMENTOS - A ATITUDE DE AMAR-NOS COMO MERECEMOS

Ermance afirma que temos dado passos importantes no amor ao próximo, mas nem sempre sabemos como cuidar de nós, tratando-nos com culpas, medos e outros sentimentos que não colaboram para nossa felicidade.

Wanderley Oliveira | Ermance Dufaux
16 x 23 cm
256 páginas

 ESPANHOL

DIFERENÇAS NÃO SÃO DEFEITOS - A RIQUEZA DA DIVERSIDADE NAS RELAÇÕES HUMANAS

Ninguém será exatamente como gostaríamos que fosse. Quando aprendemos a conviver bem com os diferentes e suas diferenças, a vida fica bem mais leve. Aprenda esse grande SEGREDO e conquiste sua liberdade pessoal.

Wanderley Oliveira | Ermance Dufaux
16 x 23 cm
248 páginas

EMOÇÕES QUE CURAM - CULPA, RAIVA E MEDO COMO FORÇAS DE LIBERTAÇÃO

Um convite para aceitarmos as emoções como forma terapêutica de viver, sintonizando o pensamento com a realidade e com o desenvolvimento da autoaceitação.

Wanderley Oliveira | Ermance Dufaux
16 x 23 cm
272 páginas

SÉRIE REFLEXÕES DIÁRIAS

PARA SENTIR DEUS

Nos momentos atuais da humanidade sentimos extrema necessidade da presença de Deus. Ermance Dufaux resgata, para cada um, múltiplas formas de contato com Ele, de como senti-Lo em nossas vidas, nas circunstâncias que nos cercam e nos semelhantes que dividem conosco a jornada reencarnatória. Ver, ouvir e sentir Deus em tudo e em todos.

Wanderley Oliveira | Ermance Dufaux
11 x 15,5 cm
133 páginas

Somente e-book

LIÇÕES PARA O AUTOAMOR

Mensagens de estímulo na conquista do perdão, da aceitação e do amor a si mesmo. Um convite à maravilhosa jornada do autoconhecimento que nos conduzirá a tomar posse de nossa herança divina.

Wanderley Oliveira | Ermance Dufaux
11 x 15,5 cm
128 páginas

Somente e-book

RECEITAS PARA A ALMA

Mensagens de conforto e esperança, com pequenos lembretes sobre a aplicação do Evangelho para o dia a dia. Um conjunto de propostas que se constituem em verdadeiros remédios para nossas almas.

Wanderley Oliveira | Ermance Dufaux
11 x 15,5 cm
146 páginas

Somente e-book

SÉRIE REGENERAÇÃO

FUTURO ESPIRITUAL DA TERRA

As necessidades, as estruturas perispirituais e neuropsíquicas, o trabalho, o tempo, as características sociais e os próprios recursos de natureza material se tornarão bem mais sutis. O futuro já está em construção e André Luiz, através da psicografia de Samuel Gomes, conta como será o Futuro Espiritual da Terra.

Samuel Gomes | André Luiz
16 x 23 cm
344 páginas

e-book

XEQUE-MATE NAS SOMBRAS - A VITÓRIA DA LUZ

André Luiz traz notícias das atividades que as colônias espirituais, ao redor da Terra, estão realizando para resgatar os espíritos que se encontram perdidos nas trevas e conduzi-los a passar por um filtro de valores, seja para receberem recursos visando a melhorar suas qualidades morais – se tiverem condições de continuar no orbe – seja para encaminhá-los ao degredo planetário.

Samuel Gomes | André Luiz
16 x 23 cm
212 páginas

A DECISÃO - CRISTOS PLANETÁRIOS DEFINEM O FUTURO ESPIRITUAL DA TERRA

"Os Cristos Planetários do Sistema Solar e de outros sistemas se encontram para decidir sobre o futuro da Terra na sua fase de regeneração. Numa reunião que pode ser considerada, na atualidade, uma das mais importantes para a humanidade terrestre, Jesus faz um pronunciamento direto sobre as diretrizes estabelecidas por Ele para este período."

Samuel Gomes | André Luiz e Chico Xavier
16 x 23 cm
210 páginas

SÉRIE ROMANCE MEDIÚNICO

OS DRAGÕES - O DIAMANTE NO LODO NÃO DEIXA DE SER DIAMANTE

Um relato leve e comovente sobre nossos vínculos com os grupos de espíritos que integram as organizações do mal no submundo astral.

Wanderley Oliveira | Maria Modesto Cravo
16 x 23cm
522 páginas

LÍRIOS DE ESPERANÇA

Ermance Dufaux alerta os espíritas e lidadores do bem de um modo geral, para as responsabilidades urgentes da renovação interior e da prática do amor neste momento de transição evolutiva, através de novos modelos de relação, como orientam os benfeitores espirituais.

Wanderley Oliveira | Ermance Dufaux
16 x 23 cm
508 páginas

AMOR ALÉM DE TUDO

Regras para seguir e rótulos para sustentar. Até quando viveremos sob o peso dessas ilusões? Nessa obra reveladora, Dr. Inácio Ferreira nos convida a conhecer a verdade acima das aparências. Um novo caminho para aqueles que buscam respeito às diferenças e o AMOR ALÉM DE TUDO.

Wanderley Oliveira | Inácio Ferreira
16 x 23 cm
252 páginas

ABRAÇO DE PAI JOÃO

Pai João de Angola retorna com conceitos simples e práticos, sobre os problemas gerados pela carência afetiva. Um romance com casos repletos de lutas, desafios e superações. Esperança para que permaneçamos no processo de resgate das potências divinas de nosso espírito.

Wanderley Oliveira | Pai João de Angola
16 x 23 cm
224 páginas

UM ENCONTRO COM PAI JOÃO

A obra também fala do valor de uma terapia, da necessidade do autoconhecimento, dos tipos de casamentos programados antes do reencarne, dos processos obsessivos de variados graus e do amparo de Deus para nossas vidas por meio dos amigos espirituais e seus trabalhadores encarnados. Narra também em detalhes a dinâmica das atividades socorristas do centro espírita.

Wanderley Oliveira | Pai João de Angola
16 x 23 cm
220 páginas

O LADO OCULTO DA TRANSIÇÃO PLANETÁRIA

O espírito Maria Modesto Cravo aborda os bastidores da transição planetária com casos conectados ao astral da Terra.

Wanderley Oliveira | Maria Modesto Cravo
16 x 23 cm
288 páginas

PERDÃO - A CHAVE PARA A LIBERDADE

Neste romance revelador, conhecemos Onofre, um pai que enfrenta a perda de seu único filho com apenas oito anos de idade. Diante do luto e diversas frustrações, um processo desafiador de autoconhecimento o convida a enxergar a vida com um novo olhar. Será essa a chave para a sua libertação?

Adriana Machado | Ezequiel
14 x 21 cm
288 páginas

ebook

1/3 DA VIDA - ENQUANTO O CORPO DORME A ALMA DESPERTA

A atividade noturna fora da matéria representa um terço da vida no corpo físico, e é considerada por nós como o período mais rico em espiritualidade, oportunidade e esperança.

Wanderley Oliveira | Ermance Dufaux
16 x 23 cm
279 páginas

ebook

NEM TUDO É CARMA, MAS TUDO É ESCOLHA

Somos todos agentes ativos das experiências que vivenciamos e não há injustiças ou acasos em cada um dos aprendizados.

Adriana Machado | Ezequiel
16 x 23 cm
536 páginas

ebook

RETRATOS DA VIDA - AS CONSEQUÊNCIAS DO DESCOMPROMETIMENTO AFETIVO

Túlio costumava abstrair-se da realidade, sempre se imaginando pintando um quadro; mais especificamente pintando o rosto de uma mulher.
Vivendo com Dora um casamento já frio e distante, uma terrível e insuportável dor se abate sobre sua vida. A dor era tanta que Túlio precisou buscar dentro de sua alma uma resposta para todas as suas angústias..

Clotilde Fascioni
16 x 23 cm
175 páginas

ebook

O PREÇO DE UM PERDÃO - AS VIDAS DE DANIEL

Daniel se apaixona perdidamente e, por várias vidas, é capaz de fazer qualquer coisa para alcançar o objetivo de concretizar o seu amor. Mas suas atitudes, por mais verdadeiras que sejam, o afastam cada vez mais desse objetivo. É quando a vida o para.

André Figueiredo e Fernanda Sicuro | Espírito Bruno
16 x 23 cm
333 páginas

ebook

Livros que transformam vidas!

Acompanhe nossas redes sociais

(lançamentos, conteúdos e promoções)

- @editoradufaux
- facebook.com/EditoraDufaux
- youtube.com/user/EditoraDufaux

Conheça nosso catálogo e mais sobre nossa editora. Acesse os nossos sites

Loja Virtual

- www.dufaux.com.br

eBooks, conteúdos gratuitos e muito mais

- www.editoradufaux.com.br

Entre em contato com a gente.
Use os nossos canais de atendimento

- (31) 99193-2230
- (31) 3347-1531
- www.dufaux.com.br/contato
- sac@editoradufaux.com.br
- Rua Contria, 759 | Alto Barroca | CEP 30431-028 | Belo Horizonte | MG